Kerckhove • Schriftgeburten

Derrick de Kerckhove

Schriftgeburten

Vom Alphabet zum Computer

Aus dem Französischen
von Martina Leeker

Wilhelm Fink Verlag

Titel der französischen Originalausgabe:

La civilisation vidéo-chrétienne

A Julos Beaucarne,
qui berce l'avenir de
ses chansons visionaires.

Die Deutsche Bibliothek - CIP-Einheitsaufnahme

Kerckhove, Derrick de:
Schriftgeburten : vom Alphabet zum Computer /
Derrick de Kerckhove. Aus dem Franz. von Martina Leeker.
Mit einem Nachw. von Friedrich A. Kittler. - München: Fink, 1995
Einheitssacht.: La civilisation vidéo-chrétienne <dt.>
ISBN 3-7705-3021-7

ISBN 3-7705-3021-7

Herstellung: Ferdinand Schöningh GmbH, Paderborn

Inhaltsverzeichnis

Einleitung: Zeitalter der Psychotechnologien

Bekam ich als Kind eine Tageszeitung in die Hände, hatte ich immer den schmerzlichen Eindruck, daß sie sich nicht an mich richtete, sondern an die anderen, die Erwachsenen. Mir war die Zeitung allenfalls zugänglich, weil ich lesen konnte. Ich brauchte einige Zeit, um zu akzeptieren, daß ich wie alle anderen nur legitimer Leser eines in der Öffentlichkeit dargebotenen Druckerzeugnisses war. Wie anders war es im Kino oder beim Fernsehen! Man ist immer erwachsen genug um fernzusehen, auch wenn die Eltern das anders sehen.

Der Unterschied besteht, glaube ich, darin, daß es beim Fernsehen nur eine einzige Perspektive gibt, die der Kamera. Sie bezieht uns direkt ein, ohne daß wir darauf den geringsten Einfluß nehmen könnten. Beim Lesen eines publizierten Textes wie der Tageszeitung, die gleichzeitig auch meinen Zeitgenossen zur Verfügung steht, habe ich den Eindruck, daß sich mein Standpunkt in der Masse anderer, anonymer Leser verliert. Beim Fernsehen dagegen habe ich überhaupt keinen eigenen Standpunkt, es sei denn, ich schließe die Augen, um über das gerade Gesehene nachzudenken. Im Gegensatz zur Zeitung heftet sich das Fernsehen geradezu an uns. Die Lichtbündel fixieren meine Augen, die auf Grund meiner Bewegungslosigkeit nur noch zum monokularen Sehen fähig sind. Die Bilder bemächtigen sich meiner Person, anstatt daß ich mich ihrer bemächtigen könnte. Wir haben viele schöne Worte über Information gehört und geglaubt, sie sei eine neutrale Größe. Aber: das Fernsehen wühlt mich auf, während ich die Tageszeitung einfach so durchblättern kann.

Unsere Einschätzung der Information im Fernsehen ist ungenau. Die Nachrichten im Fernsehen, die „ferngesehene" Zeitung – auch vom Radio sprach man schon unzulässigerweise als von einer „gesprochenen" Zeitung – sind Modulationen einer an die Wirklichkeit angelehnten Emotion, von der Ihnen fast nichts bleibt, sobald die Sendung beendet ist. Sie werden auf dem laufenden gehalten, will sagen, direkt an die Strömumg angeschlossen. Vermittelt wird aber nichts anderes als eben diese Strömung selbst.

Man schiebt uns unsere tägliche Dosis transformierten Wechselstrom zu und erlaubt uns, im kollektiven Bewußtseinsstrom zu schwimmen. Diese Doppelung wurde schon von Virginia Woolf identifiziert, als das Radio noch über unsere psychische Organisation herrschte. Es ist ein Ritual für globale Teilhabe, durch das wir uns persönlich und unmittelbar von Ereignissen betroffen fühlen, die zumeist nicht das geringste mit uns zu tun haben. Handelte es sich hierbei um eine „Zugabe", könnten wir uns selbst beglückwünschen ob dieser zusätzlichen Zerstreuung in unserem bereits üppigen Konsumentenleben. Es gäbe sogar stichhaltige Argumente für die Annahme, dieses Ritual habe einen hohen Sozialisations- und Erholungswert, wodurch es für die kulturelle Beschleunigung, der wir künftig ausgeliefert sein werden, unerläßlich würde. Im Grunde aber handelt es sich um einen äußerst unfairen Tausch, ja beinahe um einen Betrug. Denken wir nur an die ungeheuer und unkontrollierbar vielen Stunden, die das Fernsehen uns täglich vom Lesen, vom Sport treiben, vom Schlafen, von Gesprächen, von Meditationen und anderen löblichen Aktivitäten abhält. Es geht hier nicht einfach um die Quantität, wenn dieser Aspekt auch nicht vernachlässigt werden darf. Es geht um etwas anderes als das, was wir normalerweise unter Denken, Imagination und mentalem Durcharbeiten verstehen.

Denn es ist offensichtlich (derart offensichtlich, daß man sich fragen könnte, warum so selten darüber geforscht wird), daß das Fernsehen die Informationen für uns verarbeitet. Damit unterscheidet es sich grundsätzlich von den mentalen Operationen beim Lesen eines Buches. Wenn Sie lesen, werden Sie den Text mit Bildern aus ihren eigenen Erfahrungen anreichern. Schon Pascal fürchtete die Verwüstungen durch die Einbildungskraft – Mätresse der Trugschlüsse und Täuschungen – in einer Kultur, die beinahe schonungslos durch die Druckerpresse zum Leben erweckt wurde. Wußte er, daß die Fähigkeit, Bilder ohne äußere Anregung zu produzieren, aus der Lesegewohnheit resultierte, den rein konzeptuellen Skeletten auf den gedruckten Seiten Leben einzuhauchen? Generationen von Schriftstellern haben uns gelehrt, unsere persönlichen Einbildungen nach ihren Eingebungen auszurichten. Das Fernsehen verfolgt uns nicht mit einem dermaßen hohen Anspruch. Es verlangt noch nicht einmal von uns, die Bilder, die es uns vererbt, zu speichern.

Ist es immer von Vorteil, wenn die Information für uns verarbeitet wird? Ist es nicht vielmehr Zeichen eines aufgeklärten Geistes, sich über den Informationswust zu erheben und sich seine eigene Meinung zu bilden? Das trifft den wunden Punkt des Fernsehens. Denn das Fernsehen schert sich nicht um Ihre Meinung, es macht sie. Wenn z. B. bei Ihnen zu Hause das Telefon klingelt und eine anonyme Stimme oder gar eine Maschine Sie nach Ihrer Meinung über einen Wahlkandidaten oder den letzten Werbegag befragt, hat das Fernsehen mit Ihnen persönlich nichts am Hut. Man wendet sich nicht wirklich an Sie, sondern nur an das, was Teil einer Statistik werden kann. Es handelt sich nur um einen kurzen Moment der

Siebung, der Abtastung durch ein Lichtbündel, der das Profil einer kollektiven Meinung zeichnen wird.

Umfragen, Röntgenstrahlen, Videoscanner, so verschieden sie sind, funktionieren sie doch nach demselben Prinzip: Nicht Sie lesen etwas, sondern Sie werden gelesen. In Ihnen herrscht Implosion. Von allen Seiten vom Meer der Informationen bedrängt, wird unser Bewußtsein für Zeit zerhackt. Wir akzeptieren diese Verwirrung unseres Geistes mit ebensowenig Widerstand wie die Zeitgenossen von La Bruyère, als sie die Turbulenzen in Paris über sich ergehen ließen.

Das elektronische Getöse nährt sich aus den Kapitulationen privater Psychologie. Außerhalb kommt es zur Explosion eines kollektiven Bewußtseins, wie es sich weder Freud noch Jung haben träumen lassen. Wir treten ein ins Zeitalter der Psychotechnologien.

Psychotechnologien sind zweischneidige Waffen. Der Begriff ist doppeldeutig. Er ist absichtlich als solcher gewählt, um in einem Wort auszudrücken, daß die Technologie in unsere Psyche eindringt und als Nachahmung eben dieser Psyche in Form artikulierter, selbstaktiver Ensembles, die uns beherrschen, wieder veräußert wird. Es dürfte offensichtlich sein, daß wir einen großen Anteil organisatorischer und administrativer Aufgaben an unsere Maschinen delegieren. Und doch glauben wir immer noch an die zukunftsträchtige Erforschung Künstlicher Intelligenz und der Expertensysteme; glückliche Verirrung, falsche Naivität des bescheidenen Wissenschaftlers im Laboratorium, der versucht, Leben zu schaffen oder des hochspezialisierten Technikers, der Programme für künstliche optische Systeme entwickelt, die fähig sind, eine ganze Armee auszurotten. Als ob Intelligenz nicht seit mehr als dreitausend Jahren künstlich wäre, seitdem wir eine Schrift erfunden haben, die uns – ohne daß wir uns dessen bewußt wären – vorbuchstabiert, was Wirklichkeit ist.

Unser Alphabet bestimmt uns durch die Art, wie wir Realität in einem raum-zeitlichen Rahmen, der nur der abendländischen Kultur eigen ist, reproduzieren. Es ist die ursprünglichste Psychotechnologie. Das griechische Alphabet machte aus dem Sehen ein Verrechnungssystem, das nach Maßstab und Analyse funktioniert. Jenseits der Bewußtseinsschwelle baute es in unserem Gehirn ein Metronom ein, eine organische Uhr, die so ähnlich arbeitet wie die Mikroprozessoren, die wir so liebevoll die „Seelen unserer neuen Maschinen“ nennen.

Dieses Buch ist dem Forschungsansatz von Marshall McLuhan über die Organisation der Wahrnehmung in einer Kultur und deren Beziehung zu den Kommunikationsmitteln verpflichtet. Versuchen wir zu verstehen was passierte, seitdem das Alphabet im Abendland alles veränderte, bis es soweit kommen konnte, daß wir wie Schlafwandler leben, ohne die geringste Furcht vor der Nacht.

Das Alphabet und die Vorherrschaft des Auges

Ich werde zeigen, wie die Schrift uns aus einer Bindung an kollektives Sprechen, an einen alten Logos, an Mythen, an Stammesleben, letztendlich aus dem Hören selbst herausgerissen hat, während sie vordergründig eine Kontrolle über Sprache ermöglichte, die der Mensch bis dahin nicht kannte.

Das globale Schema des Buches – seine reelle Information – ist im Grunde sehr einfach. Ich werde zunächst zeigen, inwiefern sich die alphabetische Schrift von allen anderen Schriftformen unterscheidet. Ihre Erfindung steht in direkter, wenn auch befremdlicher Beziehung zur Begegnung indo-europäischer mit semitischen Sprachen, innerhalb der ein und dasselbe Kodierungsprinzip in äußerst sinnfälliger Weise auf zwei grundlegend verschiedene phonologische Systeme angewendet wurde. Erst auf dieser Grundlage wird verständlich, wie die Schrift in das Gehirn eingreift. Ich möchte schon hier eindringlich darauf hinweisen, daß die alphabetische Schrift nicht durch ihren Inhalt, durch das, was sie „sagt", sondern durch ihre Struktur die spezifisch abendländische Art und Weise des Zur-Welt-Seins und des Denkens prägte. Sie beeinflußt das Gehirn über den Blick, bevor sie das Denken berührt. Ich betone, daß es sich um eine tiefgreifende Beeinflussung auf physiologischer Ebene handelt, um auf die determinierende Dimension der Beziehung von Schrift und Kultur hinzuweisen. Zum anderen möchte ich den Leser anregen, über den zwar völlig anders gelagerten, doch in ähnlicher Weise transparenten und determinierenden Einfluß des Fernsehens und des Telefons, die Gesprochenes verbreiten und insofern Kontrolle über Personen und Sprache ausüben, nachzudenken.

Der erste Teil des Buches behandelt das Alphabet. Die beiden ersten Kapitel sind äußerst pointiert und setzen voraus, daß wir uns über einige Tatsachen der Schriftentwicklung klargeworden sind:

1. Die Griechen haben ihre Schrift ca. im 8. Jahrhundert v. Chr. von den Phöniziern übernommen.
2. Sie schrieben 75 Jahre lang in Anlehnung an ihre Vorlage von rechts nach links.
3. Als die Griechen jedoch der phönizischen Schrift Vokale zufügten, änderten sie ihre eigene Schriftrichtung von links nach rechts.
4. Die semitische Sprache der Phönizier benutzte keine Vokale. Die Konsonanten hatten die Aufgabe, die einzelnen Wörter der Sprache zu repräsentieren. Vokale haben dagegen immer eine rein grammatikalische Funktion.
5. Griechisch ist eine indo-europäische Sprache, die Vokale und Konsonanten benutzt, um den griechischen Wortschatz zu repräsentieren.

6. Da in der phönizischen Schrift Vokale fehlen, muß der Leser die fehlenden Werte zwischen den Konsonanten erraten, die Vokale im Vollzug des Lesens hinzufügen.
7. Diese Art der Dekodierung auf der Grundlage des Kontextes stellt sich besser im linken Gesichtsfeld her. Denn die linken Gesichtsfelder beider Augen sind anatomisch spezialisiert auf die Gestaltwahrnehmung.
8. Durch die Einfügung von Vokalen in die griechische Schriftlinie konnte sich der Leser auf eine eindeutige und lineare Aufeinanderfolge der Zeichen beim Dechiffrieren eines Textes stützen. Aus anatomischer Sicht sind die rechten Gesichtsfelder beider Augen auf Grund genetischer Veranlagung besser dazu geeignet, Abfolgen zu dekodieren.
9. Da in der griechischen Schrift Vokale im Intervall der Konsonanten vorhanden waren, wurde das Wiedererkennen der Abfolge zur entscheidenden Qualität bei der Dekodierung, während die Lesearbeit des phönizischen Lesers darin bestand, vor allem die Gestalt der Buchstaben wiederzuerkennen.
10. Durch die griechisch-römische Schrift, in der die Abfolge über die Gestalt herrscht, wurde das abendländische Gehirn darauf trainiert, die Analyse über den Blick für das Gesamte und das exakte Maß über die approximative Annäherung zu stellen.

Die Kosequenzen dieses neurokulturellen Eingriffs sind zahlreich und komplex. Ich führe vorab einige aus:

Das Alphabet, Software des Abendlandes

Zweifellos sind insbesondere Hochschulprofessoren immer noch auf eine fast pathologische Weise einer alphabetisierten, analytischen Mentalität verpflichtet. Joyce nannte sie „ABCedminded professors". Die meisten „normalen" Menschen dagegen können auch anders denken. Dennoch dürfen wir die kausale Beziehung zwischen dem Aufkommen des Alphabets und der außergewöhnlich schnellen intellektuellen Entwicklung der Griechen zwischen dem 7. und dem 3. Jahrhundert vor unserer Zeitrechnung nicht außer acht lassen. Mehrere Gründe veranlassen mich dazu, den seit der Renaissance kursierenden Gedanken, daß die Griechen „die Wiege der abendländischen Kultur" seien, wiederaufzunehmen und zu spezifizieren.

1. Es gibt einen unbestreitbaren Zusammenhang zwischen dem Aufkommen der Schrift und der einzigartigen Beschleunigung wissenschaft-

licher, technischer und intellektueller Spezialisierungen bei den Griechen. In anderen Kulturen stoßen wir nicht so eindeutig auf diesen Zusammenhang, außer vielleicht bei der Entwicklung der arabischen Kultur. Deren Auswirkungen waren allerdings weniger systematisch und kamen im Vergleich zur griechischen Kultur unter ganz anderen Voraussetzungen zustande.

2. Was wir von den Griechen wissen, verdanken wir den Texten, die sie uns hinterlassen haben. Diese wurden trotz ihres profanen Charakters in beinahe religiöser Manier durch Generationen von Schreibern, Übersetzern und Kommentatoren aufbewahrt. Diese Texte vermitteln eine Mentalität, die unserer eigenen intellektuellen Disposition im allgemeinen sehr ähnlich ist, in der sie sich wiedererkennt und der sie zustimmt. Vor allem in der theatralischen und philosophischen Tradition richten sie sich an Fragestellungen, mit denen wir uns heute mit direkt vergleichbaren Begrifflichkeiten wieder auseinandersetzen. Deshalb ist es erlaubt zu fragen, ob diese vom Medium hinterlassenen Erkenntnisse nicht ihre eigenen Ausgangsvoraussetzungen widerspiegeln. Havelock und andere Autoren haben z. B. gezeigt, daß das Auftauchen prosaischer Formen förmlicher Reden der Entwicklung der Schrift folgt und ihr keinesfalls vorausging. Darüber hinaus ist es so gut wie erwiesen, daß die grundlegenden Veränderungen in Metrum und Prosodik der Griechen auf den Einfluß der Schrift zurückgehen, denn sie resultieren aus Experimenten von Rhapsoden und Dichtern mit dem neuen Medium.

3. Die Kontinuität der griechisch-römischen Tradition, die auch unser Mittelalter einschließt (eine viel diskutierte Epoche, denn man fand in ihr Anzeichen intellektueller Spitzfindigkeit und kausalen Vernunftdenkens, die man ihr bis vor kurzem nicht zugestanden hätte), wurde auf psychologischer Ebene nie unterbrochen. Diesen Umstand verdanken wir zu gleichen Teilen der Kontinuität der handschriftlichen Tradierung vom Römischen Reich bis zur Renaissance sowie dem unerschütterlichen Fortbestand der christlichen Religion. Diese ist untrennbar mit der alphabetischen Schrift verbunden. Das belegt ausreichend, daß wir weitaus mehr Gemeinsamkeiten mit dieser abendländischen Makropsychologie als mit der arabischen Kultur oder der reichen, Jahrtausende währenden chinesischen Kultur haben.

4. Wahrscheinlich fühlen wir uns in der abendländischen Kultur so heimisch, weil wir trotz aller historischen Veränderungen noch heute mit den alten Griechen dieselben mentalen Verfahrensweisen teilen, die sie erfunden und uns für den täglichen Gebrauch hinterlassen haben.

Der erste Teil des Buches wird mit Überlegungen zum Theater abschließen. Am Theater, von den Griechen in direkter Anbindung an das Alphabet erfunden, läßt sich am deutlichsten zeigen, daß Schrift das Zuhören durch Denken ersetzte. Das Theater hat uns gelehrt, symbolische Anordnungen anzuschauen, statt ihnen zu lauschen. Es erzog uns zur Zentralperspektive, zum „Blickpunkt". Wir werden später noch genauer verstehen, daß die Aneignung eines „Blickpunktes" auf mentaler wie physischer Ebene als primäre Technik, visuelle und mentale Information zu organisieren, zugleich die Voraussetzung für das Aufkommen und die Ausprägung des für das Abendland so typischen Individualismus ist. Es ist wichtig, den Begriff „Blickpunkt" schon zu Beginn des Buches einzuführen, um ihn forthin dem entgegenzusetzen, was ich den „Punkt des Seins" nennen werde. Dieser ist die zeitgenössische Entsprechung zum „Blickpunkt" im Universum der elektronischen Medien.

Der Text wirkt wie ein Spiegel. Zunächst erscheint er als Widerspiegelung der Fähigkeiten, die für alle Leser derselben Kultur unerläßlich und gültig sind. Genaugenommen aber gibt er ein Bild davon, was der Leser überhaupt aus dem Text herausziehen kann. Nicht nur weil man beim Lesen immer etwas lernt und dies an sich schon die Selbstdefinition steigert und präzisiert, sondern auch weil man beim Lesen nie alles liest, heißt Lesen, sich zu definieren. Wir werden niemals ein so idealer, unparteiischer und unpersönlicher Leser werden wie der Computer, der genau so liest, wie die vorgegebenen Instruktionen es festlegen. Der Mensch liest im gesamten Text nur die Grenzen seiner eigenen Intellektualisierungsfähigkeit und seiner Sensibilität im Augenblick der Lektüre. Er liest seine eigenen Grenzen der Speicherung und Klassifizierung. Das Unterrichten von Buchstaben dient übrigens nur deshalb dazu, besser und tiefer zu lesen, weil genaugenommen aus jeder Verquickung zwischen der Komplexität des Textes und der der Person, die gerade lesen lernt, etwas Neues entsteht. Selbst wenn ein Leser bei der ersten Begegnung mit einem Text aus einem äußerst schwierigen Wissensbereich den Eindruck hat, in einen schon fest verankerten Diskurs einzutreten, zu dem er beim Lesen überhaupt keine eigene Herangehensweise, kein originäres Verständnis entwickeln kann, so werden gerade seine Verständnisfragen selbst sich in den Text einschreiben und eine seinem Fingerabdruck oder dem Spektrum seiner Stimme vergleichbare persönliche Markierung hinterlassen.

Das ist die Spiegelfunktion. Sie ist immer ein Dialog, geboren aus mir selbst, mit mir selbst mittels der Lektüre. Ebenso verhält es sich beim Schreiben. Es ist durch die graphische Geste, die sich um ein ungenau abgegrenztes Zentrum, das dennoch in seinen Ursprüngen sehr klar festzumachen ist, persönlich gefärbt. Diese Geste gruppiert sich um das, was man gemeinhin das Bewußtsein des Subjekts nennt. Dieses Bewußtsein verschließt sich in sich selbst. Obwohl der Leib des abendländischen Lesers gezwungen ist, physisch am sozialen Körper teilzuhaben, ja ihm anzugehören, ist er auf psychologischer Ebene von jeglicher Verantwortung, außer von vertraglichen Abmachungen, frei. Der Kampf um Toleranz, der seit dem 16. Jahrhundert geführt wird, hat es dem Bewußtsein erst erlaubt, sich in sich selbst zu verschließen, ohne über sich selbst in irgend einer Form Rechenschaft ablegen zu müssen.

Die video-christliche Zivilisation

Wie sollen die Heiligen Schriften festgehalten werden, in Hebräisch, in Sanskrit, in Arabisch, Griechisch oder Lateinisch? Die heilige Sprache niederzuschreiben heißt sie einer grausamen Probe auszusetzen. Sie wird in den Dienst der Menschen gestellt. Das heißt – wie Jack Goody es formulierte –, sie der wissenschaftlichen Prüfung auszusetzen. Wissenschaft ist die Fortsetzung der unsäglichen Geschichte Adams. Sicherlich, er mußte den Lebewesen einen Namen geben, aber niemand hatte von ihm verlangt, sie bis ins kleinste zu zerlegen. Indem der Mensch die Schrift an sich riß, auch die des Lebens selbst, bemächtigte er sich des „Wortes".

Die jüdisch-christliche Zivilisation entsteht aus der Zusammenlegung von zwei verschiedenen Traditionen des Mittelmeerraumes, die beide auf die alphabetische Schrift zurückgehen. Die Schrift ermöglicht es dem Menschen, die Sprache zu kontrollieren. Durch Schrift herrscht die Welt der Theorie über die der Praxis. Die Schrift ermöglicht es, „Versuche" über unsere Existenz zu machen. Die *Essais* von Montaigne z. B. gleichen eher Erforschungen des Ichs und Experimenten zu dessen durch das Beherrschen der Schrift hervorgebrachten neuen psychologischen Möglichkeiten, als Schriftübungen oder Meditationen über verschiedene Themen.

Mit Hilfe der Schrift siegt das Auge über das Ohr, das Ich über den Anderen. Das Auge siegt über das Ohr, da die Welt schriftlicher Reflexion der Beschreibung eines internen Theaters entspricht. Ein innerer Raum, Ort der Projektion von Bildern, die vom gelesenen Text selbst entworfen und gestützt sind, konstituiert sich als Laboratorium der Existenz. Das Theater, diese typisch abendländische Erfindung, führt in der äußeren Welt noch einmal die Bedingungen einer mentalen Organisation vor, die derjenigen ähnelt, die die Schrift beim Leser implementiert. Die Welt des alphabetischen Denkens ist vor allem eine Gesehene, und indem sie gesehen wird, wird sie zugleich privatisiert. Der Dialog mit dem Anderen, der Familie, den Bekannten, den Freunden, ja mit jedweder Person, mit der man im guten oder im bösen etwas zu schaffen hat, wird abgelöst vom intimen Geschäft des Selbst mit dem Selbst. Lesen und Schreiben sind private Erfahrungen, Solipsismus. Das Ich, das sich hier konstituiert, bestärkt und personalisiert sich immer mehr an der Schrift und entfernt sich im Abendland von einer Haltung zur Welt, die es auf den anderen oder auf Gott beziehen würde. Es entzieht sich, schließt sich in sich selber ab. Das tiefgründige Lauschen, Voraussetzung für Weisheit überhaupt, tritt hinter die einsame Aneignung eines Wissens um die nur aufgeschriebenen Dinge zurück. Das Ich erhebt sich zum Meister über sein eigenes Schicksal.

Die semitische Schrift und die jüdische Tradition, die den Monotheismus, diese Metapher für die Entwicklung kollektiver Vereinzelung, hervorbrachten, taten den ersten Schritt in dieser Richtung. Denn das Bild eines einzigen und kollektiven Gottes war die Veräußerung eines Vermögens zur Abstraktion, das ganz typisch für den Alphabetismus ist. Die Differenzierung des persönlichen Ichs von einem nicht lokalisierten, außerhalb des Selbst-Bewußtseins des Lesers liegenden Über-Ich, war die erste verbindliche Metaphorisierung, war die mythologische Garantie des Prinzips der Individuation. Sie zeichnete sich vor allem durch die persönliche Kontrolle über die Welt des Wissens aus, die durch die Schrift verfügbar wurde. Das Prinzip der Individuation selbst konnte erst aus der Spiegelbeziehung zwischen Leser und Schrift hervorgehen.

Dennoch bleibt in der jüdischen Tradition die Zugehörigkeit zum Kollektiv des Stammes durch die orale Teilhabe am schriftlich niedergelegten Diskurs, die sich durch die Tatsache herstellt, daß im Vollzug des Lesens die fehlenden Vokale hinzugefügt werden müssen, noch sehr eng. Jahweh existiert nur in den Vokalen, im Atem des Lebens, die man ausspricht, aber nicht darstellt.

Die griechische Schrift löste im Gegensatz dazu die Beziehung zwischen dem Geschriebenen und dem Gesprochenen völlig auf. Denn sie ermöglichte es, die gesamte gesprochene Phrase auch visuell darzustellen. Erst die griechische Schrift machte den notwendigen zweiten Schritt, indem sie die Aussage der Sprache aus dem Kontext löste. Fast gleichzeitig damit wechselte die griechische Kultur von einem konfliktbeladenen Polytheismus zu einem handfesten Monotheismus unter der Herrschaft des Zeus, bis die Griechen schließlich gänzlich aufhörten, an ihre Götter zu glauben, wie es Paul Veyne in seinem Buch *Glaubten die Griechen an ihre Mythen?* beschrieben hat.

Die Eliminierung oder zumindest die Reduktion von Versatzstücken des Heiligen in einer Kultur sind seither vorhersehbare Auswirkungen „alphabetisierter" Schrift. Durch die griechisch-römische Schrift wird Sprache völlig aus Körper und Zeit herausgehoben. Dieser Status der Sprache konstituiert die objektive Wissenschaft und beendet eine mythische Beziehung von Mensch und Kosmos. Während die semitische Schrift eine Heilige bleibt, wird durch die Schrift der Griechen und Römer das gesamte Abendland profanisiert. Religion als Bezug von Mensch und Kosmos verschwindet völlig und degeneriert zu einer bloßen Angelegenheit des persönlichen Bewußtseins.

Zwei Arten zu hören

Tibetanische Mönche benutzen kleine Glöckchen, um – wie ich vermute – ihre Meditation zu erleichtern. Als ich ihre fremdartige und bezaubernde Musik das erste Mal hörte, dachte ich, daß jene durch Mark und Bein gehenden Töne der Glöckchen, die mit ziemlicher Regelmäßigkeit die Psalmen unterbrachen, dazu dienten, die Mönche aufzuwecken, sie aus der Erstarrung, die die Monotonie der Gebete hervorrufen kann, aufzurütteln. Die lauten Töne des Horns, die von Zeit zu Zeit Betonungen in den Versen setzen, hatten auf eine andere Art dieselbe Funktion. Sicherlich sollten sie die Mönche an das Leben erinnern, an das geschäftige Treiben der Menschen, das nur Lärm und erdrückendes Chaos ist.

Diese Erklärungen treffen vielleicht teilweise zu. Heute glaube ich aber, daß noch etwas viel Dringlicheres im Vordergrund steht. Ich glaube, daß dieser ganz besondere Ton der Glöckchen, der entsteht, wenn die schweren und doch sehr kleinen Teile aus höchst kunstvollen Silber- und Bronzelegierungen aufeinandertreffen, die Tür zu einer Klangwelt aufstößt, auf die unsere Wahrnehmungsfähigkeit kaum vorbereitet ist. Wie gelingt es, diese Tür zu öffnen? Während der Ton, der zunächst sehr laut und spitz ist, abschwillt, teilt er sich in zwei oder mehrere komplementäre, aber harmonische Tonlagen. Diese progressive Ausweitung des Intervalls erfaßt anscheinend das Innere des Ohres und öffnet es, das heißt, der so gestaltete Ton sensibilisiert das Ohr für ein sehr viel feineres Hören.

Auch ohne die Glöckchen zu benutzen, können Sie sich einen Eindruck verschaffen, wie die Glöckchen auf Ihr Gehör wirken, indem Sie ganz einfach die Ohren mit Hilfe der hinter ihnen liegenden Muskeln zurückziehen. Wenn Sie es schaffen und die Ohren nach hinten gezogen lassen, können Sie wahrscheinlich feststellen, daß Sie die Sie umgebenden Töne ein bißchen besser, schärfer und genauer hören. Der gleiche Effekt stellt sich ein, allerdings nur für den Bruchteil einer Sekunde, wenn Sie beim Gähnen plötzlich besser und lauter hören können. Ihr Hörfeld schwenkt auf eine andere Tonlage, wird dumpfer, wenn Sie aus Müdigkeit gähnen, oder klarer, wenn Sie beim Erwachen gähnen.

Das Öffnen der Ohren durch den Ton der Glöckchen ist sehr angenehm. Wenn es gelingt, zieht es eine Entspannung der Muskeln des Brustkorbes und der Schultern nach sich. Die Atmung ändert sich, sie wird ruhiger. Oberhalb der Gesamtheit der uns umgebenden Töne beginnen wir, selbst dann, wenn wir von Stimmengewirr umgeben sind, eine oder mehrere weit gesteckte Harmonien wahrzunehmen, die einer Verschmelzung der zu dieser Umwelt gehörenden Töne entsprechen.

Man könnte sagen, daß diese Klangwelt, die Sie mit entsprechendem Training immer hören könnten, für das Ohr das ist, was das Gesichtsfeld für das Auge ist: ein globaler Rahmen. Stellen Sie sich vor, jeder Ton würde sich nach eigenen Regeln der Harmonie mit allen Tönen der Umgebung verbinden, statt sich bloß von der Stille abzusetzen. Ihr Zusammenklang würde Ihren ganzen Leib erfassen und Ihre Geistesgegenwart (Präsenz) so erhöhen, daß Sie Teil dieser Klangwelt werden. Stellen Sie sich diese akustische Präsenz (oder hören Sie sie, wenn Sie es schon jetzt können, denn manchen Menschen ist dies von Natur aus gegeben) ebenso vor, wie Sie sich auch die visuelle Welt vergegenwärtigen können, indem Sie ganz einfach die Augen für die Gesamtheit der sichtbaren Dinge öffnen, ohne etwas genau zu fixieren.

Ich sagte, daß die Töne der tibetanischen Glöckchen einen Zugang zu dieser Welt akustischer Präsenz eröffnen. Obwohl uns dieser Zugang zur Verfügung steht, dringen wir nicht ungehindert zu ihm vor, hält uns etwas zurück. So als würde ein Denken im Schädel sitzen, das sich beide Ohren dienstbar macht und die Töne zwingt, sich zu identifizieren, bevor ihnen der Eintritt in dieses Denken gewährt wird. Die Töne, die diesem Denken nichts Besonderes hinzufügen können, werden eliminiert. Ich glaube, darin liegt das Wesentliche meiner Fragestellung in diesem Buch, das ich nicht als Meditation verstanden wissen möchte. Es versucht gleichwohl zu zeigen, welche Merkmale der abendländischen und der jüdisch-christlichen Zivilisation und ihrer videochristlichen Überformung uns daran hindern, dem Gegenwärtigen zuzuhören und gegenwärtig zu sein.

Mit der Analyse der kognitiven Beziehungen, die wir durch das Fernsehen hervorbringen, bezieht sich der zweite Teil des Buches auf die moderne Welt. Seit ich mich mit der Schrift beschäftige, versuche ich zu ergründen, durch welche Umwege sie uns veranlaßt, die Welt zu visualisieren und sie theoretisch zu erfassen, und uns dabei zugleich die Ohren verstopft. Die elektronischen Medien führen uns wieder auf das Gehör zurück, wie McLuhan oft genug dargelegt hat. Die Welt zu beobachten und der Welt zuzuhören, dem entsprechen zwei Arten, sich in der Realität zu positionieren, die voneinander so verschieden sind, wie sie sich gegenseitig ausschließen. Anliegen dieses zweiten Teiles ist, dem Leser die Möglichkeit zu geben, zumindest auf der kognitiven Ebene beide Optionen des Zur-Welt-Seins wahrzunehmen und an ihnen teilzuhaben.

Die Allgegenwärtigkeit der Psychotechnologien

Es würde sich nicht lohnen, den doch ziemlich anmaßenden Begriff „Psychotechnologie" nur für das Alphabet zu erfinden. Auch der Telegraf, das Telefon, das Kino und das Radio würden als Rechtfertigung nicht ausreichen, denn diese Medien sind bloß Episoden für die menschliche Psyche. Selbst das Fernsehen könnte, ähnlich wie das Kino, für sich genommen noch als Technik für Freizeitgestaltung durchgehen, obwohl es eine besonders delikate Bedrohung für die Autonomie unserer privaten Psychologie darstellt. Wir haben nicht wirklich durchschaut, daß die Radiostimme, die in den vierziger Jahren ins Schlachtfeld zog, Ausdruck einer kollektiven Sprache war, die etwas noch wesentlich Radikaleres ankündigte als den Krieg. Seit wir den Computer haben, ist es nicht mehr möglich, sich selbst so gründlich mißzuverstehen.

Der Computer ist eine Psychotechnologie. Das wird klar, sobald wir erkennen, daß die Software nicht irgendwelche Daten programmiert, sondern uns selbst. Die Software reprogrammiert nicht nur ihren Benutzer, sondern alle Bürger, die von der kulturellen Organisation abhängen, die wiederum von Programmierern beherrscht wird. Falls Sie noch Zweifel haben sollten, führen Sie sich noch einmal vor Augen, welche Rolle die ersten Computer mit ihren zukunftsweisenden Kurven für die Philosophie des „Stoppt den Fortschritt und das Wachstum" des Club of Rome spielten, die die Ökonomie veränderte, ja torpedierte, bis hin zum Freudentaumel der sechziger und siebziger Jahre. Es besteht wohl kein Zweifel daran, daß der Computer sich der beschlußtragenden Strukturen der politischen und ökonomischen Organisation in den fortschrittlichen Ländern bemächtigte. Wenn wir dies einmal verstanden haben, haben wir noch lange nicht alles gesagt.

Wollen wir das Ansehen der Maschine retten und uns mit einem Anschein von Aufrichtigkeit der Erkenntnis verschließen, daß die Maschine uns mehr besitzt, als daß wir über sie herrschten, können wir natürlich immer von ihrer Leistungsfähigkeit sprechen, können wir sagen, daß sich die Kommunikation, die Buchführung, daß sich die Simulationen, die Klassifizierungen, die Modellierungen, die Vernetzungen, die Speicherkapazitäten, die Zeitersparnis mit Hilfe der Informatik zweifellos wesentlich verbessert haben und ein Ende des Fortschritts nicht absehbar ist. Und das stimmt ja auch. Verstehen wir den Computer also einfach nur als ein Dienstleistungsgerät, das alltägliche Arbeitsprozesse erleichtert, dann ist er unschuldig. Aber dann haben wir das Wesentliche nicht erkannt: Der Computer ist nicht allein.

Er ist zunächst einmal eine Synthese aller bisher bekannten Medien vom Buchdruck über den Telegrafen, die Photographie, den Phonographen, die Schreibmaschine, das Telefon, das Kino, Radio und Fernsehen, den Bildschirm- und Videotext, bis hin zum Satelliten und, nicht zu vergessen, zum Laser und zum Hologramm. Diese Medien sind alle Computer, und der Computer ist in diesen Medien. Würde nicht gerade eine der interessantesten Vorhersagen der Science Fictions in Erfüllung gehen – wenn auch in paradoxer Art und in „2001" noch kaum so ausdenkbar –, nämlich die Fusion im Weltraum, mit der HAL das Kommando übernimmt, bliebe der Computer einfach eine Supermaschine ohne weitreichendere Konsequenzen als eben die der Arbeitserleichterung für die Menschen. Und auf der Erde – ganz allmählich, aber um so zielstrebiger – vereinigen sich die Maschinen aller Länder.

Ähnlich wie schon das Auto ist der Computer nicht einfach eine isolierte Maschine, er ist ein Netzwerk. Man muß schon ziemlich blauäugig sein, um nicht zu erkennen, daß die Autoindustrie mit immer höheren Geschwindigkeiten gegen die Bewohnbarkeit der Erde kämpft, um sich der Ökonomie und der Gebietsaufteilung mittels ihrer Netzwerke von Straßen, Pipelines und Verwaltungsstrukturen zu bemächtigen; ganz zu schweigen von ihrer biokulturellen Funktion, das Bevölkerungswachstum zu bremsen. (Das Auto ist in den Industriestaaten die häufigste Todesursache für Menschen im geschlechtsreifen Alter.) Aber man muß schon völlig blind sein, um nicht mitzubekommen, daß der Computer sich mit dem Fernsehen verbündet, um – außerhalb der leiblichen Psyche der Bürger – eine elektronische Psyche zu implementieren, die uns künftig ein kollektives Parabewußtsein anbieten wird.

Kognitive Auswirkungen des Alphabets

> Nach vielen unterschiedlichen Erfahrungen mit meiner Muttersprache, dem Französischen, weiß ich, daß ich niemals Schriftstellerin geworden wäre, wenn ich Arabisch, die Sprache meines Vaters, gelernt hätte, wenn ich gelernt hätte, die Sprache der Einheimischen zu sprechen, zu lesen und zu schreiben. Dessen bin ich mir heute sicher. Wäre ich im Land meines Vaters geblieben, in meinem Geburtsland, mit dem mich eine äußerst zwiespältige Geschichte verbindet, hätte ich nicht geschrieben. Denn eine solche Entscheidung zu treffen hätte auch geheißen, eins zu werden mit dieser Erde, mit dieser Sprache. Und wenn man leibhaftiger Teil wird, dann ist man so nahe, daß man weder Augen noch Ohren frei hat, und man schreibt nicht mehr, denn man ist nicht mehr in der Position zu schreiben.
>
> Leïla Sebbar
> Auswahl von Monique Hugon (1986)

Wir sind in der Sprache gewesen, vor allem in der Schrift, wie Fische im Wasser. Die Fische aber kennen das Wasser nicht. Der amerikanische Anthropologe Edward Hall formulierte entsprechend, daß die größte Erfindung der Menschen nicht das Rad war, sondern die Sprache. Hall bezog sich nicht auf die eher banale Erkenntnis, daß die Sprache das technische Mittel einer äußerst komplexen und flexiblen Anpassung an die Umwelt ist. Das Besondere an dieser Erfindung bestand vielmehr darin, zu erkennen, daß die Sprache beim Sprechen zwar aus dem Körper kommt, daß sie aber nur etwas Künstliches ist. Um zu dieser wichtigen Erkenntnis vorzudringen, war es unerläßlich, sich von seiner eigenen Sprache lösen zu können.

Aus ihrer Sicht, es klingt fast wie ein Echo zu Halls Idee, formuliert Leïla Sebbar, daß man sich ohne die Schrift nicht von der Sprache lösen kann. Denn wenn man seine Sprache nur spricht, wird man zum leibhaftigen Teil dieser Sprache. Es darf als sicher gelten, daß der Versuch, Distanz zur Sprache zu gewinnen, umgehend dazu führt, sie zum Werkzeug zu machen und sich ihrer in einer Art zu bedienen, die nicht mehr ausschließlich eine unmittelbare Einbeziehung zur Folge hat wie in der Unterhaltung. Sprache wird dann vielmehr, wie z. B. in der Forschung oder in der Bürokratie, instrumentalisiert. Je nach Grad der Loslösung und Dekontextualisierung, die man in die eigene Beziehung zur Sprache einführt, kann man einerseits beginnen, sie für die verschiedensten Ziele einzusetzen, und andererseits im Umgang mit der Wirklichkeit kognitive Strategien annehmen, die immer komplexer werden. Auf der ersten, der oralen Stufe, vervielfacht die Sprache bereits merklich ihre Möglichkeiten und die Variablen der Interaktion zwischen Organismus und Umgebung. Aber sobald zur lebendigen, gesprochenen Sprache die Vermittlung durch Schrift hinzukommt, führt dies je nach dem angewandten Typ der Schrift zu einer beschleunigten Ausbreitung bestimmter kultureller Formen.

These dieses Kapitels ist nicht nur, daß die Schrift die kulturelle Evolution beschleunigt, eine Tatsache, die sich mittlerweile herumgesprochen haben dürfte. Ich behaupte vielmehr, daß Schrift grundlegend die Art und Weise des Denkens verändert. Ich hoffe, daß der Leser mit Hilfe dieser Untersuchung hinter seine eigene alphabetische Erkenntnisfähigkeit gleiten kann, um deren Grundmauern zu sehen. „To understand it“, wie es im Englischen so wunderbar ausgedrückt werden kann, meint, sich unterhalb der Sprache aufzuhalten, um sie in voller Aktion zu beobachten und zu erkennen, bis zu welchem Punkt sie uns auch heute noch beherrscht. Wir beginnen gerade erst, in der Philosophie, der Soziologie, in der Linguistik und bald wohl auch in der Neurobiologie nach dem Impakt der Schrift zu fragen. Man hat lange genug angenommen, die Schrift sei eine neutrale Grundlage für den Transport von Bedeutungen, die mit der Schrift selbst nichts zu tun hätten. Der unaufgeklärte Sprachzentrismus der Linguistik im allgemeinen und der Semiotik im besonderen will uns dies ja immer noch weismachen.

Wir mußten auf Ferdinand de Saussure warten, um zumindest innerhalb der Grundlagen der Linguistik herauszuarbeiten, daß unsere Art und Weise des Zur-Welt-Seins dem Verhältnis entspricht, das sich bei allen Zeichen zwischen der konkreten Präsenz des Bezeichnenden (Signifikant), dem Wachrufen des Bezeichneten (Signifikat), für das es steht und dessen Beziehung zu einem Referent der unteilbaren Wirklichkeit der gegebenen Welt herstellt. Es war wieder Saussure, der unsere Aufmerksamkeit auf die Schrift im besonderen lenkte, der es sich allerdings dabei erlaubte, auf die gesamte Linguistik zu übertragen, was nur der Schrift selbst eigen war.

Die Linguistik steht trotz ihrer Vorgeschichte in den Grammatikschulen der Antike und einer langen scholastischen Tradition erst seit einiger Zeit wieder im Mittelpunkt des Interesses. Es scheint fast so, als ob unsere intellektuelle und wissenschaftliche Tradition nach einer beinahe zwei Jahrtausende währenden Spaltung von Körper und Geist das Bedürfnis verspürte, ihre Aufmerksamkeit wieder auf die Beziehung von Sprache, Denken und physischem sowie sozialem Körper zu lenken. Seit einigen

Jahren spielt man allzu bereitwillig Schrift und Fernsehen gegeneinander aus, vor allem wenn es darum geht, die Auswirkungen des Fernsehens auf das Leseverhalten von Kindern zu benennen. Daß die Schrift nun endlich ihr wahres Gesicht zeigt und wir erkennen können, daß sie einer der Grundbausteine unserer kognitiven Struktur ist, hängt aufs engste damit zusammen, daß sie unter dem Druck der Neuen Medien, die die Schrift nicht mehr nötig haben, ihren Status einer grundlegenden sozialen Regulierung verliert. Erst in diesem Zusammenhang kann die vorangegangene Bevormundung durch die Schrift für uns sichtbar werden.

In dem Moment, wo das Alphabet die Sprache (hier verstanden im Sinne Saussures als das Sprachsystem ‚langue', im Gegensatz zur gesprochenen und angewandten Sprache ‚parole') in den Dienst des Denkens stellte, erfuhr sie eine Beschleunigung, Erweiterung und Verbreitung, die bis dato in der Kultur, die sich das Alphabet aneignete, unbekannt gewesen waren. Die ungleichwertige Gliederung, Präzision, Komplexität und Flexibilität der verschiedenen menschlichen Sprachen wurden dem individuellen Nachdenken derjenigen, die in alphabetischer Manier lesen und schreiben konnten, zur Disposition gestellt. Das individuelle Subjekt konstituierte sich, indem ein ständig wachsender Unterschied zwischen dem inneren und dem öffentlichen Diskurs kultiviert wurde. Der Mensch des Abendlandes wurde mit einer Vielfalt von Möglichkeiten konfrontiert, die keine andere Kultur ihren Mitgliedern hätte geben können. Denn nur das Abendland verfügte über drei gleichermaßen umfangreiche und völlig distinkte Einheiten, nämlich die Sprache, die Schrift und das Denken, die Bedeutung organisierten; Register, die jeweils eigenen Gesetzen folgten und eigene Inhalte und Grenzen hatten, von denen aber jedes die beiden anderen bereicherte und neu strukturierte. Der Schwerpunkt der menschlichen Kommunikation verlagerte sich vom oralen Austausch zur Schrift und weiter zum Denken. Heute verlagert sich dieses Zentrum wieder hin zum oralen Austausch, der jetzt allerdings auf elektronischen Wellen fließt.

Seit mehr als dreißig Jahren, vor allem seit den Experimenten zur Kommissurotomie von J. Sperry, hat die Erforschung der Spezialisierung der Hirnhemisphären ebenso zu phantastischen Hirngespinsten wie zu äußerst überzeugenden Beobachtungen über die Rolle der Schrift dabei Anlaß gegeben. Aus diesen letzteren zitiere ich eine Bemerkung von Joseph Bogen, die für unsere Überlegung von Interesse ist:

> Es ist anzunehmen, daß eine gewisse anatomische Asymmetrie eine Spezialisierung der Hemisphären unterstützen könnte. Es ist aber auch erwiesen, daß der Grad, bis zu dem sich bestimmte Fähigkeiten entwickeln können, von der Umwelt abhängt. Selbst wenn die meisten Mitglieder jedweder menschlichen Kultur lesen und schreiben lernen können, werden einige Analphabeten blei-

> ben und – soviel wir wissen – aus diesem Grund niemals die charakteristischen Eigenschaften der linken Gehirnhälfte ausnützen können. Umgekehrt ist eine Gesellschaft vorstellbar, in der eine ungenügende Auslastung der rechten Gehirnhälfte zur Regel wird. Und tatsächlich scheint unsere eigene (in Wirklichkeit sehr komplexe) Gesellschaft an bestimmten Stellen ein gutes Beispiel für jenen Umstand zu sein: Wir sind das Resultat einer Zuspitzung der griechisch-römischen Vorliebe für die Theoretisierung, die noch durch die Schule, den Buchdruck, die Industrie und die Computer verstärkt wird.

Ich übersetze einen Schlüsselbegriff von Bogen – propositional – mit Theoretisierung. Ich glaube, daß diese Übersetzung gerechtfertigt ist, wenn Bogen sagen will, der Diskurs, den man mit den Tendenzen der verbal ausgerichteten Hemisphäre verbindet, sei derjenige, der das Gemeinte von seinem Kontext absondert und zum Gesetz umformt. Wir werden noch sehen, daß der augenscheinliche Hang zum Theoretisieren als bevorzugte kognitive Strategie des Abendlandes sowohl in der wissenschaftlichen und technischen Welt als auch im Bereich des alltäglichen privaten Lebens kursiert. Man würde sich liebend gerne auf neurophysiologische Erkenntnisse verlassen können, um eine solche Hypothese nachweisen zu können. Das wäre aber schwierig, weil der Wissensstand in diesem Bereich einerseits noch sehr rudimentär ist und vor allem weil das menschliche Gehirn andererseits sehr reich an Ressourcen ist und für besondere Aufgaben auf subtile Weise eine ganze Reihe komplementärer Strategien abrufen kann. Man müßte also lernen, die Strategien, die an verschiedenen Tagen und unter unterschiedlichen Umständen häufig auftauchen, von denen zu unterscheiden, die nur sporadisch wiederkommen, und man müßte die Beziehung zwischen ihnen untersuchen.

Definition eines mentalen Raumes

Im Englischen gebraucht man ein sehr praktisches Wort, um Bewußtsein (l'esprit) von den kognitiven Fähigkeiten (le cerveau) zu unterscheiden; nämlich das Wort „mind“. Im Französischen gibt es kein Wort für „mind“, dafür aber haben die Franzosen „Esprit“. Leider ist dieses Wort nicht angemessen, denn es evoziert eher metaphysische Konnotationen: Ein Mangel des „mind“ selber, oder sagen wir des „mentalen Raumes“. Das ist keine ganz exakte Übersetzung, aber sie gibt ziemlich genau den Zusammenhang wieder, auf den ich hier anspiele. Jede Person verfügt über einen mentalen Raum, in dem sie die Information in Form von Gedanken bearbeitet. Dieser mentale Raum ist ähnlich wie der soziale Raum organisiert. Unsere Wahrnehmung des sozialen Raumes kann Ursache oder Wirkung unseres mentalen Raumes sein. Die Beziehungen dieser beiden Räume sind in gewisser Weise die Grundlage unserer Erkenntnistheorie. Im Grunde müßten wir uns fragen, ob wir eine spezifische Wahrnehmung von Raum und Zeit haben, weil sie auf diese Weise in dem kulturellen Umfeld organisiert sind, in dem wir leben, oder ob sie nur auf diese Weise organisiert sind, weil unser Bewußtsein uns vorgibt, sie in eben dieser Form wahrzunehmen. Sicher gibt es eine wechselseitige Regulation zwischen beiden Möglichkeiten. Ein Thema dieses Buches ist, daß die Schrift dazu beiträgt, einen mentalen Raum zu formen, der sich seinerseits an eine Umwelt anpaßt, die diesen Raum gleichermaßen widerspiegelt und interpretiert.

Ich gehe davon aus, daß es seit der griechischen Antike eine relative historische Kontinuität der Erscheinungen gibt, die man den „abendländischen mentalen Raum" nennen könnte. Wenn wir an die wissenschaftliche, geographische und historische Organisation der Wissensbestände seit fast dreitausend Jahren denken, wird man ohne große Mühe darin übereinstimmen können, daß eine Ähnlichkeit zwischen den Griechen und uns besteht. Es ist eine Art, die Dinge zu betrachten und Erfahrungen zu klassifizieren. Diese durchlief zwar einige Verdunkelungen und teilweise radikale Veränderungen. Sie zeichnet sich aber jenseits ihrer eigenen Brüche im Vergleich zu dem, was wir von der orientalischen Mentalität oder der Mentalität in Stammesorganisationen wissen, unbestreitbar durch Kohärenz aus. Im Inneren dieses ungeheuren Gedächtnisses wird die Kontinuität durch die Entwicklung unserer kulturellen und sozialen Institutionen abgesichert, allen voran durch die Schrift. Aus diesem Grund habe ich eher versucht herauszufinden, was in der Schrift selbst als in ihrem semantischen Gehalt die grundlegenden Optionen unseres Denkens widerspiegeln und unseren mentalen Raum untermauern könnte.

Da ist zunächst einmal unsere Fähigkeit, die Realität theoretisch zu verdoppeln: Eine Landschaft nur zu betrachten oder ein Ereignis nur zu beobachten ist etwas ganz anderes, als es in Gedanken zu reproduzieren – und sei es nur für einen Moment. Denn wir können dieses theoretische Konstrukt nur dann aus seinem Kontext herauslösen, es zu begreifen versuchen, wenn wir genau wissen, wo wir es in unserem Denken einordnen sollen. Vor jeder Analyse und jeder Klassifizierung ordnen wir die Objekte in unseren Gedanken in einem vergleichsweise abstrakten raumzeitlichen Simulakrum an. Was sich in der bewußt wahrgenommenen Realität ereignet, wird auf mentaler Ebene in einem nach den drei Dimensionen ausgerichteten Raum wieder hervorgebracht und den Gesetzen der Schwerkraft unterworfen; alle Ereignisse werden durch das Sieb einer zeitlichen Abfolge gefiltert. Das beste Beispiel, die Funktionsweise dieser „mentalen Kiste", dieses Laboratoriums der Zerlegung des Realen zu verstehen, ist das griechische Theater. Wir werden darauf zurückkommen.

Auf kognitiver Ebene hat die Schrift zahlreiche Auswirkungen, die sich unauslöschlich in uns einschreiben. Das folgende Schema versucht deren wichtigste Charakteristika hervorzuheben, die sich nach den strukturalen Elementen der Schrift gliedern.

Fünf kognitive Tendenzen der Schrift

I. Die Achse: Die phonologischen Schriften und die Horizontalisierung

1. Das Lesen ikonischer Strukturen wird durch eine vertikale Ausrichtung der Zeichen erleichtert (die Komplexität des Details bevorzugt das foveale Sehen).
2. Das Lesen linearer Strukturen wird durch eine horizontale Ausrichtung der Zeichen erleichtert (die Kombination von Elementen fordert zu einer Verteilung entsprechend der Achse der Augen auf).
3. Die Umwandlung der (ikonischen) Piktographie in (lineare) Phonographie macht die vertikalen Schriften horizontal.

Schlußfolgerung: Die durch das Lesen horizontaler Schriften trainierten kognitiven Fähigkeiten bevorzugen eine Orientierung am Horizont und an den horizontalen Modi der räumlichen Gestaltung in mentalen Bildern als auch in deren bildlicher und architektonischer Darstellung (als Beispiel gilt der Hang zur Symmetrie in alphabetischen Kulturen).

II. Linearität: Die vokalisierten Schriften und die Verzeitlichung

1. Kontextuelle Beziehungen zwischen individuellen Zeichen werden mit Vorliebe von den linken Gesichtsfeldern jedes Auges verarbeitet (die eine globale Lesart begünstigen).
2. Die linearen oder zusammenhängenden Beziehungen zwischen individuellen Zeichen werden mit Vorliebe von den rechten Gesichtsfeldern jedes Auges verarbeitet (die eine sequentielle Lesart begünstigen).
3. Die Umwandlung der konsonantischen Alphabete (die als Kontexte gelesen wurden) durch die Vokalisierung (im Gegensatz dazu als lineare Abfolge zu lesen) zieht eine Ausrichtung der Schriften (von links) nach rechts nach sich und unterwirft sie unter das Primat der Linearität.

Schlußfolgerung: Die durch das Lesen linearer Schriften trainierten kognitiven Fähigkeiten bevorzugen die sequentielle Analyse realer und mentaler Bilder sowie deren Repräsentation (dies fügt einen zeitlichen Faktor in die räumliche Analyse wie z. B. in der Zentralperspektive).

III. Analyse: Die phonemischen Schriften[1] und die Auflösung in kleinste Teile (Atomisierung)

1. Silben sind zusammengesetzte Zeichen. (Diese Zeichen verweisen direkt auf konkrete Laute, nämlich entweder auf isolierte vokalische Laute oder auf deren Zusammensetzung mit konsonantischen Lauten. Die Anzahl der Silben entspricht der Vielheit der Silben in der Sprache, die die Zeichen repräsentieren.)
2. Phonemische Zeichen sind einfach. (Diese Zeichen braucht man nur miteinander zu kombinieren, damit sie auf konkrete Laute verweisen.)
3. Die phonemischen Systeme reproduzieren die Komplexität der gesprochenen Reihe durch eine minimale Anzahl modulierender Elemente. (Dies erlaubt ihnen, jede beliebige linguistische Struktur auf der Grundlage derselben Grundbausteine zu repräsentieren.)

Schlußfolgerung: Die durch bedeutungstragende Grundbausteine trainierten kognitiven Fähigkeiten bevorzugen die systematische Atomisierung dieser Bausteine, um zu deren kleinsten, unteilbaren Einheiten vorzudringen (als Beispiel gelten Verfahrensweisen wie die Fragmentierung, die Ansammlung von Einheiten, das Entwerfen von Konzepten, die Erstellung von Universalien und die Unterteilung in Kategorien).

---

[1] Derrick de Kerckhove unterscheidet bewußt zwischen der phonemischen und der phonetischen Schrift. Die phonetische Schrift wird einem Schriftsystem in Form optischer Zeichen hinzugefügt und versucht zu präzisieren, wie dessen Zeichen ausgesprochen werden. Dabei ist die phonetische Schrift an die in der gesprochenen Sprache existenten Silben gebunden.

Die phonemische Unterteilung gesprochener Laute existiert dagegen nur in der Schrift. Sie ist keine Wiedergabe rein akustischer Phänomene und nicht sprechbar.

Das Phonem als kleinste bedeutungstragende Einheit der Sprache ist für den Autor eine Funktion, die erst im Zusammenhang mit dem Vokalalphabet entstehen konnte. Vor die deutsche Silbe „ein" können die Konsonanten n/f/k gesetzt werden und es entstehen je nach Auswahl völlig neue Bedeutungen (nein, fein, kein) der weiterhin einsilbigen Worte. Die Konsonanten sind in diesem Fall Phoneme. Das Phonem ist aber keine Ableitung aus der gesprochenen Sprache. Denn es ist kaum möglich, einen Konsonanten ohne Vokal, das heißt nicht als Silbe, auszusprechen. Einen Konsonanten dennoch zu isolieren und ihm eine wichtige syntaktische Bedeutung, seine Funktion als Phonem, zu geben, ist ein mentaler Vorgang, der nur aus dem vollständigen Vokalalphabet, das Sprache unabhängig von ihrer akustischen Erscheinungsform in ihre kleinsten Teile zerlegt, entstehen kann. (Anm. der Übersetzerin)

IV. Synthese: Die phonemischen Alphabete und die Kausalität zusammenhängender Einheiten

0. Lesen verlangt immer einen doppelten Vorgang der Analyse und der Synthese. Indessen:
1. wird beim Dechiffrieren von kontextuellen Zeichen ein Erkennen und Bestimmen von Gestalten bevorzugt (diese Schriften benutzen formale Unterscheidungen bei der Trennung von Worten sowie kalligraphische Variationen),
2. während beim Dechiffrieren zusammenhängender Zeichen das Kombinieren nützlicher ist, um Wörter oder Laute zu rekonstruieren (diese Schriften tendieren zur Uniformität und haben lange Zeit in der scriptio continua und im boustrophedon die ununterbrochene Schreiblinie beibehalten),
3. bevorzugen die phonemischen Alphabete das Kombinieren bei der nachträglichen Synthese von Silben.

Schlußfolgerung: Kognitive Fähigkeiten, die durch Zusammenfügung und Kombinieren von Grundbausteinen trainiert sind, um zu Bedeutungen zu gelangen, bevorzugen logische Verbindungen sowie Beziehungen von Ursache und Wirkung auf Kosten von Analogieschlüssen. (Die Authentizität der Inhalte der Schrift hängt nicht mehr länger nur von ihrem sozialen Kontext ab. Sie beginnt vielmehr, sich der textinternen, logischen Argumentation zuzuwenden.)

V. Abstraktion: Die phonemischen Schriften und die Dekontextualisierung des Kodes

0. Jede Schrift vollzieht einen bestimmten Grad an Abstraktion im Verhältnis zur gesprochenen Sprache.
1. Die Silbenschriften unterhalten eine direkte, visuell-akustische, analoge Beziehung zur gesprochenen Sprache. (Diese Schriften sowie das konsonantische Alphabet beziehen sich direkt auf die Oralität, die ihnen als Garantie dient.)
2. Die phonemischen Alphabete unterhalten eine indirekte, visuell-akustische Beziehung zur gesprochenen Sprache. (Die phonemische Analyse liegt jenseits der Einheit der Silbe.)
3. Die phonemischen Alphabete sind einer doppelten Gliederung unterworfen. (Die phonemische Gliederung verleiht den Möglichkeiten der Schrift beim Zusammenfügen und Kombinieren eine Autonomie, wie sie sonst nur mathematischen Kodes eigen ist.)

Schlußfolgerung: Kognitive Fähigkeiten, die darauf trainiert sind, einen Kode völlig von seinem Kontext zu trennen, bevorzugen die Gestal-

tungsformen der Repräsentation, der Differenz, des Essays oder der Fiktion. (Die Flexibilität des Kombinierens trainiert alphabetische Kulturen dazu, die Innovation voranzutreiben. Der Schwerpunkt der Kommunikation verlagert sich dabei unausweichlich vom Oralen zum Geschriebenen, das heißt vom Zwischenmenschlichen zur Stille der privaten Gedanken.)

Horizontalisierung, Verzeitlichung, Atomisierung, Kausalität der Zusammengehörigkeit und Dekontextualisierung. Hinter diesen kognitiven Tendenzen, die zur gleichen Zeit, je nach der „Natur" der Objekte, auf die sie angewendet werden, allerdings mit unterschiedlicher Gewichtung, an der Neugestaltung des abendländischen Wissens beteiligt sind, verbirgt sich eine grundlegende, aber völlig unbewußte Struktur. Diese besteht darin, auch die sichtbare Welt in ihre kleinsten und feinsten Gliederungen und Proportionen zu zerlegen, gerade so wie es das alphabetische Lesen „vorschreibt", wenn es Linie für Linie analysiert. Dieses Prinzip der linearen Analyse wird seither in allen Bereichen der bewußten Erfahrung angewendet, es wird alles theoretisieren ohne jemals – bis zum heutigen Tag – selbst Thema einer theoretischen Untersuchung zu werden.

Das Prinzip der Abstraktion, das in wachsendem Ausmaß von der Erfindung der Schrift bis hin zur Informationsgesellschaft bestimmend ist, erreicht mit dem griechisch-römischen Alphabet einen Grad an Dekontextualisierung, der fähig ist, die Kommunikation zu entsinnlichen. Abstraktion könnte zumindest auf der Ebene der Sprache ohne weiteres als der Austausch der Sinne gegen den Sinn oder auch als der Austausch von Wahrnehmungen gegen Konzepte definiert werden. Durch die Struktur des phonemischen Alphabets wird die komplexe Sinnlichkeit der lebendigen, gesprochenen Sprache in abstrakte Konzepte umgewandelt. Im Verlauf der historischen Entwicklung wird durch das phonemische Alphabet die Ästhetik der Sprache – Dichtung und Rhetorik – sehr schnell ihre sinnlichen Begleiter an den Allgemeinsinn verlieren, was als die Reduktion der wahrnehmenden Sprache auf ihre konzeptionellen Werte aufgefaßt werden kann. Es ist des weiteren auf Entstehung und Entwicklung der Prosa zu verweisen, die einer Eliminierung der nicht-konzeptionellen Werte aus dem Ausgedrücktem entspricht. Wir können weiterhin feststellen, daß im Zuge der Einführung des phonemischen Alphabets Bebilderungen in Handschriften umgehend an Bedeutung verlieren, während nach der Erfindung der Druckerpresse Stiche in Büchern nur allmählich verschwinden. Im Vergleich dazu können wir heutzutage eine Rückbesinnung auf sinnliche Qualitäten in Werbetexten und in der typographischen Rhetorik von Plakaten beobachten.

Es wäre einfach, aber langwierig zu zeigen, daß man in allen Wissensbereichen und sozialen Praktiken, in denen Schrift genutzt wurde (um z. B. die Verfahrensweise von Experimenten zu bekräftigen, eine Reihe von Ereignissen als Geschichte zu ordnen, Skizzen und Projekte vorzubereiten, Gesetze, Regeln und Gebrauchsanweisungen festzulegen, Überlegungen über Sprache selbst, sei es in der Philosophie, der Grammatik oder Linguistik voranzutreiben), die Vorherrschaft der verschiedenen Anzeichen, die auf eine grundlegende Verbindung von Schrift und unseren kognitiven Strategien hinweisen, ablesbar wird. Weiter unten werde ich einige Beispiele aus der Philosophie Platons heranziehen, die außergewöhnlich prägend für unsere Kultur sind.

Indessen haben wir es hier mit einer paradoxen Situation zu tun, in der die sekundären Auswirkungen wichtiger genommen werden als die primären. Für die Annahme, daß die alphabetische Schrift im Zentrum unserer mentalen Organisation das Prinzip einer universellen Analyse, eine Art raum-zeitliches Metronom, eingepflanzt hätte – was allerdings noch nicht bis ins Bewußtsein vordringen konnte –, sind die oben angeführten Konsequenzen nur vordergründige Effekte, Regulatoren des Denkens. Diesen Auswirkungen müßten andere, offensichtlichere hinzugefügt werden, wie z. B. die Trennung von Ich und Welt, die wir allerdings bisher nie der Schrift zuschreiben wollten, da wir den vorgeschobenen Charakter der Ersten akzeptierten. Die primären Effekte sind:

- Herausbildung des individuellen Subjekts als einem eigenständigen, von der Umwelt getrennten Teil; die zur Norm gewordene Ausrichtung des Gesichtsfeldes gemäß den drei Dimensionen.
- Das allmähliche Aufkommen der Perspektive im Zuge der fortschreitenden Alphabetisierung; die Entsinnlichung der Sprache; die psychologische Verinnerlichung der Schrift in Form des Denkens.
- Diese Bedingungen erlaubten es dem Individuum, in Zukunft die Macht über die Sprache und damit über sein eigenes Schicksal zu ergreifen.

Die Entsinnlichung der Sprache

Wir sind durch unsere alphabetische Tradition daran gewöhnt worden, Information nur noch als abstraktes, verbales Gebilde zu begreifen. So vergessen wir, daß es sich dabei nur um das handelt, was von der Sprache übrigbleibt, wenn ihre sinnlichen Bestandteile eliminiert wurden. Orale Kommunikation dagegen ist gerade deshalb unmittelbar, weil sie zahlreiche sensorische: visuelle, akustische, taktile und propriozeptive Stimulationen miteinander verbindet. Diese Stimulationen umhüllen uns wie das Wasser den Fisch. Sie bewirken, daß die Luft „belebt" ist. Der Raum zwischen Menschen ist ausgefüllt mit feinen Beziehungen, die die Lebewesen miteinander vernetzen. Die Japaner kennen das viel besser als wir. Sie nennen diese Vorstellung vom Raum „Ma“. Auch die kleinste Geste wird darin wie eine Entscheidung angesehen – was sehr deutlich wird durch die Langsamkeit der Gesten im Noh-Theater. Wir leben dagegen in einem leeren Raum, in dem die Worte sich arrangieren wie in den Sprechblasen unserer Comics. Die Darstellung gesprochener Sprache in einem Comic ist wohl kaum nur eine Karikatur der Art, wie wir mit ihr in unserem täglichen Leben umgehen. Der Comic zeigt vielmehr sehr treffend, was wir aus dem Gesprochenen machen: geschriebene Worte.

Die Schrift konstituiert sich aus der Schichtung voneinander abweichender Übertragungen. Denn sie erfordert, daß alle sensorischen Reize, die zur Übertragung bestimmt sind, einer ersten Kodierung unterworfen werden, die umgekehrt wiederum erst dekodiert werden muß, bevor die Reize als solche überhaupt wiedererkannt werden können. Erst diese „Différance“ (Derrida), die sowohl Verschiebung als auch Unterscheidung ist, transformiert Erfahrung in „Information“ und Kommunikation in „Inhalt“. Alles, was vor einer Kodierung in Schrift Handlung, Empfindung und Wahrnehmung war, wird durch diese zum Abbild, zur Idee, zum Symbol oder zur Bedeutung.

Es ist wahrscheinlich, daß der Gebrauch unterschiedlicher Schrifttypen entsprechend unterschiedliche psychologische und physiologische Auswirkungen hervorruft. Wir können schon jetzt annehmen, daß von den beiden Modalitäten schriftlicher Darstellung, nämlich derjenigen, die vom Bild ausgeht (bildlich-räumliche Form), und derjenigen, die vom Laut ausgeht (phono-sequentielle Form), nur diese zweite dazu neigt, alle sensorischen Stimulierungen, die im oralen Austausch gebraucht würden, zu eliminieren. Mehr als andere reduzieren die phonetischen Systeme die Interaktion der Sinne, die normalerweise in der mündlichen Kommunikation beansprucht würde, auf eine Aktivität, die der Kontrolle des Blikkes unterworfen ist. Die anderen sensorischen Werte, wie z. B. akustische, taktile, kinästhetische werden gar nicht mehr dargestellt. Im griechischen und im lateinischen Alphabet ist – im Gegensatz etwa zur indischen Schrift – die Abstraktion auf einem Niveau angelangt, auf dem sogar das Bedürfnis, auf die gesprochene Reihe Bezug zu nehmen, hinfällig wird. Die Trennung der Information von den sensorischen Werten ist vollständig. Alle physischen Wahrnehmungen – auch die visuellen – werden in dieser Schrift zu einer untergeordneten Darstellung degradiert, die innerhalb der graphischen Repräsentation untergründig wirksam ist.

Das Alphabet und die Ideographie zeichnen sich im Verhältnis zur Silbenschrift oder zur Piktographie durch einen Grad zusätzlicher Abstraktion aus. Während das Piktogramm ein konkretes Zeichen darstellt

– z. B. Hinweisschilder, auf denen ein Flugzeug abgebildet ist, das wie ein Pfeil in Richtung des Flughafens zeigt – bezieht sich das ideographische Zeichen auf eine Idee, eine abstrakte Struktur, die selbst nur symbolisch für die Bedeutung steht. Ganz ähnlich bezieht sich das Silbenzeichen auf einen konkreten Laut, der als solcher sofort aussprechbar ist, während das phonetische Zeichen nur eine Kombinationsmöglichkeit mit anderen Zeichen wiedergibt. In beiden Fällen bringt der Prozeß der Dekodierung eine andere sensorische Beteiligung bei der geistigen Verarbeitung hervor. Wie in rein oraler Sprache ist es auch bei den konkreten Systemen schwierig, die Idee vom Objekt, auf das sie hinweist, zu trennen. Um diese Trennung herzustellen, müssen die Piktogramme beim Lesen in mentale Bilder umgesetzt, das heißt „vorgestellt" werden. Die schriftlich fixierten Bilder dagegen müssen in mentale Laute umgesetzt, das heißt vokalisiert werden. Während sich die Silbenschriften auf die Analyse und die Auseinanderlegung der gesprochenen Reihe beschränken, analysiert und zerlegt das Alphabet die Sprache selbst. Es operiert auf dem Gebiet, das Saussure das Sprachsystem (langue) nannte und der angewandten Sprache (parole) entgegensetzte. Einzig das Alphabet verfügt also über die Mittel, die Schrift völlig von der Praxis der Sprache zu trennen und dennoch mit dieser in rigorosem Parallelismus in Beziehung zu bleiben.

Diese Trennung ging übrigens nicht ohne Mühe vonstatten, denn es dauerte – wie man weiß – fast ein Jahrtausend, bis das stille Lesen sich in einer Kultur der Handschriften ausgebreitet hatte, und es setzte sich erst mit der Erfindung des Buchdrucks gänzlich durch. Die Entsinnlichung der Sprache durch die Schrift wirkt wiederum auf die Sprache selbst zurück, und zwar insofern, als wir dazu neigen, alle nonverbalen Kriterien des mündlichen Gespräches auch in alltäglichen Situationen ins Reich des Unbewußten zu verdrängen. Wir tun das, obwohl wir wissen, daß sich die Gesamtsumme der im mündlichen Austausch weitergegebenen Informationen durchschnittlich nur zu einem ganz geringen Prozentsatz auf rein verbale Inhalte beziehen läßt. Seit der Schrift „spricht" das Unbewußte sehr viel mehr als das Bewußte. Die Schriftstellerin Nathalie Sarraute hat in den „Untergesprächen" in ihren Romanen den gewaltigen, unbewußten Dialog unter dem von Sprache (parole) kontrollierten Spiel zum Leben erweckt, der auf der Oberfläche der Welt wie auf einer schwarzen Leinwand zum Vorschein kommt.

Dennoch ist das Zurückdrängen nonverbaler Qualitäten im menschlichen Austausch eine grundlegende Bedingung für die individuelle Autonomie. Wenn, wie Alfred Tomatis es formuliert, „sprechen heißt, mit dem Körper des Anderen zu spielen", dann ist die wirklich gelebte und gespürte Sprache eine Form der Besessenheit (eine Besessenheit, die übrigens den Redner ebenso wie den Zuhörer reguliert). Nur derjenige, dem es gelingt, sich auch gegen die allerfeinsten Wahrnehmungen der oralen Verführung zu verschließen oder wie Odysseus, angebunden an einen Schiffsmast, eine Möglichkeit findet, ihnen zu widerstehen, überschreitet die kritische Schwelle und erhält eine soziale und psychologische Autonomie. Man kann also darin übereinkommen, daß die Entsinnlichung der Sprache von der Machtübernahme über das Selbst begleitet wird. Denn sobald man sich weigert, beim Anderen etwas anderes als nur das Sinngefüge zu hören, das man auch niederschreiben könnte, lernt man, nicht länger einer Argumentation zu verfallen, die unbeschreiblich machtvoller und ergreifender ist als jede Form verbaler Überzeugungskunst. Ist es schon äußerst nützlich zu wissen, wie man sich der multisensorischen Verführung entzieht, um psychologische Autonomie zu erreichen, ist es noch besser, wenn man sich die Stille und Abstraktheit des Denkens aneignen kann.

Die Verinnerlichung der Schrift in Gestalt des Denkens

Alle Schriften geben das Denken in jeweils spezifischer Form wieder. Merkmal der phonetischen Schriften ist, daß sie die gesprochene Sprache darstellen. Aber einzig und allein die phonemischen Schriften repräsentieren ausdrücklich die ruhiggestellte Sprache. Nur ihnen gelingt es, das quasi organische Grummeln unzähliger linguistischer Relationen in wohlgeordnete, stille Sequenzen zu übersetzen, die dem Denken vollständig zur Verfügung gestellt werden. Diese einfache Tatsache hat gewaltige Auswirkungen, die immer wieder unserer Aufmerksamkeit entgehen, sobald wir über Sprache nachdenken. Die abendländische Zivilisation ist dadurch definiert, daß wir dank des Alphabets Sprache selbst in Form einer mentalen Schrift verinnerlichen konnten.

Seit der Entwicklung der Silbenschrift bei den Sumerern wird das Prinzip der Repräsentation zum Merkmal der Beziehung von Mensch und Sprache und seiner Beziehungen zur physischen und sozialen Umwelt. Seitdem die Keilschriften dazu dienten, eher Laute als Bilder oder Ideen zu repräsentieren, hat die Schrift aus oraler Sprache eine Vermittlerin zwischen Text und Denken gemacht. Aber das Abendland beginnt nicht eigentlich bei den Sumerern. Um eine wirkliche Beschleunigung und umgreifende Vereinnahmung durch das Prinzip der phonologischen Repräsentation auszulösen und auf die gesamte Bevölkerung auszudehnen, mußte das Kodierungssystem vereinfacht und zugleich der Prozeß der Bedeutungsherstellung von der gesprochenen Sprache gelöst werden, ohne dabei den Vorteil linguistischer Strukturierung zu verlieren. Erst die Alphabete und insbesondere das griechische Alphabet stellten uns dafür die entsprechenden Mittel zur Verfügung.

Denn die Schrift und nicht etwa die Sprache trennt den Signifikanten ohne Doppeldeutigkeit vom Signifikat. Schrift, vor allem die abstrakten Zeichen der alphabetischen Schrift, bezeichnet nichts als sich selbst. Julia Kristeva schreibt dazu:

> Die phonetische Schrift bezeugt eine analytische Konzeption von der akustischen Substanz der Sprache. Es wird nicht nur, was man später den Signifikanten nennen wird, vom Referenten oder Signifikat unterschieden, sondern der Signifikant wird auch in konstituierende Elemente (Phoneme) unterteilt, die selbst wieder in zwei Kategorien geordnet werden: Vokale und Konsonanten. Das griechische Denken ist also aufmerksam für Sprache nur als einem formalen System. Getrennt von einem Außen, das es bezeichnet (das Reale), bringt es selbst sein eigenes Reich hervor, einen reinen Wissensgegenstand, der nicht mit seinem materiellen Äußeren verwechselt werden kann. Wir sehen, wie hier der Prozeß der Trennung von Sprache und Realem bis ins letzte aufgeht ...[2]

Jede Schrift vergrößert den Umfang von Archivierungen merklich. Aber nur die phonetische Schrift, die das Sprachsystem auf konzeptioneller Ebene wiedergab, ermöglichte es, am Sinn selbst zu arbeiten, statt ihn nur zu repräsentieren. Da alle für die Bildung von Wörtern notwendigen Laute vollständig und ohne Zweideutigkeit dargestellt wurden, konnte man es sich erlauben, diese auf allen Ebenen zu dekontextualisieren. Die akribischen Unterscheidungen und die Schichtungen innerhalb der Ordnung der bedeutungstragenden Einheiten, wie sie durch die phonetischen Kodes eingeführt wurden, brachten dem Denken einen Status, der die menschliche Sprache für die Linguisten von allen anderen organisierten Zeichensystemen unterscheidet: nämlich die zweifache Gliederung. Erst die phonetische Gliederung der „inneren Rede", die durch das Lesen von Zeichen hervorgebracht wird, eröffnet einen Zugang zur semantischen Gliederung der Repräsentationen. Oder, anders ausgedrückt, diese Gliederungsebene verselbständigte sich durch die „innere Zwiesprache" und wird dank der assoziativen Eigenschaften von Konzepten zum Zugang für die Entwicklung und Ausarbeitung von mentalen Strukturen und Modellen. Dies machte aus uns ewige Erfinder des täglichen Lebens.

---

2 Julia Kristeva: Le langage, cet inconnu. Paris 1981, S. 107.

Perzepte, Vorstellungsbilder und Konzepte

Dank der Theorie der geistigen Objekte des Neurobiologen Jean-Pierre Changeux ist es möglich, meine Überlegungen weiter voranzutreiben. Das Konzept der geistigen Objekte geht davon aus, daß die Gesamtheit eines psychologischen Ereignisses, allen voran die Repräsentationen, mit einem physiologischen Ereignis einhergeht, das jenes bis in kleinste Details festlegt. Anders ausgedrückt, es müßten sich im Neokortex die Aktivitäten, die neurophysiologischen Spuren – oder zumindest die in Form molekularer Muster vorgezeichneten Möglichkeiten – von jedem Ereignis psychischer Natur wiederfinden lassen.[3]

Nach Changeux ist das geistige Objekt ein „neuronaler Graph“, das heißt ein Netzwerk virtueller oder aktualisierter synaptischer Verbindungen zwischen mehreren Neuronen, das je nach Typ durch interne oder außerhalb des Organismus liegende Ereignisse stimuliert wird. Der neuronale Graph selbst ist also schon eine Form der Repräsentation. Changeux unterscheidet drei große Kategorien geistiger Objekte: die Perzepte, die Gedächtnis- oder Vorstellungsbilder und die Konzepte. Es handelt sich um drei komplementäre Modelle neurologischer Organisation. Die Perzepte entsprechen den unmittelbaren Auswirkungen von direkten Stimulierungen aus der Umwelt; die Vorstellungsbilder werden von Gedächtnisfunktionen hervorgerufen; die Konzepte entsprechen abstrakten Strukturen, hervorgerufen durch interne Stimulierungen oder durch Prozesse der Symbolisierung.

Wenn man den Grundgedanken der geistigen Objekte akzeptiert – unabhängig davon, wie sie sich physiologisch ausdrücken mögen –, dürften diejenigen, die durch Repräsentation ausgelöst werden, von besonderem Interesse sein. Die Repräsentation vermittelt per definitionem zwischen der (physiologischen) Materialität eines psychologischen Ereig-

---

[3] Obwohl die Theorie der „geistigen Objekte“ äußerst eingängig und verständlich ist, wird sie noch als Hypothese behandelt. Das liegt daran, daß es noch nicht gelungen ist, in zufriedenstellender Weise die Substanz oder die Substanzen von Gedächtnisspuren im Gehirn zu isolieren. Aktuelle Untersuchungen konzentrieren sich eher auf die Erforschung der Stabilisierung synaptischer Verbindungen zwischen verschiedenen Neuronen im Gehirn, als auf den Versuch, eine spezifische „Substanz der Erinnerung“ zu isolieren. Im allgemeinen geht man davon aus, daß man es eher mit selektiver „Förderung“ oder „Inhibition“ synaptischer Verbindungen zu tun hat, denn mit molekularen Kombinationen. Wahrscheinlich arbeitet eine Vielzahl von Vermittlern, von Strukturen der Kombination und der Synthese an der Vernetzung von Neuronen und Neuronenverbänden bei der Erstellung neuronaler Graphen. Doch auf logischer Ebene sind die Unterscheidungen und Begrifflichkeiten Changeux' von Vorteil, da sie einfach und funktional sind.

nisses und der psychologischen Folgeerscheinung einer (physiologisch) materiellen Stimulation. Bezogen auf die Organisation im Kortex, ist die Repräsentation Signifikant und Signifikat in einem. Jede materielle Repräsentation, angefangen mit der Schrift, hat zweifellos den Vorteil, ein „reales Objekt" zu sein, das einfach zu isolieren, zu messen und zu analysieren ist. Ebenso sind dessen sensorische Auswirkungen und deren Spuren im Kortex isolierbar, meßbar und analysierbar. Auf Grund der enormen Verfeinerung unserer Forschungsmethoden sind wir bereits heute in der Lage, die Erregung von Zentren im Kortex zu lokalisieren, die durch bestimmte physische Erregungen im Organismus stimuliert werden.

Gegen Ende seines Buches: *Der neuronale Mensch* reflektiert Changeux über die Schrift:

> Die Erfindung einer schriftlichen Repräsentation geistiger Objekte ist unbestreitbar eine kulturelle Leistung. Doch das Erkennen der Zeichen der Schrift und ihrer Kombinationsmöglichkeiten erfordert zuvor deren Speicherung im Gedächtnis. Die Perzepte, die diese Zeichen hervorrufen, müssen mit Konzepten gekoppelt werden.

Handelt es sich – so die erste Frage – bei allen Schrifttypen um Konzepte oder teilweise auch um Vorstellungsbilder? Und bezogen auf die phonetische Schrift ist zu fragen, wie – nachdem die Schrift optisch, also auf der perzeptiven Ebene wahrgenommen wurde – die semantischen Konzepte des Textes sich an Vorstellungsbilder wenden. Das gesamte Problem der Entsinnlichung liegt hier begründet.

Nach Changeux' Definition erregen die Perzepte die Bereiche im Kortex, die vor allem sensorische Reaktionen verrechnen, insbesondere diejenigen, die direkte Erregungen registrieren. Zeigt man mir einen Diamanten, der in einen Ring eingefaßt ist, kann ich ein kleines, glitzerndes, geschliffenes Objekt wahrnehmen, das seine Farben wechselt, je nachdem wie das Licht sich in ihm bricht. Erzähle ich Ihnen aber von einem Diamanten, ohne Ihnen das Objekt auch tatsächlich zu zeigen, könnten Sie ohne größere Schwierigkeiten das Vorstellungsbild eines Diamanten aus Ihrer Erinnerung erzeugen. Das heißt, Sie könnten auch, ohne die konkreten sinnlichen Reize wahrzunehmen, das Vorstellungsbild eines Diamanten in sich hervorrufen. Letzteres appelliert also an sinnliche Referenzen, die durch Wiederholung und Akkulturation geprägt sind. Das Bild, das Sie sich von dem Diamanten machen, setzt sich aus seriellen Normen zusammen, aus der Verallgemeinerung und der Verdichtung ausgewählter Charakterzüge von realen Diamanten oder von Bildern der Diamanten, von denen Sie bisher Kenntnis hatten.

Es ist aber nicht notwendig, sich immer ein Bild vorzustellen. Sie haben das Wort Diamant gerade achtmal hintereinander gelesen. Schon nach dem ersten Mal brauchten Sie nicht innezuhalten, um ein vollständiges und befriedigendes Bild eines Diamanten hervorzurufen. Sie haben sich sicherlich damit zufriedengegeben, die Bedeutung statt eines Bildes zu identifizieren. Nur ein Dichter oder Romanautor könnte von Ihnen verlangen, daß Sie sich das Bild des Diamanten in einem vorgegebenen Kontext vorstellen. Für den simplen Informationsaustausch reicht es dagegen völlig aus, das Konzept des Objektes zu evozieren. Dieses Konzept unterscheidet sich vom Bild gerade dadurch, daß jenem die sinnlichen Bestandteile fehlen. Changeux betont, daß das Konzept ein geistiges Objekt ist, das kaum sinnliche Aktivitäten auslöst, sondern das sich im Gegenteil gerade durch zahlreiche „assoziative Eigenschaften" auszeichnet.

Es sind wahrscheinlich diese assoziativen Eigenschaften, die es dem abendländischen Denken möglich machen, sich gemäß einer formalen Logik zu organisieren, die relativ unabhängig von Erfahrungswerten ist.

Die Botschaft eines Ideogramms oder einer Serie von Hieroglyphen muß wahrscheinlich eher auf der Ebene von Vorstellungsbildern rekonstruiert werden. In Japan verwendet man zwei große Schriftformen: Die Kandschu-Zeichen wurden von der chinesischen Ideographie übernommen, die Kana-Buchstaben sind dagegen phonologischer Natur und wurden in die Schrift eingeführt, um das chinesische System zu vereinfachen. Changeux führt eine Reihe von Beobachtungen auf, die in wissenschaftlichen Recherchen in Japan gemacht wurden, um die Auswirkungen von zerebralen Läsionen in den Regionen, die für das Lesen der Kana-Buchstaben und der Kandschu-Zeichen zuständig sind, zu untersuchen. Er faßt zusammen:

> Die abstrakten, formalen und kombinatorischen Eigenschaften des Kana sprechen die linke Hemisphäre an. Das Wiedererkennen der Kandschu-Zeichen dagegen erregt die besondere Fähigkeit der rechten Hemisphäre beim Verarbeiten und Speichern von Bildern.[4]

Während das Ideogramm noch eine symbolische Repräsentation zwischen Bild und Idee aufrechterhält, eine Beziehung die eine visuelle Rekonstruktion des Signifikaten verlangt, stellt sich Sinn in der phonologischen Sequenz nicht etwa über ein Bild her, sondern nur über eine akustische Dekodierung, die durch die Interpretation visueller Zeichen hervorgebracht wird.

Dennoch ist davon auszugehen, daß bei den meisten Schriften, die auf der Repräsentation einer gesprochenen Sequenz aufbauen, die Substan-

---

[4] Diese Hypothese ist noch nicht überzeugend nachgewiesen. Sie wird weiter von Wissenschaftlern beobachtet, vor allem von Ovid Tzeng und Daisy Huang an der Univeristät von Kalifornien, Riverside.

tialität der Signifikanten Vorstellungsbilder hervorruft. Nur in einem derart abstrakten System wie in unserem Alphabet kapriziert sich die bezeichnende Substanz darauf, vor allem Konzepte auf den Plan zu rufen. Sind sie erst einmal untereinander vernetzt, bringen sie auf Grund ihrer assoziativen Eigenschaften Vorstellungsbilder hervor, die nur noch als Sinn, als Bedeutungen verrechnet werden.

Das Lesen von Zeichen führt zu einer Kombination von Perzepten, die auf einen Begriff verweisen, der ein Konzept hervorbringt, das sich nach den Regeln logischer Verbindungen mit anderen Konzepten verbindet, um schlußendlich eine sinnliche Erfahrung in Gang zu setzen, die sich allein nach dem Gutdünken der denkenden oder imaginierenden Person richtet. Diese sinnliche Erfahrung stellt sich eher auf der Ebene von Vorstellungsbildern als von Perzepten her. Mit Hilfe dieser Art von Feineinstellung soll uns vielleicht offenbart werden, über welche Umwege wir endlich dank der Schrift zu Meistern, Herrschern über unseren eigenen Sinn (Bedeutung) und unsere eigenen Sinne (Empfindungen und Wahrnehmungen) wurden.

Falls die einzelnen Kategorien der geistigen Objekte in sich schlüssig sind, können wir uns damit teilweise die eher konzeptuelle Ausrichtung im abendländischen Denken und in der abendländischen Kultur erklären. Das phonetische Alphabet bringt wie kein anderes Schriftsystem die Zirkulation von Konzepten hervor. Die zerebralen Aktivitäten, die das alpha-phonetische Lesen und Schreiben so besonders fördert, entfernen uns gleich in zweifacher Hinsicht von unmittelbarer, sinnlicher Erfahrung: durch das Prinzip der Repräsentation und anschließend durch Konzeptualisierung, zu der diese Art der Repräsentationen zwangsläufig führt. Damit das Prinzip der Repräsentation richtig funktioniert, muß es sich genau in dieser Art verdoppeln.

Die zweifache Gliederung des phonetischen Alphabets sorgt dafür, daß dieses nicht nur eine einfache Spielart der Mediatisierung ist, wie wir sie von den meisten uns verfügbaren Kommunikationsmitteln kennen.

Zum Beispiel: Platon

Eines der großen Verdienste Platons ist, daß er uns lehrte, die allgemeine, öffentliche Meinung (Doxa) von Wissen und Erkenntnis zu unterscheiden. Die Doxa, gegen die er mit Leidenschaft kämpfte, ist für Platon noch Teil der kontextgebundenen, metaphorischen und analogen Organisation von Wissen. Allerdings versäumte er es, die Bedingungen, die diese Unterscheidung ermöglichten, zu untersuchen. Platon schenkte den technischen und strukturellen Aspekten der Schrift nur sehr oberflächliche Aufmerksamkeit. Aus diesem Grund blieb ihm verschlossen, inwieweit seine eigene Philosophie mit dem von der Schrift implementierten Denken verstrickt war.

Im Kratylos setzt Platon sich mit der Frage der Arbitrarität des Zeichens auseinander. Doch sein einseitiges Interesse für die Arbitrarität der Signifikanten hinderte ihn daran, zum Wesentlichen vorzudringen, worauf schon Julia Kristeva hingewiesen hat: Der ganze Dialog behandelt die verschiedenen Modalitäten der Trennung von Signifikant und Signifikat, unabhängig davon, was Träger des Signifikanten ist, gesprochene Sprache, Schrift oder Bild.[5]

Auf kognitiver Ebene folgt daraus: Indem das griechische Alphabet Sprache in Form von Schrift veräußerte, erzeugte es eine zweifache Distanzierung; eine zwischen Text und Leser und eine andere zwischen Text und dem, worauf er sich bezieht. Diese beiden Trennungen hängen gleichermaßen von der sequentiellen und mechanischen Natur der Verfahren beim Lesen ab. Denn eine „interaktive" Lesart, wie sie bei Silbenschriften oder bei konsonantischen Alphabeten erforderlich ist, muß notwendigerweise in jedem Moment des Lesens zugleich den Sinn der Wörter als auch die Interpretation des Lesers, der diesen Sinn gibt, zusammenschalten. Erst in dem Moment, wo durch die Schrift der Name für ein Objekt völlig von dessen Bedeutung getrennt wird, kann er sowohl eine Definition beinhalten als auch auf eine Idee verweisen und zugleich völlig von der Meinung des Lesers abgeschnitten werden. Dies ist Voraussetzung, ein Universum zu erschaffen, in dem die idealen Gestalten oder das Wesen der Dinge sich versammeln. Das ist ebenso Voraussetzung für die Klassifizierung aller Objekte der Erkenntnis nach Kategorien, wie Platon sie in folgender Passage des 7. Briefes aufstellt:

> Für jedes Seiende gibt es drei Stufen, über die man zur Erkenntnis gelangt, die vierte ist das Wissen selbst (als fünfte muß man das ansetzen, was eben Erkenntnisgegenstand und wahrhaft seiend ist): Die erste ist die Benennung, die zweite ist die Erklärung, die dritte das Abbild und die vierte das Wissen.[6]

Bemerkenswert in diesem epistemologischen Abriß platonischen Denkens ist, daß der Referent mit einem Gegenstand – entweder einem materiellen Objekt oder einer Regel, einer Gestalt oder einer Idee – gleichgesetzt wird, der unabhängig vom Konzept existiert. Das ist der fünfte Faktor. Zentrales Anliegen dieser Klassifizierung ist – wie wir wissen –, eine absolute Ordnung des Seienden (der Realität) zu garantieren, die jenseits von

---

5 Julia Kristeva (1991).

6 Platon: Siebter Brief, 342, b. Deutsche Übersetzung in Anlehnung an Friedrich Schleiermacher, aus: Platon: Werke in acht Bänden. Darmstadt 1983.

Erkenntnisweisen liegt, um somit ein für allemal jede Beziehung zwischen der subjektiven Interpretation und dem objektiven Wesen der Dinge zu zerschneiden. Ich vertrete hier hingegen genau die umgekehrte Sichtweise: Meine These ist, daß die objektive Realität idealer Normen eine Fiktion Platons ist; Folge der ganz besonderen Auswirkungen des griechischen Alphabetes auf das Gehirn eines belesenen Menschen.

Platon zieht anscheinend nicht einen Moment die Möglichkeit in Betracht, daß die grundlegende Trennung von Signifikant und Signifikat, die er derart unbekümmert im Kratylos überprüft, allein dem Prozeß der Symbolisierung geschuldet ist, den die Schrift hervorbringt. Auf Grund des gleichen unbekümmerten Vertrauens wird auch der Genetiker nicht auf die beunruhigende Verwandtschaft zwischen der abendländischen Schriftform und der Theorie der Kombination von Aminosäuren im genetischen Kode aufmerksam.

Platon befragt die Auswirkungen der Schrift, vor allem im Phaidros. Er kommt allerdings nur zu der Feststellung, daß sie die Haltung der Menschen zum Gedächtnis verändere. Selbst wenn er zum Kern der Sache vordringt und die Repräsentation der Welt durch die Malerei und durch die Kombination von Silben und Buchstaben miteinander vergleicht, benutzt er dieses Beispiel – statt nach den Unterschieden zu fragen, die sich aufdrängen –, nur um seine Vorstellung zu belegen, daß Gesetze und die wahren Ideen völlig unabhängig von den materiellen und mentalen Techniken bestehen, die deren Repräsentation sicherstellen. Es ist für Platon ein Leichtes, seinen Glauben an die erstarrte Materialität der Schrift und die warme Sinnlichkeit der oralen Sprache zu verteidigen, da er bereits völlig besessen oder, noch besser ausgedrückt, programmiert ist vom Dämon der Schrift.

Obschon alle Schrifttypen zumindest ansatzweise die Sprache vom Realen trennen, verweist uns Platon im Phaidros auf ein kognitives Merkmal, das ausschließlich auf die Auswirkungen des Vokalalphabetes zurückzuführen ist.

> Ehe nämlich jemand nicht die wahre Beschaffenheit eines jeden Dinges kennt, worüber er redet und schreibt, es an sich vollständig zu erklären imstande ist, und, nachdem er es erklärt, es auch wieder in seine Unterarten bis zum Unteilbaren zu teilen, und ebenso auch mit der Seele Natur bekannt ist, die einer jeden angemessenen Art der Rede herauszufinden versteht und sie dann so ordnet und ausschmückt [...] eher werde er noch nicht vermögend sein; soweit es die Sache erlaubt, mit Kunst das Geschlecht der Reden zu behandeln, weder um zu lehren, noch um zu überreden ...[7]

[7] Platon: Phaidros. 277, b-c. Deutsche Übersetzung Friedrich Schleiermacher, aus: Platon: Werke in acht Bänden. Darmstadt 1983.

Wie wir wissen, spricht Sokrates hier mit Phaidros über die angemessene Form, die gesprochene oder geschriebene Rede in den Dienst der Unterweisung oder der Überzeugung zu stellen. Aus diesem Grund bezieht die methodische Analyse in dieser Passage auch Betrachtungen über die Natur der Rhetorik mit ein. Ansonsten ist der Zugang zur Sprache mit dem im Kratylos, im 7. Buch der Politeia, mit dem 7. Brief sowie mit dem Gros der Dialoge identisch. Wer würde darin nicht die grundlegenden Prinzipien der cartesianischen Methode wiedererkennen? Das ist auch nicht verwunderlich, denn beiden Methoden sind gleichermaßen kognitive Strukturen zu eigen, die das Alphabet hervorbrachte. Die Stufen der platonischen Erkenntnis gemäß der angeführten Passage sind:

1. das Objekt, von dem man spricht, von Grund auf kennen;
2. es in einer Definition umschreiben;
3. das Objekt in seine einzelnen Elemente bis hin zu den konstitutiven Elementarteilen zerlegen;
4. davon Elemente auswählen und ordnen (unter Beachtung der Wirkungen, die sich in der Kommunikation ergeben).

Wollen wir seinen eigenen Worten glauben, so haben wir es bei Platon mit einem mentalen Raum zu tun, der bereits fest verankert war und sich nicht etwa gerade erst bildete. Um der Geburt der grundlegenden mentalen Strukturen des Abendlandes beizuwohnen, müssen wir auf Anaximander und seinen Begriff der apeiron und auf Pythagoras und seine Wissenschaft der Zahlen und Maßverhältnisse zurückgehen. Vielleicht müssen wir auch die Geschichte der griechischen Medizin noch einmal befragen, um Klarheit darüber zu bekommen, in welchem Ausmaß sich Denken und Wahrnehmung der Griechen zu Beginn und am Ende ihrer großen Mutation durch das Alphabet voneinander unterschieden.

Es ist kein großer Schritt vom griechischen Alphabet bis zur 0/1-Kodierung des Computers. Lange vor der Erfindung des Computers hatte das griechische Alphabet die gesprochene Reihe bereits digitalisiert, statt sie durch analoge Verfahren zu repräsentieren, wie die Silbenschriften oder heutzutage das Tonband. Die cartesianische (oder platonische) Methode bezeugt die Vorliebe des alphabetischen Denkens für die Zergliederung von Information in Teile und deren Neuverteilung in geordnete Sequenzen. Die Geburt der Grammatik und der Logik in der Antike ergibt sich zwingend aus der technologischen Verfaßtheit des Alphabets, durch die Sprache nicht länger ein Spiel von Bedeutungen war, die aufgenommen und interpretiert werden konnten. Sprache wurde vielmehr ein Kode, dazu bestimmt, Aussagen korrekt auszudrücken. Dazu wurde sie einer dreifachen Gliederung unterworfen: der Trennung der Wörter und der Dinge, von der ich bereits sprach; dem Zerlegen der gesprochenen

Reihe in phonologische Einheiten sowie der Unterteilung der Rede in Rhetorik und Dialektik.

Die Erfindung des Bühnenraumes ermöglichte konkrete Experimente mit dem dreidimensionalen Raum euklidischer Geometrie. Unter dem Druck der alphabetischen Revolution wurden auch räumliche Gegebenheiten dem Verfahren der sequentiellen Analyse der linken Gehirnhälfte unterworfen. Im griechischen Theater konnten die kognitiven Praktiken, die den Autoren und Schauspielern der Tragödien vom geschriebenen Text eingeflößt worden waren, auf sozialer Ebene angeeignet und angewendet werden. Die Zerschneidung der epischen Poesie in die „Fortsetzung-folgt-Festmahle" Homers hatte zur Folge, daß die Suche nach kausalen Beziehungen in die Organisation von Berichten und Gedichten eingeführt wurde. Der Bühnenraum diente als Modell, einen mentalen Raum im Zuschauer zu bilden, auch bei denjenigen, die noch nicht alphabetisiert waren.

Jegliche Form der Erfahrung geriet in das Raster der Zerteilung. Der außerordentliche Sinn für das Maß, der auch heute noch in unseren Augen die Kunst und das Denken der griechischen Kultur charakterisiert, ist Ausdruck der Entdeckung der Proportion in Reinform. Auf die Musik angewandt, erlaubte sie nach der Erfindung des Buchdrucks, der alle Auswirkungen des Alphabetes noch einmal verstärken wird, Komponisten wie Pergolesi und Rameau, die mathematischen Prinzipien der Harmonie zu entdecken.

Seitdem das griechische Alphabet die Schrift den Funktionsweisen der linken Gehirnhälfte näherbrachte, etablierte sich in unserer Kultur eine dynamische Beziehung dialektischer Interaktionen zwischen Sprache, Schrift und Denken. Die gewaltige Beschleunigung unserer Technologie verdankt sich fast ausschließlich dieser Interaktion. Die Kultur hat sich seit der Erfindung des phonetischen Alphabets an die Sprache angeschlossen, um sich weiterzuentwickeln. Natürlich waren die Menschen auch vor dem Alphabet, vor der Schrift im allgemeinen, dazu in der Lage, Fertigkeiten ihres eigenen Körpers auszudehnen und zu veräußern – man denke daran, wie sie z. B. einen Stein oder Stock „be-griffen" und sich ihrer bedienten, um die neuro-muskuläre Kontraktion, die bei einem „Faustschlag" ausgelöst wird, in dieses Werkzeug oder diese Waffe zu veräußern. Aber erst mit der Schrift und vor allem mit dem Alphabet begann der Mensch, indem er die Fertigkeiten der Sprache verinnerlichte, die internen Informationen seines Körpers in eine externe, technische Anwendung zu übersetzen.

Würde die Informationstheorie auf ihren biologischen Kontext zurückgeführt, wäre es vielleicht möglich zu verstehen, durch welchen Prozeß der Loslösung von Materie und von den Sinnen der Mensch den heutigen Grad an Abstraktionsvermögen erlangen konnte. Man könnte das phonetische Alphabet als einen Ort bezeichnen, an dem sich der materielle und spontane Austausch der Organismen und die Möglichkeit, ihn auf der Ebene der Virtualität zu organisieren, begegnen. Das phonetische Alphabet erlaubte es dem abendländischen Menschen, seinen eigenen Körper zu analysieren und neurologische, muskuläre und sensorische Anteile aus der gesamten biologischen Struktur des Organismus zu veräußern und als Simulakren in die Kultur einzuführen. Denn das phonetische Alphabet entsinnlichte die Sprache und das Denken und rief im menschlichen Organismus die Fähigkeit hervor, Informationen völlig losgelöst von einem Kontext und abgesondert von Umwelteinflüssen zu verrechnen.

Das Alphabet, die Zeit und der Raum

... Aber von der Menschen Not
Laßt mich erzählen, wie die vorher Törichten
Gedankenvoll ich machte, mächtig der Vernunft
Ich sag es nicht, mich zu beschweren über sie,
Nur meiner Gaben gute Absicht deut ich aus.
Sie, die zu Anfang Augen hatten, doch nicht sahn,
Und Ohren und nicht hörten, sondern wie Gebild
Von Träumen ihre lange Lebenszeit hindurch
Blind all in eines wirrten und nichts wußten von
Ziegelgewebten Häusern noch von Zimmerwerk,
Sondern vergraben hausten wie die wimmelnden
Ameisen, im Geklüft von Höhlen, sonnenlos.
Und wußten nichts: kein Zeichen für den Wintersturm,
Noch blütenreichen Frühlings noch fruchtbringenden
Sommers, kein sichres. Ohne Einsicht rieben sie
Alles, bis ich denn ihnen Auf- und Niedergang
Der schwer zu unterscheidenden Gestirne wies.
Fürwahr die Zahl auch, ein vorzüglich sinnreich Ding,
Erfand ich ihnen und die Fügungen der Schrift,
Ein Denkmal aller Dinge, Musenmutterwerk.
Als erster schirrt' ich unters Joch das Wildgetier,
Daß es im Pfluge frone, Lasten trag' und so
Der schwersten Müh'n den Menschen manche nehme ab.
Und an den Wagen führt' ich die dem Zügel gern
Fügsamen Rosse, Überreichtums Lustgepräng.
Auch übers Meer zu treiben – niemand außer mir
Erfand der Schiffer linnenbeflügeltes Gefährt.
...
Hörst du das weitre noch von mir, staunst du noch mehr,
Was ich für Künste, was für Wege ausgedacht.
Zunächst das Größte: wenn in Krankheit wer verfiel,
Gab's keine Hilfe, weder was zu essen noch
Zu salben oder trinken, sondern heilsamer
Mittel entbehrend mußten sie verdorren bis
Ich ihnen milder Kräuter Mischung wies, durch die
Sie alles Sichtum abzuwehren nun verstehn.
Und viele Arten der Weissagung stellt' ich auf.
Ich unterschied als erster unter Träumen, die
Wahr werden müßten, Stimmen, schwer zu deuten macht'
Ich ihnen kenntlich, wie Wahrzeichen unterwegs.

...
So weit von diesem. In der Erde Innerem
Verborgne Nutzbarkeiten für die Menschen: Erz
Von Kupfer und von Eisen, Gold und Silber, wer
Vermöchte zu behaupten, daß er's fand vor mir?
Niemand, das weiß ich, wollt' er eitel schwatzen nicht!
Mit kurzem Wort erfahre alles in eins gefaßt:
Was Menschen wissen, von Prometheus haben sie's.[1]

Pro/Epi-me-theus

Es handelt sich hier zweifellos um einen der großen Gründertexte des abendländischen Technozentrismus. Sicherlich finden sich unter den Techniken, deren Vaterschaft sich Prometheus vor allem in der zweiten Hälfte des Textes zuspricht, viele, über die auch andere Kulturen und Zivilisationen verfügten. Da Prometheus diese Techniken allerdings von der Vernunft, dem Denken ableitet und am Ende seines Monologs sogar der Wissenschaft der Zahlen und des Maßes sowie der Erfindung der griechischen Buchstaben die Stellung einer „Mutter der Musen" zuschreibt, ist es erlaubt, eine besondere Verbindung zwischen dem Erscheinen der Schrift, das heißt der Vernunft als einer unabhängig vom erlebten Kontext bestehenden Fähigkeit und der Technik herzustellen.

Die typisch intellektuelle Ausrichtung dieses Monologs unterscheidet ihn von anderen Zeugnissen der Griechen, die von der Bedeutung der Technik handeln wie z. B. die Abhandlungen, die Hesiod lange vor Aischylos in den „Arbeiten" zusammenstellte. Anhand eines Gedichtfragmentes von Alkman und anderen Texten stützen Marcel Detienne und Jean-Pierre Vernant ihre These, daß das Wort „prometheia" im alltäglichen Sprachgebrauch der Griechen geläufig war, zugleich aber auch im allegorischen Sinne benutzt wurde und dann „Vorher-Sehen", Vorausdenken bedeutete. Double und Gegensatz, wie Detienne und Vernant ihn nennen, des Prometheus ist sein Zwillingsbruder Epimetheus. Gewöhnlich wird Epimetheus interpretiert als jemand, der „hinterher denkt", mit zuweilen erheblicher Verzögerung auf ein Ereignis reagiert. Die mythologischen Ergänzungen zum konträren und doch komplementären Schicksal der beiden Brüder geben Anlaß zu zahlreichen Überlegungen, über die hier nicht berichtet werden muß. In unserem Zusammenhang sollte allerdings auf die grundlegende Komplementarität von zwei intellektuel-

[1] Aus: AISCHYLOS: Der gefesselte Prometheus. Stuttgart 1965. Übersetzung Walter Kraus.

len Optionen hingewiesen werden, die die Namen symbolisieren und sowohl in ihrer allgemein gebräuchlichen Bedeutung als auch in ihrer allegorischen und mythologischen Ausdeutung transportieren. Man könnte sich zum Beispiel fragen, welche Gehirnfunktionen durch das „Vorausdenken" und welche durch das „Nachdenken" aktiviert werden.

Ich begnüge mich hier damit, auf zwei Sachverhalte hinzuweisen, die der Etymologie der beiden Wörter selbst innewohnen. Beide werden ausgehend von den in der griechischen Grammatik komplementären Vorsilben „pro" und „epi", die „vor" und „nach" bedeuten, gebildet. Das Wort „theia" bedeutet „Gegenstand der Betrachtung", woraus wir das Wort „Theorie" gebildet haben. Auf der Grundlage dieser beiden Charakteristika – der zeitlichen Folge, die durch die Vorsilben angezeigt wird, und der alsbald automatischen Verbindung in der griechischen Kultur zwischen Sehen und Verstehen oder Vergeistigung – werde ich im folgenden erläutern, inwiefern dem griechischen Alphabet die Hervorbringung eines Ensembles von drei Konstanten der abendländischen Kultur, nämlich: die Vorstellung vom Raum, die von der irreversiblen Zeit und die vom identischen Subjekt, zuzuschreiben ist.

„Vorausschauen" und „Zurückschauen", Im-voraus-Denken und nachträgliche Überprüfung sind sicherlich universelle Funktionen, wenn auch nicht die aller Tierarten, so doch die des Menschen seit Beginn seiner Existenz. Es geht also hier nicht darum zu behaupten, daß die Griechen diese beiden Fähigkeiten, ohne die ein mental organisiertes Leben nicht denkbar ist, der Erfindung der Schrift verdankten. Es ist aber nicht zu kühn zu vermuten, daß die Erfindung der Schrift, jeder Schrift, diese beiden Modalitäten verstärken konnte. Denn jeder Text ist in der Lage, seinen Leser über ein kommendes Ereignis, eine Situation oder eine auszuführende Verhaltensweise zu informieren. Der Text erlaubt es ihm nicht nur, es wiederholt nachzulesen, sondern er ermöglicht es auch, eine bereits vollzogene Handlung, ein vergangenes Ereignis oder eine praktische Erfahrung rückwirkend zu betrachten und zu überprüfen.

Die Wahrnehmungsfähigkeit[2]

Es ist anzunehmen, daß bestimmte Formen erlernter und über einen längeren Zeitraum ausgeübter Aktivitäten zwar nicht die onto- und phylogenetische Struktur des zentralen Nervensystems modifizieren, aber doch selektive Spezialisierungen begünstigen, die sich im relativ flexiblen Ensemble des Gehirns und des zentralen Nervensystems vor allem während der ersten Jahre der Kindheit einschreiben und stabilisieren. Können über die konkreten Vorgänge im Gehirn nur Vermutungen angestellt werden, hat schon die Beobachtung, daß sich die Handschrift des Kindes, abgesehen von Persönlichkeitsmerkmalen, die nach Aussagen von Graphologen in die Bewegungen des Armes und der Hand einfließen, in Form und Linienführung kontinuierlich weiterentwickelt, einen hohen Aussagewert. Denn diese Routinierung, die erst beendet ist, wenn eine kritische Reifeschwelle erreicht und das Kind mit dem Resultat seiner Arbeit zufrieden ist, stellt zweifellos eine graduelle Abstimmung zwischen der Muskulatur und den entsprechenden neurophysiologischen Aktivitäten zur Steuerung der Hand bzw. des Vorderarmes her.

Vor dem Hintergrund seiner nahezu vierzigjährigen klinischen Beobachtungen erläutert der Neurobiologe Alexander Luria integrative Funktionen des Gehirns am Beispiel der Schrift. Nach Luria führt eine komplexe Aktivität wie die Schrift zur sukzessiven und wechselseitigen Vernetzung verschiedener Funktionen des Gehirns, die zuvor unabhängig voneinander waren. Dabei geht es zunächst darum, das Sehen so zu modifizieren, daß die Form des einzelnen Buchstabens mit Hilfe eines analytischen Systems, das nach Unterschieden und Gegensätzen verfährt und von anderen Funktionen und Praktiken des Sehens entlehnt wurde, wiedererkannt, kategorisiert und erinnert werden kann. Das Wiedererkennen jedes Buchstabens löst eine vernetzte Struktur von motorischen Impulsen aus, die jeweils für ein Element der graphischen Struktur verantwortlich ist.

Mit dieser von Lernmechanismen gesteuerten Praxis werden die sukzessive ermittelten individuellen Merkmale zur spezifischen Gestalt eines bestimmten Buchstabens integriert. Nach dieser ersten, durch das Lesenlernen hergestellten Verschaltung muß nicht mehr aufmerksam jedes Merkmal geprüft werden, um das ganze Bild eines Buchstabens zu erhal-

---

2 Die Beobachtungen dieses Abschnitts gehen auf eine Zusammenfassung von Ann Carson zu unserer Untersuchung über die Beziehung von Gehirn und Schrift zurück, die wir über mehrere Jahre gemeinsam an der Universität Toronto durchführten. Die Argumentation folgt dem Anhang, den Ann Carson ihrer Doktorarbeit an der Universität Toronto 1980 beifügte.

ten. Die Buchstaben schreiben sich in die motorische Gewohnheit ein, so daß sie dem Kind quasi automatisch zur Verfügung stehen. Der gleiche Mechanismus kann auch von bestimmten Methoden des Lernens ausgelöst werden. Uns ist z. B. von Platon und anderen überliefert, daß Vokale und Konsonanten in den athenischen Schulen getrennt voneinander gelehrt wurden. Erst wenn die Kinder sie einzeln beherrschten, zeigte man ihnen deren Kombinationsmöglichkeiten.[3]

Ausgehend von dieser ersten Integrationsstufe präzisiert Luria, daß

> ... die Aktivierung visueller und akustischer Bereiche des zerebralen Kortex in der ersten Zeit der Ausbildung der Lesefähigkeit zwar noch unentbehrlich, in den folgenden Phasen aber nicht mehr nötig ist, insofern als diese Aktivität dann von einem System anderer, miteinander vernetzter Zonen übernommen wird.

Nach Luria – der nicht auf die Unterscheidung der rechten und der linken Gehirnhälfte eingeht – übernehmen die Frontallappen dann sehr schnell die Aufgabe, die Funktionen, die Aufmerksamkeit herstellen, zu kombinieren. Halten wir mit Luria und anderen Wissenschaftlern auch fest, daß die phylogenetische Entwicklung der Frontallappen später als die anderer, wichtiger Bereiche des Kortex während der allgemeinen Reifung des Individuums einsetzt. Luria verweist übrigens darauf, daß auf ontogenetischer Ebene die Frontallappen im Gehirn der niederen Säugetiere sogar kaum feststellbar sind, sie bei den Primaten schon mehr Raum einnehmen und erst beim Menschen ein Viertel der Masse der beiden zerebralen Hemisphären ausmachen.

Die relativ späte Autoorganisation der Frontallappen führt in der Forschung zur Annahme, daß deren Funktionen im Lebensverlauf des Individuums erst ab dem dritten oder vierten Lebensjahr für dessen mentale Entwicklung wichtig werden. Mehrere Wissenschaftler nehmen außerdem an, daß diese vordere Region des Kortex verschiedene kritische Wachstumsphasen und Phasen der neuronalen Selektivität durchläuft, die sich im Laufe der Entwicklung des Kindes zum Jugendlichen beschleunigen: die erste Phase wird im Alter von 3 bis 4 Jahren angenommen, die zweite zwischen 7 und 8 Jahren, die dritte bei 12 Jahren und eine weitere läge bei 15 bis 16 Jahren. Zwischen und nach diesen Perioden zeigt die

---

[3] Diese Methode war sicher allgemein üblich. Heutzutage werden dagegen völlig andere Herangehensweisen benutzt; insbesondere die globale Methode, die das Kind – selbst auf die Gefahr hin, daß es erst viel später lernt, die Sätze oder Worte in einzelne Buchstaben zu zerlegen – an den Text heranführt, als seien die Zeichen Ideogramme. Vielleicht war die pädagogische Auffassung der Griechen nur auf Athen beschränkt. Dennoch spiegelt sich darin die Vorherrschaft der rationalen uns sequentiellen Analyse wider, die ja auch der alphabetischen Psychologie entspricht.

Reifung einen Wachstumsrhythmus an, der eher dem des übrigen Kortex ähnelt. Luria weist darauf hin, daß die frontalen Bereiche des Kortex an einigen höheren, kognitiven Funktionen beteiligt sind, vor allem der Steuerung der Aufmerksamkeit, die sich je nach individuellen Eigenheiten erst im Alter von 12 bis 15 Jahren stabilisieren.

Luria fügt hinzu, daß die ontogenetische Entwicklung des menschlichen Gehirns von einer allmählichen Hierarchisierung kortikaler Strukturen bestimmt ist, in deren Verlauf die präfrontalen Bereiche progressiv eine Suprastruktur herausbilden, die alle anderen Teile des zerebralen Kortex lenkt und ein übergreifendes, verhaltensregulierendes System konstituiert. Die amerikanischen Psychologen George Miller und Edwin Galanter und der Neurologe Karl Pribram erkannten die Bedeutung dieser Entwicklung. Nach ihrer Auffassung ist die Erforschung der Bedingungen der Interaktion zwischen den Frontallappen und anderen Teilen des Gehirns durch Experimente mit höheren Primaten und Menschen dazu geeignet, über die Organisation der Intentionalität im zentralen Nervensystem Auskunft zu geben.

Allgemein gesagt, so Luria, bilden die Frontallappen einen Apparat, der dazu dient, Projekte, Intentionen und die entsprechenden Mittel für deren Umsetzung noch vor der eigentlichen Ausführung zu konzipieren. Sie haben die Aufgabe, anschließend die Ausführung zu kontrollieren und das Verhalten des Individuums gemäß der konzipierten Projekte zu lenken. Sie sind außerdem für die Beurteilung des Verhaltens verantwortlich, indem sie auf der Ebene des Bewußtseins die bloß mentale Seite eines Projektes mit seiner praktischen Umsetzung vergleichen. Dank der Frontallappen können wir z. B. einen Schuß wieder justieren und Fehler innerhalb einzelner Handlungsschritte bei der Umsetzung unserer Intentionen korrigieren. Luria resümiert:

> Die Frontallappen sind also das essentielle Instrument für die Gesamtheit unserer intellektuellen Organisation sowohl für die Programmierung unserer Handlungen als auch für die Überprüfung ihrer Ausführung.

„Alphabetisierte Wahrnehmungsfähigkeit"

Die Verbindung zwischen der Entwicklung der Wahrnehmungsfähigkeit in den Frontallappen und der Spezifizität bestimmter Aktivitäten ist einsichtig geworden. Obwohl noch nicht bewiesen werden kann, daß die Schrift allgemein besondere neurophysiologische Verfahrensweisen herausbildete, dürfte einer Überprüfung der Bedingungen, unter denen sich eine solche Organisation herstellen könnte, nichts im Wege stehen.

Zweifellos ist es nicht unbedingt nötig, dabei an der Idee festzuhalten, daß die kognitiven Funktionen im Gehirn grundlegend modifiziert würden. Das würde den Kern meiner Hypothese nicht treffen. Es ist allerdings plausibel, daß, ebenso wie sich die gesprochene menschliche Sprache andere körperliche Funktionen zunutze macht, für die sie genetisch nicht vorgesehen waren, sich auch die Schrift bereits existierender Funktionen bedient und dabei aus der Gesamtheit der durch das zentrale Nervensystem und den zerebralen Kortex gegebenen Möglichkeiten einige selektiert und je nach Bedarf stabilisiert. Folglich liegen die strukturellen Unterschiede zwischen verschiedenen Schrifttypen auf der Ebene dieser Selektion geeigneter Verfahrensweisen, unabhängig davon, ob sie wirklich vom Gehirn hervorgebracht oder einfach aus Bestehendem ausgewählt werden.

In Frage steht also, inwiefern die vollständig alphabetische Schrift im Vergleich zu anderen Schrifttypen eine besondere Strategie bei der Organisation der Wahrnehmungsfähigkeit hervorbringen könnte. Ist ein Vergleich zwischen bestimmten Typen, nach denen Wahrnehmung im Gehirn organisiert wird und Schrifttypen vorstellbar? Wenn die Hypothese des vorherigen Kapitels sich bestätigt, welches Modell präfrontaler Integration wäre angemessen für die Interpretation alphabetischer Texte? Lassen wir zunächst alle Implikationen des semantischen Gehalts beiseite, denn die Beziehungen zwischen Schreibweise und Bedeutung, zwischen Signifikant und Signifikat, verweisen auf ein anderes Problem, mit dem ich mich nicht sogleich beschäftigen möchte. Ich stelle die oben genannten Fragen nur auf der Ebene der Dekodierung eines Textes. Denn bereits auf dieser Ebene, die sehr früh im Rahmen des Erwerbs der Lesefähigkeit erreicht wird, und nicht etwa auf der Ebene der Aneignung und Speicherung von Wissen, müßten sich die elementaren Verfahrensweisen einschreiben, die für die neurophysiologische Organisation der Kognition verantwortlich sind.

Bezüglich der spezifischen Formen der Organisation der Wahrnehmungsfähigkeit, wie die alphabetische Schrift sie hervorbringt, haben wir im vorigen Kapitel bereits zwei wichtige Sachverhalte herausgefunden: die Schreibrichtung nach rechts in unserer Schrift konnte das Gehirn dazu erziehen, das Erkennen durch Zerlegung dem durch Ermittlung von Formen vorzuziehen. Zum anderen wurde der alphabetische Text mehr als alle anderen Schreibweisen von seinem Bezug zum oralen Mitvollzug befreit, ohne deshalb die Vorteile einer direkten Beziehung zur Sprache zu verlieren. Gerade aus dieser Eigenschaft, abstrakte Qualitäten aus der Sprache herauszulösen, bestimmt sich der Unterschied des griechischen Systems zum phönizischen. Damit wird keineswegs behauptet, daß z. B. die Lektüre des Hebräischen nicht zu einem bestimmten Grad an Abstraktion führen könnte – mehrere experimentelle Untersuchungen beweisen das Gegenteil. Der Unterschied zwischen beiden Systemen besteht vielmehr darin, daß das Abstraktionsniveau, das durch die Dekodierung semitischer Schriften hervorgebracht wird, nicht systematischer Natur ist. Denn der Vokal, eingeschlossen in der Psyche des phönizischen Lesers und also Teil der oralen, kontextbildenden Dimension, muß von Zeit zu Zeit mitgedacht werden, damit der Leser doppeldeutige Textpassagen überhaupt entziffern kann. Auch hierfür liegen Hinweise aus der experimentellen Forschung vor.

Es dürfte also in den neurophysiologischen Verfahrensweisen, die die Wahrnehmungsfähigkeit organisieren, einen entscheidenden Unterschied geben zwischen den Formen der Stimulation, die notwendigerweise eine Koordination der sichtbaren und der hörbaren Eigenschaften der Sprache – selbst wenn es sich nur um eine innere Lautung handelt – herstellen und solchen Formen wie das griechische Alphabet, durch die das Gehirn dazu gebracht wird, ausschließlich den visuellen Kode als Alleinvertretung für Bedeutungen zu behandeln. Ich behaupte damit keineswegs, daß alle Leser des lateinischen oder griechischen Alphabets automatisch eine phonologische Dekodierung – oder, anders ausgedrückt, eine innere Vokalisierung – umgehen. Zahlreiche Studien, auf die ich bereits hingewiesen habe, zeigen im Gegenteil deutlich, daß geübte Leser des Arabischen und Hebräischen einen Text beinahe nicht mehr auf der oralen Ebene rekodieren müssen und zahlreiche Leser unseres Alphabetes dagegen nicht ohne einen oralen Bezug auskommen. Ich behaupte aber, daß das griechische Alphabet zu den Möglichkeiten, die auch andere Schriftsysteme bieten, noch die radikale Loslösung der sichtbaren Sequenz von der Hörbaren hinzufügt. Ich werde meine Gedanken im folgenden aus dieser speziellen und radikalen Fähigkeit entwickeln.

Nur die gewandtesten Leser, die geübten Schnell-Leser, die tatsächlich jede Form der inneren Vokalisierung umgehen, ziehen auch den größten Nutzen aus den besonderen Eigenschaften unseres Alphabets. Das gelingt nur, wenn das Produkt der Dekodierung als reine Abstraktion bestehen bleibt, das heißt, die Leser dürfen keinesfalls auf die gesprochene Sprache zählen, um sich bei der progressiven Aneignung der Indikationen des Textes zu orientieren, und sie müssen ihn direkt, in ideographischer Art, von den Zeichen in Ideen übersetzen. (Ich betone nochmals, daß dadurch die unmittelbar verfügbaren Vorzüge der analytischen und kombinatorischen Eigenschaften des Sprachsystems nicht aufgegeben werden.) Es scheint mir einleuchtend, daß die Funktionsmechanismen, die die Wahrnehmungsfähigkeit herstellen, unter diesen Bedingungen vor einer besonders schwierigen Aufgabe stehen. Denn sie müssen beinahe ohne die Unterstützung der Koordination oder der Überprüfung mit einem Text operieren, den sie gleich einer rein visuellen Substanz, also völlig unabhängig von Verfahrensweisen der innersprachlichen Interpretation, aufnehmen, analysieren und speichern sollen.

Welcher Art der Organisation der Wahrnehmung bedarf es, das zu erreichen? Vor allem müßte sie fähig sein, sich die einzigartigen Eigenschaften unseres Alphabets, daß die gesamte gesprochene Reihe repräsentiert und nicht etwa nur Hinweise zur Ergänzung gibt, zunutze machen. Die Wahrnehmung kann sich also nur auf die interne Kohärenz der Schreibweise berufen, um sich zu vergewissern, daß sie das gelesen hat, was auch im Text steht. Andererseits bedarf es einer Methode, mit der der Text „erfaßt", das heißt, mit der er stillgestellt wird, um objektiv und von außen her untersucht werden zu können. Es trifft nicht den Kern des Problems, daran zu erinnern, daß „verba volant" und „scripta manent", daß die aufgeschriebenen Dinge gerade deshalb stillstehen, weil sie sich folgsam und unbeweglich einer bleibenden Oberfläche unterstellen. Das optische und zerebrale Erfassen von sichtbaren Erscheinungen findet immer in Bewegung, als dynamischer Prozeß statt, auch wenn die beobachteten Objekte sich nicht bewegen. Das Gehirn muß sogar häufig die optische Wirklichkeit der Dinge künstlich erzeugen, um sich ihrer bewußt zu werden. Um z. B. das Verhältnis der Entfernungen von zwei Personen, die sich im Vorder- bzw. im Hintergrund eines Raumes befinden, zueinander und zum Betrachter wiederzugeben, müssen die Wahrnehmungen aus dem Gesichtsfeld im visuellen Kortex so rekonstruiert werden, daß die Proportionen der menschlichen Gestalt im Verhältnis zur Raumtiefe gewahrt bleiben.

Um einen Text lesen zu können, ohne sich der Vokalisierung zu bedienen (die einen Text mittels der automatisierten Zerlegung auf der Grundlage der gesprochenen Sprache begreifen würde), muß er in der Wahrnehmung fixiert werden, vergleichbar der Hand, die ein Objekt umfaßt, während sie es mit der anderen Hand zerteilt. Schematisch dargestellt, fixiert das Gehirn die Gesamtheit des Textes in den linken Sehfeldern und analysiert ihn in den rechten. Darin zeigt sich übrigens die Bedeutung der doppelten Unterteilung des Sehens in beiden Augen und vor allem in ihre beiden Sehfelder. Für die kognitive Bearbeitung ist es von Vorteil, daß diese doppelte Kontrolle über die visuellen Elemente im gesamten Gesichtsfeld wirksam ist. Gemäß dieser biologischen Voraussetzungen werden die raschen Augenbewegungen (Saccaden) beim Lesen eines Textes von einem schnell fixierten Punkt auf dessen linker Seite losgehen, um nach einer kurzen Wahrnehmungs- und Verarbeitungszeit mittels Saccaden nach rechts zu wandern, wodurch die Analyse vereinfacht und beschleunigt wird. Welcher Unterschied besteht nun zwischen diesem Prozeß und dem, der durch das Lesen einer Silbenschrift hervorgerufen würde, die ja auch von links nach rechts geschrieben wird? Der Unterschied ist winzig. Er ist aber meiner Meinung nach entscheidend. Er führt dazu, daß sich diese Schrift nie ganz von ihren oralen Wurzeln trennen können wird, das heißt, es wird ihr höchstens möglich sein, die Schwelle zur radikalen Visualisierung zu durchbrechen.

Durch diesen scheinbar minimalen Unterschied in den Verfahrensweisen werden die von Gehirn und Wahrnehmungsfähigkeit während der ersten Lernphasen angenommenen Optionen eine entscheidende und determinierende Rolle spielen – selbstverständlich sollte meine Hypothese eines Tages durch Experimente nachgewiesen werden können. Ich gehe davon aus, daß sich bereits in den ersten Lernphasen die Art, in der Wahrnehmung zukünftig funktionieren wird, durch den Umgang mit alphabetischen Schriftzeichen selbst bei einem nur mittelmäßigen Leser auf diesen doppelten Zugang zur Welt, der aus Fixieren und Zerteilen besteht, spezialisieren wird. Denn dieser schreibt sich beinahe natürlich, um nicht zu sagen automatisch, in die Verfahrensweisen selbst des Leseanfängers ein. Am Anfang wird ein Kind, das eine Silbenschrift lesen lernt, nicht anders verfahren als ein Kind, das lernt, das Alphabet zu lesen. Beide würden angehalten, den Text in ihrer Wahrnehmung zu fixieren, um die individuellen Formen der einzelnen Buchstaben wiederzuerkennen und sie zu skandieren, so daß entsprechende Kombinationen erstellt werden können. Doch sobald diese initiale Phase beendet ist, wird der Leser der Silbenschrift fortfahren, sich auf die akustischen Werte seiner Sprache zu berufen, um die Richtigkeit seiner Lektüre zu überprüfen. Der Leser des Alphabets könnte sich dagegen schon bald mit dem Fixieren des Textes und der visuellen Analyse zufriedengeben, will er sich vergewissern, daß er richtig gelesen hat. Das heißt nicht, daß der Leser der Silbenschrift für immer unfähig wäre, sich von einer Überprüfung durch innere Vokalisierung zu lösen. Wir wissen, daß die Verfahrensweisen der ideographischen Dekodierung jedem Schrifttyp zugänglich sind, wenn der Leser darin geübt ist. Ich behaupte nur, daß der Typ der Orthographie der Silbenschrift die Wahrnehmung nicht dazu auffordert, sich systematisch von der umständlichen Technik der internen Vokalisierung freizumachen.

Die Leser konsonantischer Schriften werden vielleicht noch eher an ideographische oder, wie James Février sagt, an semi-ideographische Lesarten herangeführt. Aber in ihrem Fall setzt sich das Primat der textgebundenen Gestaltwahrnehmung – ich nenne es auch das Primat der räumlichen Analyse – gegen das einer sequentiellen Analyse durch. Denn letztere wird bei den geübten Lesern des Hebräischen, Arabischen und Phönizischen schlichtweg völlig eliminiert. Bei Anfängern, in deren Texten die Vokale sogar noch als Lernhilfe vermerkt sind, wird die sequentielle Analyse aber zur zwingenden Notwendigkeit, da sie von den unvermeidlichen Interventionen der Lautierung völlig aufgesogen sind, die die fehlenden vokalischen Laute wiederherstellt.

Dieser lange Exkurs bringt mich zur folgenden Schlußfolgerung: Einzig das vollständige phonetische Alphabet konditioniert das Individuum bereits in den ersten Lernphasen dazu, eine Form differenzierter Wahrnehmungsfähigkeit zu entwickeln, die auf die beiden grundlegenden Verfahrensweisen, nämlich intellektuelles Erfassen oder Fixierung des Sichtbaren sowie dessen sequentielle Analyse, zurückgeht. Diese Schlußfolgerung ist für unsere weiteren Erörterungen sehr wichtig. Denn diese durch das Alphabet vermittelte, einfache und elegante Organisation von Wahrnehmung und Kognition konnte ohne größere Schwierigkeiten auch auf andere Bereiche, wie die Analyse aller sichtbaren als auch der geistigen Dinge, übertragen werden.

Bis jetzt liegt kein Beweis dafür vor, daß sich diese doppelte Strategie der Fixierung und der Analyse des Textes automatisch auch auf andere kognitive Praktiken überträgt, sobald sich Wahrnehmung und Aufmerksamkeit des alphabetisierten Lesers durch das Leseverhalten in der oben beschriebenen Form spezialisieren.[4] Ich muß zugeben, daß ich mich auf zunehmend unsicherem Boden bewege. Ich bedaure es sehr, daß ich weder über eine neurobiologische Ausbildung noch über ein Labor verfüge, um meine Hypothesen durch wissenschaftliche Überprüfungen zu beweisen. Trotzdem werde ich meiner Intuition auch auf die Gefahr hin folgen, mit Einsprüchen der wissenschaftlichen Zunft rechnen zu müssen.

Andererseits glaube ich nicht, daß selbst eine vollständige Analyse der neurophysiologischen Verknüpfungen, die sich tatsächlich bei der von mir angenommenen Organisation von Wahrnehmung und Aufmerksamkeit herstellten, meine Behauptungen konkretisieren könnte. Denn intuitiv scheint es mir unwahrscheinlich, daß sich der Wahrnehmungstyp

---

[4] Eine Besonderheit der Schrift, durch die die automatische Bindung der Phoneme an die Bildung von Silben und Worten betont wird, und dadurch den Geist sogar noch zur visuellen Abstraktion ermuntert, habe ich bisher nicht erwähnt. In dem Maße, wie die Beziehung von Schriftzeichen und Phonem nicht länger von der Aussprache sondern eher von der wechselhaften Geschichte der Trennung von Sprachsystem und gesprochener Sprache abhängt, lernt das englisch oder französisch sprechende Kind schon sehr früh mit der Rechtschreibung, im Gegensatz zur serbo-kroatischen Rechtschreibung, im Diktat oder in der Analyse, daß es sich keineswegs auf den Klang der Worte verlassen kann, um Schrift zu reproduzieren. Man lernt schon schnell, daß der „accent circonflexe" z. B. anzeigt, daß früher zwischen dem Vokal und dem Buchstaben „T" bei bestimmten Worten lateinischer Herkunft der Klang eines „S" war wie bei août (Augustus) oder bei connaître (das im Altfranzösischen connaistre geschrieben wurde). Unter diesen Umständen ist das geschriebene Wort einfach schon auf Grund der Tatsache, daß es eine beinahe arbiträre Beziehung zu seiner Aussprache hat, abstrakt.

der Schrift umgehend auf alle Typen der Kognition übertrüge. Es bedarf einer langen Zeitspanne, bis diese Übertragung tatsächlich stattfindet, und es dauert noch länger, bis sie ablesbar wird. Nachweis einer gelungenen Übernahme der kognitiven Strategien der Schrift in Wahrnehmung und Kognition im allgemeinen ist der Empfang, den die griechischen Architekten – und später die Maler der Renaissance – der aufkommenden Perspektive bereiteten. Zunächst bezieht sich die Art der Selektion allein auf die Verarbeitung der Sprache. Erst wenn die Sprache zu einem Instrumentarium theoretischer Auseinandersetzung geworden ist, werden die gewandtesten und kultiviertesten Leser auch die Modalitäten ihrer Wahrnehmung neu organisieren. Vor diesem Hintergrund können wir erkennen, daß die allmähliche Formung neuer theoretischer und wissenschaftlicher Haltungen, die nach der Erfindung der Schrift auftauchten, sowie die Entwicklung neuer, der Schrift angemessener Lernzusammenhänge wie z. B. die Schule, das Theater oder die Verwaltung neurokulturelle Modelle sind, die die Schrift nicht einfach nur als permanenten Bestandteil der Kultur in Szene setzen. Sie bilden vielmehr eine Art zweiter Ebene der Alphabetisierung, die innerhalb dieser neuen Lebenskontexte Analphabeten wie alphabetisierte Personen beeinflußt.

Denn nachdem die Phase der infra-linguistischen Dekodierung beendet ist, wird die Sprache selbst zum wichtigsten Medium der Reflexion in dieser neuen Form der Wahrnehmung, und sie wird zum Gegenstand der Reflexion über diese neue Organisation. Auf dieser Ebene konnten die Kriterien der Verzeitlichung von Wahrnehmung und Kognition nur insofern eine Rolle spielen, als sie die konzeptionellen Grundlagen schufen, auf denen dann später ganze Theoriegebäude errichtet wurden. Die griechische Philosophie von den Vorsokratikern bis Aristoteles, im Grunde die gesamte griechische Kultur, ist so verfahren. Wir können mit Sicherheit annehmen, daß bei der Ausarbeitung dieser Konzepte, deren intellektuelle Entwicklung teilweise in den Dialogen Platons nachzulesen ist, die Objektivierung eines Sachverhaltes durch die geschriebene Zeile entscheidend ist. Denn sie erlaubte es erst, eine Idee auf Papyrus zu bannen und sie einer gründlichen Überprüfung zu unterziehen, indem ihre Grenzen durch Definitionen und Kommentare festgelegt wurden. Diese Methode spiegelt den der Schrift inhärenten Typ der sequentiellen Analyse wider.

In der griechischen Literatur finden wir genügend Zeugnisse für diese intellektuelle Arbeit, um zu verstehen, inwiefern die Sprache – und vor allem der von Platon bevorzugte dialogische Diskurs – als Schleuse oder auch als Laboratorium für die Auseinandersetzung mit den Veränderungen, die die Schrift für die Erkenntnistätigkeit der Griechen bedeutete, dienten.

Die gesamte Sprache der Griechen wurde zweifellos von der Schrift beeinflußt. Wir beginnen gerade erst das Ausmaß der Auswirkungen, die der Einsatz der Schrift auf die Prosodik, auf das Vokabular, auf die Grammatik sowie auf die symbolischen Gehalte der vorliteralen Kultur der Griechen hatte, zu begreifen. Harold Innis hat eindrucksvoll gezeigt, daß die Oralität ebensoviel Widerstand gegen die gewaltigen Einwirkungen der Schrift geleistet hat, wie sie ihr nachgeben mußte. William Ivins wies nach, daß die taktile Dimension der griechischen Architektur sich nie ganz den neuen Verfahrensweisen der Visualisierung untergeben hat, die seit dem 6. Jahrhundert v. Chr. gebräuchlich wurden. Für meine Hypothese sind aber die Ansichten von Marcel Detienne und Jean-Pierre Vernant über das „mingling" der Griechen wichtiger. Detienne und Vernant weisen nach, daß sich die Einstellung der Griechen zur Intelligenz zwischen dem 6. und dem 5. Jahrhundert v. Chr. insofern änderte, als überlieferte Praktiken der Überlistung und der geistigen Wendigkeit, die bis dahin typisch für die griechische Mentalität gewesen waren, von einem abgekühlteren Konzept formaler und theoretischer Intelligenz abgelöst wurden. Man könnte auch sagen, sie wurde übertrumpft von einer außerhalb jeden gelebten Kontextes bestehenden Idee oder von einem Modell der Intellektualisierung, das jede spontane und quasi instinktive Antwort eines Volkes, das sehr listig gewesen war und unmittelbar auf konkrete Sitationen eingehen konnte, ausblendete.

Das Alphabet und die zeitlich geordnete Analyse

Jede Schrift ist Beispiel für eine Sequenz, für eine zeitlich strukturierte Abfolge, insofern als sie die Kontinuität gesprochener Sprache veräußert und sie in einem externen Medium sichtbar werden läßt. Allein das griechische Alphabet verwendet dieses Verfahren in besonderer Form. Es macht die Sequenz zu einer notwendigen Bedingung der Schrift, statt sie nur als Faktor der Verständlichkeit zu benutzen.

Der entscheidende Unterschied zwischen der Betrachtung einer Sequenz und dem Erfassen jedes anderen formalen Aspektes im Sehfeld besteht darin, daß Identifizierung und Analyse der Sequenz gemäß einer bestimmten Ordnung erfolgen muß, die sich auch dann, wenn es sich um ein optisches Ereignis handelt, vor allem nach zeitlichen Kriterien zu richten hat und erst anschließend auf räumliche Merkmale übergeht, die jene nur bekräftigen. Wir kennen zwei grundlegend verschiedene Herangehensweisen, um zeitliche Ordnung auch jenseits räumlicher Bezugspunkte zu strukturieren: Die eine orientiert sich an der Sukzessivität, das heißt an der Ordnung der Abfolge (der Chronologie); die andere mißt die Ausdehnung in der Zeit, das heißt die Ordnung der Dauer. Beide Ordnungen stehen in einem komplementären Verhältnis, sind aber voneinander gänzlich verschieden. Die Ordnung der Abfolge konstituiert sich aus dem Erkennen und Speichern, daß etwas – ein Objekt, ein Ton oder eine Form – auf etwas anderes folgt, unabhängig davon, ob die beiden Ereignisse gleicher oder unterschiedlicher Art sind. Die Ordnung der Dauer konstituiert sich dagegen aus einer beliebigen Form der Segmentierung und dem Erkennen, wie sich ein bestimmtes Objekt durch Höhe, Länge und Tiefe, das heißt Ausdehnung in der Zeit, von einem anderen unterscheidet. Das Verhältnis der beiden Konzepte zueinander wird deutlich, wenn wir uns vergegenwärtigen, daß die Dauer einer räumlichen Zeitlichkeit und die Sequenz einer zeitlichen Räumlichkeit entspricht. Damit ein Objekt auf ein anderes folgen kann, muß es sich vergegenständlichen, das heißt in der Welt der Objekte oder in Gedanken räumliche Form annehmen. Der Einheit des Maßes bedienen sich beide Konzepte. Diese beiden Merkmale von Objekten, das zeitliche und das räumliche, sind problemlos voneinander zu unterscheiden. Aus eben dieser Unterscheidung, die durch die Verfahren des alphabetischen Lesens zunehmend vertieft wird, wird die für die abendländische Welt typische theoretische Dimension hervorgehen.

Meine Hypothese ist, daß das Bewußtsein durch eine intensive Analyse zeitlicher Faktoren, die dem Erlernen und dem Umgang mit dem Alphabet inhärent ist, unmittelbar dazu angeregt wird, unbewußt nach der Sukzessivität des Sichtbaren zu suchen. Konsequenz dieser Option ist, daß alle erkannten Segmente indirekt gemäß der relativen Dauer (dem Maß) der Objekte innerhalb der Sequenz eingeschätzt werden oder, deutlicher ausgedrückt, im Raster von Proportionen konstituiert werden. Die Reorganisation der Wahrnehmungen in den Gesichtsfeldern, die Trennung von Subjekt und Objekt, sogar die Hervorbringung des Subjektes selbst, stehen in unmittelbarem Zusammenhang mit der Entstehung dieser spezialisierten Form zeitlicher Analyse, die im Laufe der abendländischen Geschichte die Vorherrschaft über die Verfahrensweisen einer räumlich orientierten Analyse übernehmen wird. Ich werde das im folgenden an Beispielen erläutern und dabei so bekannte Konzepte wie das der Perspektive, des Rationalismus, der Repräsentation und der Geschichte in einen neuen Kontext stellen.

Die Ordnung der Abfolge

Betrachten wir die Merkmale der Sukzessivität, die der alphabetischen Schriftzeile eigen sind, etwas genauer:

1. Normalerweise wurden die Segmente der Schrift von links nach rechts angeordnet. Eine Ausnahme ist die vorübergehende Übernahme des Boustrophedon bei den Griechen. Wir haben schon darauf hingewiesen, daß diese Anordnung in direkter Entsprechung zur funktionalen Organisation des Gehirns steht, wodurch die Vormachtstellung der Sukzessivität vor der Ikonizität begünstigt wird. Diese spezifische Lateralisierung könnte das Bewußtsein dahingehend formen, in der Natur als auch im Denken spontan nach der **Zeitlichkeit** (Sukzessivität und Dauer) der Elemente im Sehfeld zu suchen.

2. Die Buchstaben, das heißt die eine Schrift kennzeichnenden Segmente, folgen einander in einer einzigen Richtung. Ich beziehe mich im Moment nicht auf die Schreibrichtung nach rechts oder nach links, sondern auf die vom Ausgangspunkt der Lektüre vorgegebene Richtung. Auch bei einem Text in Boustrophedon ist die Leserichtung vorgeschrieben; die Buchstaben „gehen immer nach vorne", unabhängig davon, zu welcher Seite sie sich anordnen. Rückwärts lesen oder die Umkehrung der Buchstaben sind also ausgeschlossen. Eine Ausnahme, die nur die Regel bestätigt, ist das Palindrom, in dem Wörter oder Sätze auch rückwärts gelesen einen Sinn ergeben. Ein Tonband oder einen Filmstreifen rückwärts abzuspielen würde eher unverständliche Resultate hervorbringen. Meine Interpretation dieses Sachverhaltes ist, daß die alphabetische Schrift das Moment der **Irreversibilität** in den Umgang mit Sequenzen vor allem in die von Ereignissen einführte. Wie Stephen Kern in *The Culture of Space and Time* ausführt, wurde diese Vorstellung von der Irreversibilität der Zeit in der Kunst und im Denken Ende des letzten Jahrhunderts in Frage gestellt. Bei dieser Verunsicherung könnte es sich möglicherweise um einen der Effekte der Elektrifizierung der Erfahrung handeln.

3. Gewöhnlich – vor allem zum Lesenlernen – sind die Segmente auf der Horizontalen angeordnet. Das könnte das Denken dahingehend schulen, das Modell der **Horizontalität** auch beim Ordnen der Objekte in der bewußten Wirklichkeit bevorzugt anzuwenden. Bei der horizontalen Anordnung muß eine kontinuierliche Wahrnehmung im Gesichtsfeld gewährleistet sein, die sich entweder von links nach rechts erschließt – wie bei der alphabetischen Lektüre – oder von rechts nach links – wie bei anderen Schrifttypen –, oder sie entfaltet sich gemäß den Regeln der Symmetrie in beide Richtungen. Die Symmetrie ist eine umgekehrte Verdoppelung, die

die Vorherrschaft der Horizontalen vor der Vertikalen untermauert. Es gibt nur wenige Beispiele für eine vertikale Symmetrie. Ich glaube, das ist damit zu begründen, daß die Symmetrie im wesentlichen eine Antwort auf das Bedürfnis nach horizontaler Ordnung ist, das durch die Entstehung einer zeitlich orientierten Analyse im Zuge der Schrift hervorgebracht wurde. Sie wird forthin über eine räumliche Analyse dominieren, indem sie für die Wahrnehmung zum primären Zugang zur Welt wird.

4. Normalerweise haben die Segmente die gleiche Größe. Sie zeichnen sich also vornehmlich durch das Merkmal der **Uniformität** aus. Die Uniformierung der Schrift, allgemeine Voraussetzung für die Lesbarkeit jeder Schriftart, wird im griechischen Alphabet noch betont. Auf diese Weise ist es auch nichtspezialisierten Teilen der griechischen Gesellschaft zugänglich und kann sich an eine größere Zahl von Nutzern wenden und über weite Gebiete ausgedehnt werden. Die Uniformierung wird in die bürokratische und militärische Organisation der griechischen Städte übernommen werden.

5. Außer bei der vorübergehend benutzten Scripta continua sind die Segmente normalerweise in einer diskontinuierlichen Reihung mit zeitlichen Unterbrechungen geordnet, die nach den Regeln der Grammatik gebildet wird. Dieses Schema veranlaßt das Bewußtsein dazu, mehrere aufeinanderfolgende Schichten von Sukzessivität vorauszusetzen, die vom Buchstaben zum Wort, vom Wort zum Satz, zum Abschnitt, zum Kapitel usf. fortschreiten. Es handelt sich dabei um eine Art, die Gegenstände der Erkenntnis nach logischen Gesichtspunkten und gemäß den Klassen, denen sie angehören, zu hierarchisieren und zu kategorisieren. Die griechische Schrift spezialisiert die mentalen Funktionen darauf, Informationen nach logisch geordneten Modellen zu **hierarchisieren**.

6. Die Segmente sind also normalerweise nicht dazu geeignet, „für sich zu stehen und aus sich heraus" wahrgenommen zu werden. Einen Sonderfall bildet deren technischer oder künstlerischer Gebrauch, der, wie in der Kalligraphie oder in der Gravur, klar definierten Zielen und Regeln unterliegt. Im Prinzip müssen die Segmente untereinander in der von der Kontinuität vorgegebenen, irreversiblen Richtung kombiniert werden, um überhaupt Sinn zu ergeben. Diese Verfahrensweise, die sich auf allen Ebenen der Lektüre von der Kombination einzelner Buchstaben bis hin zur Argumentationsführung durch Wörter, Sätze und Abschnitte wiederholt, könnte das Bewußtsein konditionieren, zwischen den Elementen, die von gleicher Natur oder von vergleichbarer Ordnung sind, gemäß einem internen, hierarchischen Maßstab nach Verbindungen, das heißt Beziehungen der **Kausalität** oder auch der assoziativen Konformität zu suchen.

Das ist um so wahrscheinlicher, als der Umgang mit Buchstaben, Wörtern, der Grammatik und schließlich der logischen Argumentation das permanente Abrufen und Vertiefen der allgemeinen Verfahrensweisen der Synthese einzelner Elemente erfordert. Die Schrift wird ein Verhalten formalisieren und handhabbar – also wiederholbar – machen, das normalerweise in der lebendigen, gesprochenen Sprache unbewußt bleibt: das Kombinieren, das dem Prozeß der Lautierung inhärent ist.

Die Schrift unterliegt einer zweifach gegliederten kausalen Beziehung. Die erste Ebene, die für alle Schriftsysteme zutrifft, beruht auf der wechselseitigen Beziehung von Zeichen und dem, was es repräsentiert (eine Idee oder einen Laut). Die zweite, die im griechischen Alphabet maximal ausgeschöpft wird, in abgeschwächter Form aber auch auf jede andere phonologische Schrift zutrifft, bezieht sich auf das Verhältnis der Zeichenkombinationen untereinander.[5] Auf diesem profunden Kausalitätsmodell, das uns bei der Synthese der Silben exemplarisch vor Augen geführt wird, beruht die unbewußte Struktur großer Teile des griechischen und des abendländischen Denkens.

7. Die Segmente müssen nach den Regeln oppositioneller Werte eindeutig **zugeordnet** werden. Dieses Verfahren ist auch unter Kognitivisten und Forschern auf dem Gebiet Künstlicher Intelligenz sehr verbreitet. Denn sie gehen davon aus, daß geistige Prozesse aus dieser Suche nach binären Ähnlichkeiten und Unterschieden zwischen Objekten zu erklären sind.

Zeitlichkeit, Irreversibilität, Horizontalität, Uniformität, Fragmentierung, Kausalität und Klassifizierung. Wir haben es hier mit sieben mentalen Verfahrensweisen zu tun – vielleicht gibt es noch mehr, die ich nicht bedacht habe –, die erwiesenermaßen unerläßlich für die Lektüre sind und die vielleicht direkt auf andere Gebiete des Wissens übertragen werden.

---

[5] Allein die Tatsache, daß die in der Sukzessivität behandelten Elemente Phoneme – also abstrakte Zeichen, reine Werte – und nicht etwa Silben sind, unterscheidet das alphabetische System grundlegend von der Silbenschrift. Man hätte annehmen können, daß die Betrachtungen, die für die Merkmale des einen gültig sind, auch auf das andere zutreffen würden. Doch der Phonetismus geht in der Analyse der Sukzessivität des zu zerlegenden Materials viel weiter als die Silbenschrift. Diese Zerlegung geht nicht auf bewußte, d. h. auf sofort erkennbare Elemente, sondern auf Abstraktionen, die als solche nicht verzeichnet werden, zurück. Deshalb dürfte der Automatismus, der die Lektüre begleitet, zweifellos von einer Art gesetzesähnlichem, zwingendem Modell herrühren, das sich in der mentalen Organisation des Lesers durch das Alphabet bildete. Das Lesen des vokalischen Alphabetes entspricht also nicht wie das Lesen des konsonantischen Alphabetes oder der indischen Silbenschrift einer mit dem Text verbundenen Tätigkeit des Dechiffrierens, sondern es gleicht vielmehr dem automatisierten Durchschleusen von Zeichenfolgen durch eine Art Gitter oder mentalen Filter, der von den oben genannten Funktionen hervorgebracht wurde und rigoros auf der Ebene unbewußter Operationen koordiniert wird.

In diesem Zusammenhang ist es sehr wichtig, daß die Alphabetisierung bei den Griechen und in der gesamten abendländischen Kultur nicht erst im Erwachsenenalter, sondern so früh als möglich bereits beim Kind einsetzte, in einem Moment des Lebens also, in dem mentale Gewohnheiten Form annehmen und erste Spuren im neurophysiologischen System hinterlassen und die Person für den Rest ihres Lebens prägen. Die frühe Konfrontation des Kindes mit der Abstraktheit des Systems fördert seine Akzeptanz, ein ebenso abstraktes Leben zu führen.

Die Ordnung der Dauer (Ausdehnung)

Das von der Lektüre geprägte Bewußtsein ist darauf trainiert, die Informationen eines Textes zu gliedern, sie zu klassifizieren und nach einem Ensemble unterschiedlicher Quantitäten zu ordnen. Damit die Ordnung der Dauer als solche erkannt und überhaupt effizient bei diesen Messungen benutzt werden kann, muß sie sich räumlich vergegenständlichen. Obwohl die Dauer ein grundlegendes Element der Vorstellung von Zeitlichkeit in der abendländischen Kultur ist, ist sie der sinnlichen Erfahrung nicht unmittelbar zugänglich. Sie entsteht vielmehr aus Vergleichen zwischen wahrnehmbaren Gegenständen, deren Resultate in abstrakte Begriffe übertragen werden, die dann als Maßeinheit bei der Wahrnehmung von Gegenständen dienen. Diese Verfahrensweise der Ordnung der Dauer ist mit der der Geometrie vergleichbar. In der Geometrie werden die Proportionen zwischen Flächen nach präzisen Maßen, die selber Konstanten der Proportionalität sind, berechnet und durch Abstraktion zu Gesetzen zusammengefaßt. Das Ordnungssystem der Dauer verfährt nach Maßen wie Wiederholung und Unterschiedlichkeit, die auf alle beobachtbaren Sequenzen in der Natur und im Denken angewendet werden.

Das Erfassen der Ordnung der Dauer, die Perfektionierung ihrer Maßeinheiten, ihre zunehmende Gebräuchlichkeit im alltäglichen Leben in der abendländischen Kultur sind – wie ich meine – Effekt der Alphabetisierung. Ohne mich aufs Glatteis zu begeben, glaube ich behaupten zu können, daß auf Grund der zwingenden Sukzessivität, die dem Alphabet als „Tiefenstruktur" im Sinne Chomskys eigen ist, eine direkte Beziehung zwischen der Bildung eines historischen und geographischen Bewußtseins und der Einführung der alphabetischen Schrift besteht. Die Vorherrschaft der Dauer tritt dagegen nur indirekt in Erscheinung. Denn das formale Erkennen der Ordnung der Dauer stellt sich erst durch ein systematisches Anwenden der sequentiellen Analyse bei sinnlich wahrnehmbaren Ereignisse her. Die Sukzessivität ist das Erkennungszeichen ersten Grades für die Sequenz, das Maß der Dauer ihre zweite Qualität. Sicherem Umgang mit Proportionen und deren formaler Repräsentation im Bild, in der Architektur und in der Mathematik muß eine Hierarchie mentaler Operationen vorausgehen, die beinhalten: das Feststellen von Unterschieden, sie vermessen, miteinander vergleichen und abschließend einer hierarchischen Klassifizierung nach Größe, Anzahl und Dauer unterziehen.

Der große Unterschied zwischen dem griechischen und dem ägyptischen Maß – ein Unterschied, der sich vor allem in der konkreten Anwendung des Katasters und auf der abstrakten Ebene der Geometrie in den Vorstellungen von Fläche und Oberfläche abzeichnet – liegt darin begründet, daß die Ordnung der Dauer bei den Griechen unter denselben Vorzeichen objektiviert wurde[6], nach denen später in der Renaissance der Raum durch die Perspektive objektiviert werden sollte.

---

[6] Die drei Parzen repräsentieren erstmals eine Form der Aneinanderreihung durch Montage. Sie sind Expertinnen in der Verwaltung der Dauer: Clotho wickelt, Lachesis mißt und Atropos schneidet den Faden des Schicksals. Es handelt sich nicht nur um drei Figuren der Zeit sondern auch um drei Figuren der Schrift, um den roten Faden einer Geschichte, ihre Gliederung und ihre Unterbrechung.

Man ging bisher davon aus, daß die Parzen die Unerbittlichkeit des Schicksals symbolisierten. Sie repräsentieren aber vielmehr das Geschenk eines individuellen Schicksals, das jedem Menschen gerade auf Grund der Kontrolle über die Zeit, der Verwaltung der Dauer, also durch den Zugriff auf ihre Beständigkeit gegeben ist. Was zunächst mit Hilfe der symbolischen Qualität der Schrift begonnen hatte, übertrug sich anschließend auf die allgemeine Lebensweise.

Es handelt sich um eine umfassende Verwaltung der Zeit, durch die eine, vielleicht DIE entscheidende Funktion der literarischen Erzählung definiert ist: Strukturierung der Zeit durch einen Spannungsbogen. Zeit wird zu einer Aneinanderreihung von „spannungsgeladenen, segmentierten Leerzeiten". Die Zeitspanne, in der sich ein Bericht – oder eine Erzählung – entfaltet, wird in ihrer Gesamtheit erfaßt. Im Sessel zu sitzen und einen Roman zu lesen heißt, die Zeitspanne der Geschichte, die dieser Roman erzählt, in ihrer Gesamtheit entlang aller funktionalen Verwicklungen, Abschweifungen, Verzögerungen oder Umwege der Handlung, die den Spannungsbogen bilden, zu erfassen. Die Verwaltung der Dauer in einem Text entspricht einer klar umrissenen Organisation der Sequenzen durch Anfang und Ende. „Eine Sequenz ist eine logische Folge von Verwicklungen, die untereinander durch eine verpflichtende Beziehung verbunden sind. Die Sequenz beginnt, wenn einer dieser Beziehungen nichts mehr vorausgeht und sie endet, wenn einer anderen ihrer Beziehungen nichts mehr folgt." (Roland Barthes S/Z)

Wenn das klassische Kino sich überhaupt noch literarischer Modelle bedient, um die Dynamik der Erwartung, der Spannung zu erzeugen, benutzt es dazu nur gelegentlich noch Rätsel („Schlüsselfilme", Krimis etc.). Zumeist muß im Film eine Prüfung bestanden werden, was vom Zuschauer eine andere Form der Teilhabe abverlangt als vom Leser. Das Erleben eines Filmes ist viel physischer als das eines Textes. Was offensichtlich ist, für Roland Barthes aber leider nicht.

Es ist also nicht weiter erstaunlich, daß Platon, der Begründer des abendländischen Rationalismus, allen, die sich in göttlichem Wissen üben wollen, empfiehlt, zunächst die Geometrie zu studieren. Denn in der Geometrie befindet sich das Modell der Abstraktion und der Proportion (der Ratio), das durch die Gesetze der Mathematik beglaubigt, also unwiderlegbar ist.

Der konkrete lebenspraktische Bezug, erforderlich in Gesellschaften, die von der Organisation alltäglicher Bedürfnisse und dem direkten Umgang mit Gegenständen geprägt waren, wurde in der Geometrie und anderen abstrakten Wissenschaften insofern durch die Selbstbezüglichkeit des Systems ersetzt, als sie sich auf die Strenge der Methode und die Überprüfung der eigenen Theoreme zurückzogen.

Die Perspektive: eine Spezialisierung des binokularen Sehens

Meine These lautet: Die Lesegewohnheiten, die eine lineare Analyse im Gesichtsfeld begünstigen, übertragen sich auf das Sehen im allgemeinen, um Zeichen in der Raumtiefe hervorzuheben. Die Wahrnehmung der Tiefe, die normalerweise Teil eines Ensembles von optischen Daten ist, wird plötzlich für den Beobachter zu einem wesentlichen Merkmal – sie wird bedeutungstragend. Die Einschätzung der Tiefe kann sich nur herstellen, wenn eine Ordnung gemäß der Sukzessivität (und sei es nur implizit) zu den anderen dem Sehen verfügbaren Kriterien der Einschätzung hinzukommt. Ein zeitlicher Faktor kommt zu den räumlichen Dimensionen hinzu.

Ich möchte nicht so weit gehen und behaupten, daß der Raum „gelesen" würde. Die Wahrnehmung der Perspektive ist keine 1 : 1-Übertragung der Verfahrensweisen des Lesens auf die Landschaft. Das Sichtbare wird nicht einfach zu einem „Text". Das Kino, ein Bild oder das Fernsehen sind nicht zu dekodierende „Texte", wie uns viele Semiotiker heute glauben machen. Die gesamte Semiotik ist übrigens nichts anderes als eine als Kommunikationstheorie verkleidete Hermeneutik. Es handelt sich im Grunde um die unerwartete Wiederkehr des Primats des Symbolischen im Gewand der Wissenschaft. Es ist daher auch nicht verwunderlich, daß Umberto Eco, einer ihrer berühmtesten und brillantesten Vertreter, auch

Deshalb ist Kino, vor allem das Fernsehen, oft eine Angelegenheit des Verstehens „aus dem Bauch". Während sich die Verwaltung der Zeitdauer in der literarischen Erzählung durch die verschiedenen Gestaltungen der beiden Pole der Sequenz, Anfang und Ende, organisiert, wird die Erwartung auf ein Ende im Fernsehen, vor allem in den spezifisch televisuellen Genres Werbung und Videoclips, eher zutiefst enttäuscht.

ein hervorragender Kenner des Mittelalters ist. In der Tat lädt die romanische und die gotische Symbolik zur Textualisierung und „Lektüre" ein, denn die Bilder und Proportionen müssen dekodiert werden, um zu den versteckten Bedeutungen vorzudringen. Ich betone nochmals: die Symbolik ist voralphabetisch, präliteral.

Seit der Erfindung der Perspektive entzieht sich das Sichtbare dagegen einer symbolischen Dekodierung. Aber man hat bisher noch keine Parallelen zwischen der Alphabetisierung und dieser Transformation der Modalitäten der Darstellung des Sichtbaren sowie den Theorien der Optik gezogen, obwohl es sich in beiden Fällen um Auswirkungen der Schrift handelt. Diese Haltung steht im Gegensatz zu dem, was die Intuition sagt.

Die Entwicklung der Perspektive läßt sich aus dem binokularen Sehen erklären. Wir wissen, daß erst die Tatsache, daß wir zwei Augen haben, uns Zugang zur Wahrnehmung der Tiefe des Gesichtsfeldes gibt. Das monokulare Sehen des Zyklopen erfaßt nur zwei Dimensionen, während unser binokulares Sehen uns die drei Dimensionen erschließt. Erst die Wahrnehmung der dritten Dimension, der Tiefe, macht das Erkennen von Perspektive möglich. Prinzipiell war perspektivisches Sehen also jedem Lebewesen zugänglich, das zwei Augen mit binokularer Anordnung hat. In Frage steht, warum die Darstellung der Perspektive nur in ganz bestimmten historischen Epochen, insbesondere der abendländischen Geschichte auftauchte. Die formale Darstellung der Perspektive entwikkelt sich in der Renaissance kurz nach der Erfindung des Buchdrucks im Zuge der durch ihn verursachten großen sozialen und politischen Veränderungen. Vor diesem Zeitpunkt sind uns Beispiele der bildlichen Darstellung der Tiefe auf einigen griechischen Vasen bekannt und natürlich durch die Vervollkommnung der Architektur griechischer Tempel durch die Perspektive. Was brachte die griechischen Handwerker und die Maler der Renaissance dazu, die Option der Perspektive der der Symbolik vorzuziehen, die in der archaischen und in der mittelalterlichen Darstellung gebräuchlich war?

Gregory Bateson verweist darauf, daß

> das binokulare Bild, das ungeteilt erscheint, tatsächlich durch die komplexe Synthese von Informationen aus der linken Hälfte der rechten Hemisphäre des Gehirns und einer entsprechenden Synthese von Informationen aus der rechten Hälfte der linken Hemisphäre entsteht.

Das dürfte uns auf die Möglichkeit aufmerksam machen, daß die Typen der Information, die getrennt verrechnet werden, nicht a priori homogen sind, da sie alle aus der optisch wahrnehmbaren Wirklichkeit stammen, sondern daß sie vielmehr heterogen sind, da sie auf Grund der Seitigkeit der Hemisphären der Gesichtsfelder nach unterschiedlichen Mechanismen der Analyse verrechnet werden. Man erhält den Eindruck, daß das Sichtbare durch zwei unterschiedliche Raster gefiltert wird, um anschließend im Denken gemäß den Bedürfnissen des Organismus neu geordnet zu werden. Bateson fügt hinzu, daß

> diese beiden Synthesen abschließend ihrerseits zu einem einzigen subjektiven Bild verbunden werden, in dem jegliche Spuren der vertikalen Grenzziehung aufgehoben sind.

Lassen Sie uns das Bild vom Raster oder vom Filter weiter verfolgen, und nehmen wir an, daß das Ziel der Kombination der beiden Raster wäre, die Schnittstellen übereinstimmender Informationen aus den beiden Gesichtsfeldern zu koordinieren. Denken Sie an die Stereoskopie, bei der zwei flächige Bilder des gleichen Objektes ausgehend von zwei Blickpunkten so übereinander gelegt werden, daß die Illusion der Tiefe im Sehfeld hervorgebracht wird. Man könnte glauben, daß die Biologie des Sehens keine andere Aufgabe hatte, als diese Überlagerung irgendwo in unserem inneren Kino zu organisieren. Aber die Dinge liegen nicht so einfach. Denn es gibt keine strukturelle Identität zwischen dem Sichtbaren und dessen Bild, wie es dem Denken übermittelt wird. Außerdem befaßt sich die Stereoskopie gewöhnlich nur mit unbewegten Flächen. Das Sehen muß sich aber mit bewegten Flächen auseinandersetzen, die genaue Berechnungen und Rekonstruktionen von jeder Bewegung des Beobachters oder des Beobachteten erfordern. Ein besseres Erklärungsmuster wären das Hologramm (das Karl Pribram übrigens häufig verwendete, um Voraussetzungen und Verfahrensweisen bei der Konstruktion des mentalen Bildes – des geistigen Objektes – zu illustrieren) oder sogar die Rechenvorgänge, die der Computer aufwendet, um die Dreidimensionalität eines virtuellen Objektes zu simulieren.

Dennoch scheint mir auch der Vergleich mit der virtuellen Dreidimensionalität auf dem Bildschirm des Computers noch ziemlich weit von der entscheidenden Frage entfernt zu sein. Es ist zwar anzunehmen, daß sich das Sichtbare im Vergleich dazu zwar in direkterer Form mitteilt und einprägt. Entscheidend ist aber, daß durch nachhaltige Eindrücke, wie sie komplexe Situationen beim Einzelnen hinterlassen, oder durch die Einübung und die Gewöhnung an spezielle Praktiken ganz bestimmte Verfahrensweisen, die in das Zusammenspiel der normalen Operationen des Gehirns bei der Verarbeitung der optischen Daten eindringen, begünstigt werden und ihre Tendenz dem gesamten Sehvorgang vorschreiben. Es handelt sich dabei „nur" um eine Selektion aus neurophysiologischen Funktionen, die der Organismus innerhalb eines Ensembles von Wahlmöglichkeiten und Spezialisierung, bezogen auf eine bestimmte Operation, vornehmen kann.

Auf Grund des Wechselspiels von links–rechts–links–rechts in den vier Hemisphären der Gesichtsfelder können die beiden Augen jeweils beinahe genau den gleichen visuellen Bereich wahrnehmen, allerdings aus unterschiedlichen Blickpunkten. Jede Hemisphäre der Gesichtsfelder beider Augen schickt die Elemente des Gesehenen an zwei verschiedene Verrechnungseinheiten. Daten aus den rechten Hemisphären der Gesichtsfelder werden an die eher analytisch orientierte linke Hemisphäre des Gehirns geschickt. Die Daten, die in den linken Gesichtsfeldern erscheinen, werden dagegen an die eher auf globale Kriterien ausgerichtete rechte zerebrale Hemisphäre weitergeleitet. Die Vorliebe für eine Verrechnungsart trifft sowohl auf die Hemisphären der Sehfelder als auch auf die des Gehirns zu. Die unterschiedlichen Blickpunkte vermitteln zwar die Illusion der Tiefe, aber die unterschiedliche Verarbeitung nach globalen oder sequentiellen Mustern, die – wie wir gesehen haben – kennzeichnend für die linken bzw. die rechten Gesichtsfelder ist, fügt im Sichtbaren erst Sukzessivität, das heißt das Erkennen einer Hierarchie von Entfernungen hinzu. Die dreidimensionale Erscheinung der Welt ist also nicht nur ein Effekt der aus dem binokularen Sehen hervorgegangen, verschobenen Rückkopplung. Sie resultiert vielmehr auch aus der systematischen Analyse optisch wahrnehmbarer Objekte gemäß einem Prinzip der Zerteilung, die diese Objekte als Verhältnis zueinander ordnet. Die beiden Augen sind auf Grund dieser doppelten Verdoppelung ihrer Funktionsweisen wie die beiden Hände: die Linke hält das Brot, während die Rechte zum Messer greift, um es zu zerschneiden. Wir können uns mit Hilfe dieser Beschreibung auch einen anderen Effekt der alphabetischen Schrift vergegenwärtigen. Indem sie das Prinzip der zeitlichen Analyse auf alle sinnlichen Daten übertrug, stattete sie den abendländischen Menschen mit einer Technik aus, die er alsbald verinnerlichte, nämlich der der Erfassung, Aneignung und Manipulation der Umwelt. Ein Mensch, der Griechisch, Lateinisch oder Kyrillisch lesen und schreiben kann, gleicht einem Organismus, der die Wirklichkeit in Stücke zerlegt, um sie in seinem Gehirn ordentlich geordnet zu lagern.

Prinzipiell müßte jeder Erwachsene unabhängig von seinem kulturellen Kontext dazu in der Lage sein, die Tiefe im Raum in der Wirklichkeit und/oder auf einer Darstellung einzuschätzen. Ausgehend von dieser Annahme untersuchte Hudson in Afrika die Frage, ob Probanden dazu fähig wären, die Beziehung von Entfernungen in gemalten Plänen zu erkennen. Man kann nicht wie selbstverständlich davon ausgehen, daß eine Person, die damit nicht vertraut ist, ohne Schwierigkeiten eine Entsprechung zwischen ihren erlebten Erfahrungen mit einer Wahrnehmung und deren Repräsentationen herzustellen vermag, vor allem dann nicht, wenn diese Repräsentation Produkt kultureller Tendenzen ist, die aus einer

Umgebung und aus Lebenssituationen stammen, die dem Befragten fremd sind.

Das Erkennen der Perspektive ist nicht immer relevant, das heißt, sie muß nicht in allen Lebenslagen den entscheidenden Bezugspunkt bilden. Zweifellos ist es für einen Jäger sehr wichtig, das Verhältnis der Entfernungen zwischen Objekten, vor allem zwischen sich selbst und seinem Opfer, einschätzen zu können. Für den Autofahrer ist es lebenswichtig, die ungefähre Entfernung eines Autos, das plötzlich in seinem Rückspiegel auftaucht, zu ermessen, bevor er sich in eine vielbefahrene Spur einreiht. Dennoch hätte eine Kultur, deren mentale Organisation auf der symbolischen Dekodierung der wahrgenommenen Objekte aufbaute, nicht zwingend einen großen Teil ihrer Kraft dafür einsetzen müssen, formale Informationen zu speichern, die nicht existentiell für ihr Überleben waren. Und doch entwickelte sich seit dem 7. bis 6. Jahrhundert in Griechenland ein befremdliches und andauerndes Interesse für den Realismus und die exakte Darstellung der Gegenstände.

Die zentrale Rolle der Kunst

Kaum etwas irritiert mich so wie die völlige Mißachtung der existentiellen Rolle der Kunst und der Künstler; gerade in einer Kultur, die ihnen besonders viel verdankt und ihnen doch nur die wohl vulgärsten Formen der Hommage zugesteht: nämlich den Kunstmarkt oder die ornamentale Verzierung einer Gesellschaft, die sie sich auch noch leisten kann. Es ist richtig, daß Wissenschaft und Technik die Welt verändern, aber erst die Kunst bringt sie den Menschen auch nahe, wie z. B. durch die Erfindung der Perspektive. Ebenso offenkundig scheint es mir, daß Schriftsteller von Montaigne bis Beaumarchais eine wesentlich wichtigere Rolle spielten als die Politiker, als es darum ging, die Psyche des Durchschnittsbürgers auf die Erfahrungen der Demokratie vorzubereiten.

Die Erfindung der Perspektive und ihre ungemein schnelle Entwicklung und Verbreitung während der Renaissance ist eines von vielen Beispielen für die Art, wie Kunst eingreift, um die Wahrnehmung der Menschen gemäß den unbewußten Merkmalen, die in ihren neuen Technologien verborgen liegen, zu reorganisieren. Auf politischer, sozialer und religiöser Ebene wird die Einführung des Buches während der Religionskriege mit Katastrophen und unzähligen Toten bezahlt. Die Religion war unfähig, eine Kommunikationstechnologie anzunehmen und zu assimilieren, die einen kritischen Geist beförderte und die Vernunft von der mythischen Akzeptanz zur logischen Analyse führte. Wir haben es erst vor kurzem im Iran wieder erlebt, daß immer dann, wenn der Mythos sich mit der Logik verbindet, Blut fließt. In der Renaissance bemächtigte sich die Kunst bestimmter Grundlagen der Organisation der Wahrnehmung, um den Raum neu zu strukturieren, statt sich weiterhin an den unbestimmten Figuren des religiösen Diskurses zu orientieren.

Das Erscheinen des Buches führte zu einer Alphabetisierungswelle, das heißt, die Anzahl der Leute, die fähig waren, den Raum auf eine neue Weise wahrzunehmen, nahm zu. Das bedeutete aber nicht, daß das Erleben und Erfahren dieses Raumes und die theoretische Darstellung dieser Erfahrung auch umgehend zusammenpaßten. Im Gegenteil zeigen das Fortbestehen traditioneller Formen der Repräsentation sowie die Tatsache, daß die ersten Versuche des vollständigen Perspektivismus als neuartig betrachtet wurden, daß die neuen Konzepte des Raumes sich nur allmählich verbreiteten. Wir können also davon ausgehen, daß sich zunächst nur eine kritische Menge von Lesern, die auf eine neue gedankliche Erfassung und Darstellung des Raumes wartete, an den Versuchen in der Kunst orientierte.

Kim Veltman, Pierre Thuillier, Erwin Panofsky, Pierre Francastel und viele andere haben darauf hingewiesen, daß die ersten Abhandlungen über die Perspektive gegen Ende des 14. Jahrhunderts erschienen und sich im Laufe der folgenden hundertfünfzig Jahre sehr schnell vervielfachten. Zur selben Zeit, als sich die Kunstbetrachtung der Perspektive zuwandte, scheint bei einigen Überlegungen doch der theoretische Anspruch der Praxis vorauszueilen. In den Epochen vor der Renaissance gibt es kaum Formen theoretischer Abhandlungen über künstlerische Praktiken. Die Theoretisierung selbst ist also eine Art Neuentdeckung. Wir werden sehen, daß es sowohl zwischen der Erfindung der Schrift und der zunehmenden Theoriebildung – jeder Text ist theoretisch, das heißt, er gibt etwas zu betrachten – als auch zwischen Schrift und Darstellung einen direkten Zusammenhang gibt. Bevor wir diese Beziehung in angemessener Weise untersuchen können, wollen wir an dieser Stelle zunächst nur festhalten, daß der Leser durch die Schrift dazu veranlaßt wird, sich Bedeutungen genauso vorzustellen wie die theoretischen Schnitte, die an der Realität vorgenommen werden.

Die Künstler und Architekten in Italien und bald in ganz Europa begannen über Kunst nachzudenken, wobei zunächst in erster Linie ganz praktische Fragen wie Probleme der Darstellung selbst im Vordergrund standen. An erster Stelle stand die Frage, wie die Dreidimensionalität des Raumes, die sich ihnen plötzlich als offensichtliche Gewißheit und Notwendigkeit aufdrängte, am „naturgetreuesten" reproduziert werden könnte. Diese Künstler sind, wie Sie und ich, Leser. Da ihr Sehen aber der Spezialisierung durch die Kunst unterworfen ist, sind sie eher als Sie oder ich dazu in der Lage, das von der Lektüre hervorgebrachte Bedürfnis nach einer neuen Wahrnehmung zu empfinden, nämlich das Sichtbare nunmehr in seine realen Proportionen statt in symbolische Einheiten zu zerteilen. Unter den Eindruck einer anderen Interpretation des Raumes, die allmählich von der Elektrizität hervorgebracht und durch die die Auffassung, es gäbe nur einen einzigen Blickpunkt, langsam aufgelöst wurde, wird als erster Cézanne jenseits und ohne jede Rücksicht auf die Perspektive nach der taktilen Tiefe der Formen suchen. Aber wir wollen die historischen Entwicklungsstufen nicht überspringen.

Die Umgestaltung der der visuellen Organisation zugrunde liegenden Mechanismen, die nicht von der zu erfüllenden Aufgabe abhängt, sondern vielmehr von der Neuverteilung der Werte, die den Informationstypen in den Gesichtsfeldern beigemessen werden, wird diese Spezialisierung der Augen, das Sehen in Perspektive, hervorbringen. Der Zusammenhang von alphabetischer Schrift und Perspektive ist zugleich determinierend und indirekt. Durch die Gewöhnung an die Lektüre entsteht eine neurophysiolgische Routine, die den Blick neu ordnet und bestimmt. Das ist nicht geheimnisvoller als die Zunahme an Wendigkeit und Spezialisierung der Muskulatur, die durch die Ausübung einer Sportart oder durch das Spielen eines Musikinstrumentes verursacht wird.

Eine Theorie des Theaters

Die Auswirkungen des Alphabets auf die Wahrnehmung: die Tragödie der Griechen

Wir haben gesehen, wie das Alphabet das Leben einer reichen und geschichtsträchtigen mediterranen Kultur von Grund auf veränderte. Zu den Errungenschaften, die die griechische Kultur ihrer Umgestaltung durch die Schrift verdankt, gehört das Theater. Auf den ersten Blick scheint das Theater nicht so relevant und bestimmend für die Umwälzungen zu sein wie z. B. das Rechtswesen, die Organisation des politischen Lebens oder auch die Philosophie. Diese Bereiche der griechischen Kultur sind ausreichend dokumentiert. Die meisten Menschen glauben bezeichnenderweise, daß das Theater vor allem eine ästhetische Realität ist. Insofern als wir Teil einer Kultur sind, die die Kunst nicht sehr ernst nimmt, sind auch für uns Fragen der Ästhetik zweitrangig. Aus diesem Grund erweckte das Theater, insbesondere bei den Kulturanthropologen, nicht das ihm angemessene Interesse.

Es ist allerdings auffällig, daß sich die Interessenschwerpunkte einer Epoche oder einer Kultur im Zusammenhang mit ihren wichtigsten Tätigkeiten jeweils verlagern. In einer Welt, die vom Zusammenspiel von Produktion und Konsum geprägt ist, wird das politische und ökonomische Leben unsere ganze Aufmerksamkeit auf sich ziehen. In einer Welt dagegen, die von der sich offenbarenden Sprache beherrscht war, hatte das religiöse Leben die Aufmerksamkeit der Menschen in den Bann gezogen. Wir leben heute in einer Welt, die von der Information dominiert wird. Aber wir kaufen und verkaufen sie nicht nur oder bauen immer komplexer werdende Maschinen für sie. Vielmehr ist Information ins Zentrum unserer Psyche eingedrungen. Sie ist zur Art und Weise geworden, wie wir die Welt und uns selbst betrachten. Aus dieser Perspektive „informieren“ uns das Theater und die Kunst in größerem Maße über die griechische Kultur als religiöse Dogmen oder Abhandlungen über die ökonomische, soziale oder politische Geschichte.

Wenn ich behaupte, daß eine der Auswirkungen, die die Erfindung des Alphabets in der griechischen Kultur hervorbrachte, das Theater ist, meine ich damit nicht, daß das Alphabet die einzige Ursache, wohl aber eine unabdingbare Voraussetzung und sogar der wirksamste auslösende Faktor gewesen ist. Die Beziehung von Theater und Alphabet ist mit einer chemischen Reaktion vergleichbar. Das Alphabet fügt das entscheidende Element hinzu, das eine neue Interaktion freisetzt und zu einem neuen Zustand führt: zu einer „kulturellen Kristallisation".

Meine These ist die, daß die Erfindung des griechischen Theaters unmittelbar mit der Schrift zusammenhängt und daß seine Wirkungen entscheidend an den Veränderungen in der psychologischen und sensorischen Verfaßtheit des Lebens in der griechisch-römischen Gesellschaft der Antike beteiligt waren. Die lokalen Umstände in Athen zur Zeit seiner Entstehung gegen Ende des 6. Jahrhunderts v. Chr. erleichterten es dem Theater, sich auf ein Ensemble sozialer und kultureller Bedingungen einzulassen, um den Prototyp des abendländischen Menschen sowie Modelle, die die Aneignung einer individuellen Psychologie für den Zuschauer vereinfachen sollten, in Szene zu setzen. Das Theater verstärkte die kognitiven, emotionalen und sensorischen Auswirkungen der Alphabetisierung und sorgte dafür, daß alle Mitglieder der athenischen Gesellschaft, unabhängig davon, ob sie schon lesen und schreiben konnten, sich diese auch aneigneten.

Wenn die Zuschauer jeweils zehn Stunden hintereinander an zehn aufeinanderfolgenden Tagen an den Aufführungen der panathenischen Festivitäten teilnahmen, mußten alle – auch die Analphabeten – lernen, reale Handlungen von symbolischen zu unterscheiden. Sie hatten den symbolischen Akt als eine Demonstration für eine „Seinsweise" zu betrachten, die nur exemplarisch ausprobiert wurde. Sie sollten von nun an eine neue Form der Aufmerksamkeit kultivieren, sollten lernen, komplexe Elemente im Gedächtnis zu behalten und sich – wahrscheinlich, ohne es zu bemerken – die Fähigkeit aneignen, sich in einem größeren Maße zu konzentrieren, als dies unter den alltäglichen Lebensbedingungen erforderlich war. Die Zuschauer wurden außerdem dazu aufgefordert, ihr Urteilsvermögen zu verfeinern und das Erwachen eines kritischen Bewußtseins unter Beweis zu stellen.

Die Rollen der Schauspieler und die Gesänge des Chores waren in einer brillanten Rhetorik verfaßt, die den Zuschauern demonstrieren sollte, wie Sprache manipuliert werden kann. Es ist durchaus denkbar, daß das Verstehen der kausalen Zusammenhänge, die die verschiedenen Ereignisse der dramatischen Szene miteinander verknüpften, auch zur Entwicklung eines historischen Bewußtseins beitrug. Daraus entstand die intellektuelle Neigung, die Erfahrung in einzelne Sequenzen zu unterteilen, deren Bestandteile zu definieren (wie es am Fall des platonischen Denkens im vorigen Kapitel beschrieben worden war) und diese verschiedenen Elemente gemäß ihrer Ordnung in einem einheitlichen visuellen Raum zu organisieren. Meine Hypothese besagt, daß der Theaterraum die erste Veräußerung des mentalen Raumes des Abendlandes war.

Auf physischer und sensorischer Ebene mußten die Zuschauer außerdem lernen, anders zu sehen. Es ist anzunehmen, daß die stundenlange Konzentration des Blickes auf einen klar umrissenen Bereich, in dem bedeutungstragende Elemente isoliert und Situationen analysiert werden sollten, das Erlernen eines zentralisierten (fovealen) Sehens unterstützte. Während bei der Art des Sehens, die im alltäglichen Leben erforderlich ist, die optische Wahrnehmung in den Kontext der anderen Sinne integriert ist, löste die im Theater trainierte Form des Sehens diesen auf und konzentrierte den Blick in eine Richtung. Die aufgeführten Auswirkungen gehen alle auf das Erlernen des phonetischen Alphabets zurück.

Das Theater und das Alphabet

Wann genau und aus welchem Grund das Theater auch entstanden sein mag, folgende Faktoren spielen bei seiner Entstehung eine entscheidende Rolle: die zunehmende Alphabetisierung, der sportliche Wettstreit und die Kulturpolitik einer Gemeinschaft, die – wie Gerald Else in seiner Studie über die Ursprünge der griechischen Tragödie betont – darum besorgt war, in der Auseinandersetzung mit der Tradition fahrender Sänger das Prestige des Stadtwesens zu erhöhen.

Das griechische Theater organisiert die Aneignung der alphabetischen Psychologie auf sozialer Ebene. Nicht umsonst nennt Aischylos, der erste Tragöde, von dem uns vollständige Stücke überliefert sind, das Alphabet in Prometheus' berühmtem Monolog über die Technologie die „Mutter der Musen". Unbestreitbar spielt die Schrift eine entscheidende Rolle bei der Komposition dramatischer Szenarien. Wir wissen, daß Themen und Rollen der Tragödien anfangs größtenteils aus der epischen Poesie übernommen wurden, die aus der oralen Epoche überliefert worden waren. Es gibt natürlich auch Sujets, die aus der unmittelbar erlebten Geschichte entlehnt wurden, wie etwa die *Einnahme von Milet,* einem verlorengegangenen Stück von Phrynichos [sic], oder die *Perser* von Aischylos. Es ist für uns nur schwer vorstellbar, was es für eine Kultur, die sich bis dahin damit zufriedengeben mußte, Geschichten zu erzählen, bedeutete, nunmehr fiktive oder reale Geschichten (auf-)schreiben zu können.

Ein Szenario oder einen Theatertext zu schreiben heißt nicht einfach eine orale Ausdrucksweise in eine schriftliche zu übertragen und dabei lediglich den Stil aufzubessern. Wir können uns das an einem einfachen

Experiment klarmachen: Man löse einige Sätze, die in einer alltäglichen Situation im Familienleben gesprochen werden, aus ihrem Kontext, indem man sie zunächst sehr sorgfältig auf einem Tonband aufzeichnet, sie anschließend als Textfassung auf Papier transkribiert, um sie dann unter ähnlichen Umständen nachzuspielen. Die vier Bearbeitungsweisen – erleben, aufzeichnen, aufschreiben, nachspielen – entsprechen vier gänzlich verschiedenen Erfahrungen. Daß sie anscheinend inhaltliche Ähnlichkeiten aufweisen, ist nur Illusion. Allein unsere Vorliebe, alle Formen der Kommunikation einer verbalen Bedeutungsgebung zu unterwerfen, macht uns glauben, diese wären nur auf eine sehr oberflächliche Art voneinander verschieden.

Der Sinn des Erlebten ist untrennbar in den Kontext der globalen Situation integriert. Im Vergleich dazu ist die Tonaufnahme bereits eine Spezialisierung. Ausgehend von einem einzigen „Blickwinkel", löst sie alles, was mit Klang zu tun hat, aus diesem Kontext. Während die Tonaufnahme die gesprochene Sprache noch in ihrem Rhythmus, ihrem Fluß, ihrem Timbre und den Modulationen der Stimme erhält, eliminiert die schriftliche Transkription diese Werte völlig und konzentriert sich nur noch auf deren verbale Bedeutung. Diesen Text auf der Bühne oder im Kopf zu spielen heißt dem Wort einen Körper zu geben, wodurch die hierarchischen Beziehungen zwischen Sinn und Kommunikation umgekehrt werden. Denn der Körper wird dabei als Objekt für die Illustration von Bedeutungen instrumentalisiert. In der realen Situation dagegen ist die Bedeutungsproduktion untrennbar mit dem körperlichen Ausdruck verbunden.

Die gelebte und die nachgespielte Verkörperung scheinen sich vordergründig nicht wesentlich voneinander zu unterscheiden. Jede erfordert aber eine andere Teilhabe des Nervensystems. Der feine, aber entscheidende Unterschied besteht darin, daß das Aufgeschriebene automatisch von jedem sinnlichen Gehalt entkoppelt ist. Die gelebte wie die gespielte Situation ist multisensorisch, allerdings mit dem Unterschied, das letztere vom Text kontrolliert wird, während die erste in eine komplexe Struktur von Umwelteinflüssen integriert ist. Wer die Romane von Nathalie Sarraute kennt, wird nachvollziehen können, daß ihre Schreibweise ein treffendes Beispiel für die Beschreibung der unbewußten Quellen der gesprochenen Sprache ist. Indem Nathalie Sarraute ein vielschichtiges sinnliches Universum zum Leben erweckte, wollte sie die Auswirkungen der Schrift, die die Erfahrung entsinnlichte, umkehren. Ihre Romane zeigen besser als jede Theorie, bis zu welchem Punkt die Schrift die Natur der Kommunikation verändern konnte, indem sie all das unterschlägt, was dem Wort entgleiten könnte. Die „Tropismen" repräsentieren das sinnliche Leben, das aus der sozialen Kommunikation verdrängt wurde. Auf

Grund der „Tyrannei der Schrift“ sind wir sogar im Gespräch dazu gezwungen, reale Situationen unbewußt nach ihrem Sinn, ihrer Bedeutung zu behandeln und nicht ausgehend von sinnlichen Werten.

Mit Changeux gesprochen, haben wir, seitdem wir alphabetisiert sind – außer in Notsituationen oder bei intensiven Emotionen – die Tendenz, den oralen Austausch auf der Ebene von Konzepten zu erleben, was uns oft daran hindert, an dessen perzeptiven Werten teilzuhaben. Neuere Untersuchungen aus den USA zeigen aber, daß im mündlichen Austausch im Alltag durchschnittlich nur 7 % der Kommunikation beim verbalen Inhalt zu Buche schlagen, während der Rest „zu Lasten“ der physischen Werte der Kommunikation geht. Dennoch wird in der mündlichen Kommunikation normalerweise genau dieser verbale Gehalt, der über die menschlichen Beziehungen dominiert, unsere Aufmerksamkeit erregen, und wir werden ihn vor allem anderen im Gedächtnis behalten. Wie Antonin Artaud zu Beginn unseres Jahrhunderts feststellte, wurde das Theater lange Zeit vom Text beherrscht. Dies führte dazu, daß der Körper, dem Text unterworfen, einer ritualisierten Gestik unterstellt wurde, die nichts mit jener „Natur“ zu tun hatte, von der die französischen Dramatiker seit dem 17. Jahrhundert wie besessen waren.

Vor diesem Hintergrund können wir ermessen, welche einschneidenden Auswirkungen es hatte, als menschliche Schicksale wie das des Ödipus oder der Antigone plötzlich von der verbalen Bedeutungsproduktion her betrachtet und korrigiert wurden, statt wie bisher als globale Realität mitempfunden zu werden, wie es dem epischen Sänger noch durch mimetische Teilhabe gelungen war. Im Gegensatz dazu muß der Verfasser einer Tragödie, noch bevor er ein Wort niederschreibt, die Substanz seiner Erzählung als einen ablösbaren Gehalt ansehen, der sowohl von einem globalen Kontext als auch von der Person des Tragöden selbst losgelöst ist. Diese erste Trennung wird eine Unterteilung in Akte, Rollen, in Chor- und Dialogpassagen, in gesprochene und gesungene Teile usf. nach sich ziehen. In Entsprechung zu dem von der alphabetischen Transkription hervorgebrachten kognitiven Modell wurde die Trennung von Bildern und Tönen auf mentaler Ebene jetzt im Zuge der Umsetzung in Worte der sprachlichen Gliederung unterworfen, die ihrerseits wiederum noch einmal zerkleinert wurde durch die Gliederung in der Schriftfassung. Sich die Antigone oder die Texte und Dialoge des Ödipus auszudenken hieß bereits die gedankliche Interpretation vor die Situation selbst zu stellen.

Wenn der Tragöde eine Geschichte mit Dialogen schreibt, stellt er eine Folge von Tönen visuell dar, die dazu bestimmt sind, vom Schauspieler oder vom Chor gesprochen, vokalisiert zu werden. Bevor der Schauspieler aber Zugang zu dieser Folge von Tönen bekommt, die ihn wiederum auf eine Folge von Bildern und Situationen verweisen, muß er einen Text, das heißt eine abstrakte Folge von Buchstaben lernen. Diese Vervielfachung der Arten mentaler Repräsentation mußte förmlich die Beziehung zwischen Gedächtnis und Wissen verändern.

Mneme und Mimesis

In seinem *Vorwort zu Platon* (1963 – *Preface to Plato*) entwickelte Havelock einen Forschungsansatz , den er „Psychologie der poetischen Performances" nannte. In der oralen Kultur, also vor der Einführung der Schrift, mußten die Begebenheiten und die Gesten, die für die Aufrechterhaltung der Gemeinschaft wesentlich waren, auswendig gelernt[1] werden. Der Person, die damit beauftragt war, sich für die anderen zu erinnern, standen keine anderen Ressourcen zur Verfügung als der eigene Körper, um Informationen zu assimilieren und zu behalten. Sie mußte also ihren eigenen Körper benutzen, um mit Hilfe geschickter Erinnerungstechniken das gesamte Wissen zu speichern. Zu diesen Techniken zählten das rhythmische Wiegen des Rumpfes, typisch für die religiösen Rezitationen in der orientalischen Kultur; die Melodie; die Prosodie in verbalen Formen, die es auf Grund des Reimes und der periodischen Wiederkehr derselben Modelle ermöglichte, sich den Inhalt zu merken. Das Gedächtnis hatte natürlich auch unter diesen Bedingungen eine kognitive Funktion, was aber nicht unmittelbar zur Folge hatte, daß ein vom Körper unabhängiges Denken diesen beherrschte. Der „Sinn" der Dinge war nicht losgelöst von ihren physischen Manifestationen in den Gesten und Bewegungen sowie im Ausdruck des Dichters.

In der oralen Erinnerungspraxis gab es also eine ganz besondere Organisation der biologischen Funktionen des Körpers. Die Vernetzung von Rhythmus und periodischer Wiederkehr von Gesten bildete die muskulären Ausdrucksformen des Körpergedächtnisses. Ein Körperschema war die Gedächtnisfolie für mögliche gestische Variationen. Die kontinuierliche Teilhabe an einem bestimmten Rhythmus dürfte eine Konditionierung auf der Grundlage der Reflexe hervorgebracht haben. Die Beteiligung des gesamten Körpers an der Verstärkung konditionierter Reflexe durch die gestische Rhythmik verband schließlich diesen muskulären Tanz mit anderen transmodalen Wechselwirkungen, die die Erinnerung anderer sinnlicher Fähigkeiten, die vom Gedächtnis ins Spiel gebracht wurde, nach

---

[1] Der französische Ausdruck für „auswendig lernen" hieße wörtlich übersetzt: mit dem Herzen lernen (Anm. der Übersetzerin).

sich zog. Dieses Gedächtnis war nicht nur im Kortex angesiedelt, sondern es verteilte sich über den ganzen Körper. Der ganze Körper „sprach", „hörte zu" und erinnerte sich. Sicher sind Begriffe wie „These" und „Antithese" – den Fuß „absetzen" und ihn „heben" –, die aus dem von ihrem konkreten Sinn abstrahierten Vokabular des tragischen Tanzes stammen und sich heute in unserer philosophischen Terminologie wiederfinden, ein indirektes Zeugnis für diese alten Erinnerungstechniken.

Als der Sänger – oder der Sklave, der damit beauftragt war, dessen Komposition zu transkribieren – zu schreiben begann, veränderte er nicht nur die Natur der Information, indem er den Rhythmus der Prosodie modifizierte, eine Geste durch ein bestimmtes Wort definierte, einer bestimmten Empfindung eine Körperhaltung überstülpte. Er veränderte auf diese Weise auch das Wesen seiner physischen Teilhabe am Akt des Rezitierens. Eine Distanz entstand zwischen Text und Körper. In der traditionellen epischen Rezitation bildeten Körper und Text wahrscheinlich eine Einheit, da es keinen äußeren Text gab. Diese Behauptung bestätigt sich zum Teil auch durch den berühmten Einwand Platons gegen die Erfindung der Schrift im Phaidros, der auch in der modernen Kritik viele Kommentare inspirierte:

> ... diese Erfindung wird den Lernenden aus Vernachlässigung des Gedächtnisses vielmehr Vergessenheit einflößen, weil sie im Vertrauen auf die Schrift sich nur von außen vermittels fremder Zeichen, nicht aber innerlich aus sich selbst und unmittelbar erinnern werden. Nicht also für das Gedächtnis, sondern nur für die Erinnerung hast du ein Mittel erfunden.[2]

Diese Passage lenkt unsere Aufmerksamkeit auf eine notwendige, typisch platonische Unterscheidung zwischen der Erinnerung und dem Gegenstand der Erinnerung. Um uns an etwas zu erinnern, unabhängig davon, mit welchen Methoden wir es in uns evozieren, müssen wir es vergegenständlichen, ihm eine Art der Repräsentation geben. Der griechische Begriff, den Akt der Formgebung, der Vergegenständlichung durch eine Repräsentation zu bezeichnen, ist „Mimesis", oft schlecht übersetzt mit „Nachahmung". Havelock weist darauf hin, daß dieses Wort sich auch bei Platon und in anderen antiken Werken auf sehr verschiedene Aktivitäten beziehen konnte. Es konnte die entfesselte Geste des aoidos, des Sängers, während seiner Rezitation bezeichnen oder den Akt des Schreibens des Tragöden und sogar die Reaktion des Zuschauers. Die vielfältigen Bedeutungen des Wortes „Mimesis" entfalten sich also zwischen

---

2 Übersetzung nach Friedrich Schleiermacher aus: Platon: Werke in acht Bänden. Darmstadt 1981. Phaidros 275a

„Verkörperung" und „Nachahmung". Nach Havelock handelte es sich bei der Verkörperung, der Inkarnation, eher um eine „quasi pathologische" Identifizierung des epischen Sängers mit der Figur, die er darstellte. Auch Platon verurteilte und beschimpfte die Poeten des öfteren wegen dieses unreflektierten und unkontrollierten Banns, wegen dieser Besessenheit des Akteurs von seiner Rolle.

Havelock nimmt indessen an, daß das Erscheinen der Schrift die Beziehung zur Mimesis modifizierte, indem sie das Gedächtnis des Rezitierenden aus seiner Abhängigkeit vom Körper befreite und einen großen Teil seiner Energie, die der Erinnerung bereits bekannter Dinge gewidmet war, einsparte. Die „Verkörperung" ist eine Art der „Verinnerlichung" der Erinnerungstechniken, während es Ziel und Auswirkung der „Nachahmung" ist, Konzepte und Modelle zu „veräußern", darzustellen, um sie in Erscheinung zu bringen. Wenn der Sänger die Figur eines epischen Gedichtes verkörpert, so tut er das nicht, um sie aus dem globalen Kontext der Erzählung zu lösen. Vielmehr ist er Teil des Gesamten, so wie ein „Moment" in der Musik Teil des Folgenden ist. Die Zuhörerschaft wird, so Havelock, dazu aufgefordert, sich in hohem Maß mit der Figur zu identifizieren, allerdings nicht auf persönlicher Ebene. Kinder, die gerade einen Western im Kino gesehen haben, können sich anschließend z. B. sehr gut mit dem Helden des Films identifizieren. Sehr schnell und problemlos wechseln sie von den „Guten" zu den „Bösen", von den „Indianern" zu den „Cowboys". In beiden Fällen handelt es sich um unbewußte Techniken der Verinnerlichung.

Im Gegensatz dazu kann der Theaterschauspieler eine Figur immer nur nachahmen, imitieren, mag sein Verlangen, „in die Haut der Figur zu schlüpfen", ganz und gar in ihr aufzugehen, auch noch so groß sein. Was er imitiert, ist ein doppeltes Modell: das Modell des Textes und das der Figur, das der Text vorschreibt. Damit veräußert der Schauspieler die Figur und verleiht ihr automatisch den Status einer „eigenständigen, übernehmbaren Rolle". Vor diesem Hintergrund wird die Trennung von Chor und individuellen Schauspielern erklärbar, die von Anfang an die griechische Tragödie kennzeichnete. Man kann auch verstehen, warum es verhältnismäßig lange dauerte – von der Periode des Thespis bis zu Aristoteles – bis ein zweiter und schließlich ein dritter Schauspieler in der Tragödie auftauchten. Entsprechend muß auch der Theaterzuschauer den Schauspieler in distanzierter Weise „beobachten". Es steht außer Frage, daß er die Rolle verinnerliche. Wenn es stimmt wie Baldry glaubt, daß der Chor die Funktion hatte, die emotionalen und physischen Reaktionen des Zuschauers zu spielen, dann handelt es sich auch hier um einen Prozeß der Veräußerung. Jetzt wird allerdings nicht mehr die fiktive Rolle, sondern die Haltung des Publikums veräußert.

Der Unterschied zwischen der propriozeptiven Mimesis des antiken Sängers und dem imitierenden Spiel des Schauspielers entspricht dem zwischen Verkörperung und Nachahmung, zwischen Verinnerlichung und Veräußerung. Wenn Grotowski fordert, daß der Akteur seine Rolle in jedem Muskel seines Körpers spüre, wenn Artaud einklagt, daß das theatralische Spektakel einer Sitzung beim Zahnarzt gleichen solle, verlangen beide das Unmögliche. Denn sie fordern, daß der Akteur die Existenzform des antiken Sängers wiederfinden solle, in der das Wissen untrennbar mit dem Erlebten verbunden ist. Der Sänger ist ein Akteur im Zustand der Trance.

Neuere Erkenntnisse in der Neurobiologie zum Phänomen der Nachahmung könnten dazu beitragen, die Aufgaben der Verinnerlichung besser zu verstehen. Schon die Ethologen machen uns darauf aufmerksam, daß die Nachahmung beim Menschen und den höheren Säugetieren weitaus verbreiteter ist als bei anderen Tierarten. Die Fähigkeit der bewußten Nachahmung erfordert einen hochentwickelten Kortex. Im Gegensatz zur bisher vertretenen Lehrmeinung hat die Nachahmung nicht den Zweck, das Lernen zu erleichtern. Vielmehr dient sie dem Organismus primär dazu, sensorische Gegebenheiten und Daten zu koordinieren und zu synchronisieren. Das Kind ahmt etwas nach, weil es im Spiel zu seinem Modell, z. B. zu einem Erwachsenen oder zu einem anderen Kind werden möchte. Indem es das tut, lernt es natürlich auch etwas. Doch das ist – zumindest auf neurophysiologischer Ebene –nicht entscheidend. Nach Meinung des Psychologen Michael Studdert-Kennedy geht es vielmehr darum, daß das Kind, indem es beim Spielen und Lernen seinen ganzen Körper einsetzt, eine Wechselbeziehung zwischen komplementären sinnlichen Daten herstellt und diese speichert.

Wir halten z. B. die Fähigkeit des Säuglings, sehr schnell Töne, die man ihm vormacht, zu imitieren, für angeboren. Eine genaue Analyse der schrittweisen Versuche bei der Imitation zeigt aber, daß sie keineswegs auf einmal gelingt. Die Nachahmung ist vielmehr das Resultat einer progressiven Anstrengung und Verbesserung. Denn die Produktion eines Tones, die vielleicht einfach erscheinen mag, erfordert die Beteiligung einer großen Menge körperlicher Funktionen, die jede wiederum von einer entsprechenden Anzahl neuronaler Vernetzungen geschaltet werden. Wenn das Kind sprechen lernt, lehrt es seinen Körper durch Nachahmung grundlegende Beziehungen zwischen Gesten und deren Auslösemechanismen im Organismus herzustellen. Erst im Anschluß daran kann es auf der Grundlage dieser Körperschemata generalisieren. Das Wunder ist nicht, daß das Kind sich diese Verallgemeinerungen zunutze macht, sondern vielmehr, daß es von Beginn an über die Mittel verfügte, Wahrnehmungen, die sich an unterschiedliche Teile des Gehirns richten, zu koordinieren.

Mein Interesse für diese neue neurophysiologische Forschungsrichtung bezieht sich auf ihre Erkenntnisse über Bedeutung und Wirkung kultureller Überformungen, die besagen, daß diese bestimmte physiologische Tendenzen repräsentieren, sich diese in jenen veräußern. Während der antike Sänger bei der magischen Verkörperung oder Identifikation und das lernende Kind Mimesis in verinnerlichter Form ausüben, indem die simultane Wechselwirkung verschiedener ästhetischer Modalitäten wie Tanz, Gesten, Melodie, Rhythmus und umfassende Körperhaltungen genutzt werden, kann das Theater als eine veräußerte Manifestation, als die Darstellung dieser Fähigkeit zur Nachahmung angesehen werden. Indem der griechische Tragöde durch die Schrift die Modelle menschlicher Einstellungen und Verhaltensweisen außerhalb seiner selbst und anschließend, vermittelt durch die Darstellung des Schauspielers auf der Bühne, auch auf sein Publikum projizierte, initiierte er eine radikale Trennung von Wissen und Leben, von Ich und dem Anderem.

Kognitive Beziehungen zwischen Schrift und Theater

Das Theater ist der konkrete, materielle Ausdruck der inneren Metamorphosen, die die Alphabetisierung bei den gebildeten Personen Athens bewirkte. Es ist Form und Inhalt einer neuen Sensibilität, die auftauchte, ohne sich als solche zu erkennen zu geben. Wenn es stimmt, daß man kulturelle Überformungen als Erweiterungen, Veräußerungen neurophysiologischer Tendenzen verstehen kann, dann ist das Theater ein Simulakrum dieser neuen, sich gerade erst bildenden Psyche.

Anfangs war das Theater das Resultat einer Begegnung von Schrift und oralen Erinnerungstechniken. Es entwickelte sich aber schnell zur Lernanstalt für neue kognitive Strategien. Die Parallelen zwischen Theater und Schrift sind frappierend. Beginnen wir mit den offensichtlichsten. Dabei handelt es sich zunächst um zwei Aspekte der Repräsentation. Erstens richtet sich die Darstellung im Theater und in der Schrift vor allem an das Sehen, während das Hören (auf realer oder mentaler Ebene) nur eine untergeordnete, unterstützende Rolle spielt. In diesem Zusammenhang ist bemerkenswert, daß im Griechischen die Terminologie für die Bezeichnung theatralischer Phänomene beinahe gänzlich (das heißt ohne nennenswerten Bezug auf akustische Daten) von dem Vokabular für die Beschreibung optischer Wahrnehmungen abgeleitet wurde. Wir haben bereits gesehen, daß die alphabetische Schrift durch einen Prozeß der Vervielfältigung und der Verschachtelung der Abfolgen von Zeichen, Tönen und schließlich von Bildern, Bedeutung und Kode voneinander trennt. Im Gefolge der Schrift trennt auch das Theater das Publikum von der Handlung.

Dem Theater und der Schrift ist zweitens bis zu einem gewissen Punkt gemeinsam, daß sie durch eine „Transparenz des Kodes" gekennzeichnet sind. Ebenso wie der Leser sich während der Lektüre schon sehr bald nicht mehr darüber im klaren ist, daß er nur ein Buch liest, soll auch der Zuschauer im Theater ziemlich schnell vergessen, daß er dort nur eine Fiktion sieht. Nur durch ein Mißgeschick während der Aufführung oder einen intentionalen Akt des Regisseurs könnte diese Verwischung der Grenzen unterbunden werden. Wir können Saussures Überlegungen zur Beziehung von Signifikant und Signifikat direkt auf alle Formen visualisierender Symbolik übertragen. Ziel der theatralischen Darstellung ist, daß sie uns dazu bringt, auf der Ebene der Signifikate zu funktionieren und die Präsenz des Signifikanten aus dem Bewußtsein auszublenden.

Auch bezüglich des Umgangs mit sinnlichen Qualitäten lassen sich Theater und Schrift miteinander vergleichen. In der Kommunikation, das heißt im Austausch von Beeinflussungen des Verhaltens der Menschen, haben das Theater und die Schrift die sinnliche Beteiligung innerhalb der Bedeutungsproduktion entscheidend verringert. Wie die Schrift hat auch das Theater die Beziehung von Körper und Wissen modifiziert. Zentrale Auswirkung in diesem Zusammenhang ist, daß der Inhalt des Wissens sowie die Verfahrensweisen zum Speichern von Erinnerung entsinnlicht wurden. Dies mag uns zunächst paradox erscheinen, da wir eher versucht wären, die dramatische Aktivität auf Grund ihrer reichen Sinnlichkeit als Gegensatz zur augenscheinlichen Nüchternheit des Buches zu empfinden. Neben der Schrift war es aber gerade das Theater, das zu unserer Vorliebe für Abstraktion beitrug. Im Theater begannen wir, diese typisch abendländische Fähigkeit zu kultivieren, den Sinn (die Bedeutung) vom (ästhetischen) Sinn zu abstrahieren. Das Theater wurde anscheinend nur dazu erfunden, diese Tendenzen zur Entsinnlichung zu beschleunigen und uns zu lehren, Körper und Geist voneinander zu trennen.

Dieser Typ der Interaktion zwischen Wahrnehmung und Kognition im Theater ist dem, der durch die sequentielle Lektüre des Alphabets erforderlich wird, nicht fremd. Beide sollen auf globaler Ebene einen mentalen und unendlichen Raum erzeugen und erhalten, in dem sich die in der Sequenz von Zeichen dargestellten Konzepte verbreiten und spezifizieren. Der Leser des Alphabets soll eine Idee oder ein Zeichen nur auf der Grundlage des Textes, das heißt ausgehend von der Sprache in visueller Gestalt, rekonstruieren. Um überhaupt Bedeutung organisieren zu können, müssen wir also eine Art finden, die Abfolge der Worte, die wir lesen, und die Bilder, die diese Konzepte evozieren, gleichzeitig im Gedächtnis zu behalten. Denn jedes Wort, jeder Satz bildet eine Art diskreter, von einem Kontext losgelöster Einheit. Diese muß mit anderen Einheiten koordiniert werden, indem sie entweder miteinander verquickt werden oder bereits erworbene Ideen modifiziert bzw. neue Ideen im Laufe der Lektüre hinzugefügt werden.

Der Leser einer alphabetischen Sequenz wie der jeder anderen Schrift muß die Wörter „wieder versinnlichen". Es muß sie ausgehend vom bloß konzeptionellen Skelett der Wörter so anfüllen, daß die Art der Bedeutung wiederhergestellt wird, die in anderen Schriftarten noch durch deren Bezug zur gesprochenen Sprache aufrechterhalten bleibt. Dieser Faktor künstlich hergestellter Versinnlichung, das heißt der Herstellung von geistigen, aus der Erinnerung extrapolierten und auf die Spezifizität der geschriebenen Linien angepaßten Bildern, fördert eine primär visuelle Imagination, die sich durch eine extreme Plastizität auszeichnet.

Denn auf der Ebene der geistigen Bilder können mit Hilfe von Korrekturen, perspektivischen Drehungen, Verkleinerungen, Kopplungen, Aneinanderreihungen, Ersetzungen, Verdichtungen und anderen Operationen, deren Resultate umgehend visualisiert werden, unbegrenzt Variationen ausgeführt werden. Durch Selbstbeobachtung wird deutlich werden, daß es unmöglich ist, im Umgang mit taktilen oder akustischen Bildern von einer vergleichbaren Wendigkeit und Leichtigkeit zu profitieren. Alle Schriften, vor allem jedoch die ideographisch-grammatikalischen, begünstigen, unabhängig davon, ob sie sich der akustischen Abbildung der Wörter bedienen, eine Visualisierung der Signifikate auf geistiger Ebene. Die Auswirkungen des Alphabets zeichnen sich nicht einfach durch die Tatsache aus, daß sie diese Strategie der Visualisierung einführen, sondern daß sie die hervorgebrachten visuellen Bilder einer rigorosen sequentiellen Verarbeitung unterziehen.

Ein ausgezeichnetes Beispiel dafür ist die Lektüre eines Romans: Um überhaupt Bedeutung herstellen zu können, während wir den Anweisungen des Textes folgen, müssen wir uns Bühnenbild, Figuren und Kostüme vorstellen und sie allmählich in einem imaginären, plastischen Raum verteilen, der unendlich ist und den Vorstellungen, die wir uns vom realen Raum machen, ähnelt. Für die gelungene Lektüre eines Romans ist entscheidend, daß die Kohärenz und die Wirkung dieser räumlichen Einheit auch mit denen der zeitlichen Chronologie der Erzählung übereinstimmt. Erst unter dem Eindruck neuer Medien wie Photographie, Kino und Fernsehen wurden im Roman neue Risiken eingegangen und diese Kohärenz auf räumlicher und zeitlicher Ebene auseinandergerissen.

Die Lektüre des Romans lädt uns dazu ein, eine Art „inneres Theater" zu konstruieren. Vielleicht wird es deutlicher, wenn ich umgekehrt formuliere: Das griechische Theater war eine Art „veräußerter Roman", dazu bestimmt, auf kognitiver Ebene ein Modell für die Organisation der sinnlichen Daten einer symbolischen Aktion zur Verfügung zu stellen. Das Theater bietet der Kognition eine im Vergleich zum Roman umgekehrte Operation an. Um zu verstehen, wie eine Handlung mit Bedeutung zu belegen ist, wird der Zuschauer gezwungen, die Details, die etwas „bedeuten", auszuwählen und von denen, die weniger wichtig sind, zu unterscheiden. Er soll also die Bedeutungsfähigkeit sinnlicher Werte kategorisieren und abstrahieren, die ihm im Tanz des Chores, im Gesang, in den Dialogen, den Haltungen der Schauspieler, im Dekor und in den Kostümen dargeboten werden. Die Kunst der griechischen Tragödie bestand also darin, die Komplexität sensorischer Informationen in Bedeutung zu übersetzen, um den Zuschauer zu dem zu bringen, was Aristoteles „anagnorisis" nannte. Dies war der Moment der Wahrheit, der die Bedeutung einer Situation zum Vorschein brachte – z. B. Ödipus' Entdeckung der eigenen Identität –, die bis zu diesem entscheidenden Moment von den Schleiern widersprüchlicher Warhnehmungen verdeckt gewesen war.

Das Theater und der sinnliche Raum

Der Zuschauer sollte also den sinnlichen Reichtum der Aufführung auf geistiger Ebene in eine abstrakte Ordnung übertragen. Er sollte seine Sinne gegen den Sinn (Bedeutung) eintauschen, was der umgekehrten Operation im Vergleich zur Lektüre entspricht. Dafür erhielt er als Gegenleistung vom Theater anhand von Beispielen eine Unterweisung in Methoden, wie er seine Wahrnehmungen nach kognitiven Kriterien, die von der Sequenz der Erzählung bestimmt wurden, auswählen und organisieren konnte. Er lernte, ähnlich wie der Leseanfänger, eine lineare und kausale Ordnung in einem verinnerlichten Sehfeld anzubringen, das allerdings (für den Leser wie für den Zuschauer) von einer andauernden äußeren Stimulation gestützt wurde.

Die Erfindung des visuellen Raumes

Konsequenz dieser Modifikation des Zugangs zum kognitiven Feld war, daß sich ein neuer Typus des Sehens für die Art, wie das Subjekt die Wahrnehmung seiner Beziehungen zur Umgebung organisierte, entwikkelte. Der Gedanke, daß die Griechen eine neue, visuelle Konzeption des Raumes „erfunden" hätten, geht auf Cornford zurück. Er stützt sich auf Fragmente der philosophischen Überlieferung, um diese Entwicklung zu veranschaulichen. Was da im Denken der Griechen in Form von Konzepten Gestalt annahm und zwangsläufig zur euklidischen Geometrie führte, wurde der Bevökerung Athens als direkte Erfahrung im Theater vermittelt.

Das theatron ist der Ort, an dem man sehen lernt. Schematisch ausgedrückt, steigert die theatralische Aufführung die Anzahl der visuellen Werte im Verhältnis zur Gesamtheit aller sinnlichen Interaktionen. Der szenische Raum, der, wie wir wissen, eine Reihe von Modifikationen hinnehmen mußte, bis er eine Art Spiegel geworden war, entwickelte sich rasch zum Prototyp des individuellen psychischen Raumes. Das Theater generierte den Raum und die räumliche Wahrnehmung. Es sollte in der Wahrnehmung des Zuschauers einen homogenen und unveränderlichen visuellen Raum hervorbringen, indem die sinnlichen Grundlagen der menschlichen Kommunikation zugunsten der visuellen Werte unterminiert wurden. Die Augen wurden zu dem Sinnesorgan, das die Wahrnehmungen der anderen Sinne besser „im Zaum halten“ und integrieren konnte.

Zehn Tage lang wurde der Zuschauer alljährlich während der panathenischen Feste dazu angehalten, seine Aufmerksamkeit mit Hilfe der Augen und der Ohren auf eine Oberfläche von bescheidenen Ausmaßen zu konzentrieren, auf der erzählende und chorische Sequenzen gespielt wurden, in denen jedes Detail eine neue Information brachte. Dieses Sehen und dieses Zuhören im Theater waren auf kognitiver Ebene völlig von dem verschieden, was für die Teilnahme an sportlichen Ereignissen, an religiösen Zeremonien, an ökonomischen Transaktionen auf dem öffentlichen Markt oder an kriegerischen Auseinandersetzungen sowie beim Jagen und Fischen erforderlich gewesen war, allesamt Aktivitäten, die die Griechen lange vor der Einführung der Schrift ausgeübt hatten.

In der Institution Theater mit ihrem spezifischen Arrangement von Bühne und Zuschauerraum, die menschliche Erfahrungen theatralisieren, wird eine spezifische Eigenschaft des Sehens veräußert: die Fähigkeit zu Synthese. Nur das Auge muß den Raum eingrenzen, einfrieren, um die Beziehungen von sinnlichen Daten zu einem kohärenten Ganzen zu koordinieren. Indem jeder Einwohner Athens eingeladen war, regelmäßig an den Aufführungen seiner Mitbürger, die in eine symbolische Aktion verwickelt waren, teilzunehmen, assimilierte er, ohne sich dessen bewußt zu werden, die entscheidende Auswirkung der neuen Kommunikationstechnologie, die bereits alle Suprastrukturen der sozialen Organisation verändert hatte. „Theatron“ bezeichnet zugleich den Gegenstand, den man sieht, und den Ort, an dem man sieht. Untersuchungen, die von Ethnologen in Afrika mit Analphabeten durchgeführt wurden, beweisen, daß die Art und Weise „zu sehen“ keinesfalls angeboren ist!

McLuhan schreibt:

> Die Alphabetisierung gewöhnt das Auge daran, sich auf einen Punkt auszurichten, der vor dem Bild liegt, so daß es das Bild in seiner Gesamtheit mit einem Blick erfassen kann. Analphabeten dagegen durchstreifen die Objekte oder Bilder eher mit dem Blick. Im Vergleich dazu gehen wir eine gedruckte Seite Zeile für Zeile durch. Der Blickpunkt der Analphabeten liegt nicht außerhalb des Gegenstands. Er kommt vielmehr in emphatischer Art vom Bild selbst. Das Auge arbeitet nicht in der Perspektive, sondern mit einer beinahe taktilen Qualität. Analphabeten haben keine Vorstellung vom euklidischen Raum, denn dieser Raum ist bereits das Ergebnis der Ausdifferenzierung visueller, taktiler und akustischer Wahrnehmungen.

Das Theater ist also der Ort, an dem das Sehen trainiert und zentralisiert wird. Das theatralische Sehen erzwingt eine stereoskopische Koordination der beiden Gesichtsfelder des Auges. Daraus resultiert zum einen eine zentralisierte (foveale) Sichtweise, die analytisch und hochgradig ausgerichtet ist. Zum anderen entsteht eine Wahrnehmung „in die Tiefe", die dazu beitrug, daß sich die Anwendung der Perspektive auf den Ablauf der Handlung auch auf mentaler Ebene kontinuierlich weiterentwickelte. Die theatralische Aufführung ermunterte den Zuschauer also systematisch, eine differenzierte, binokulare Sichtweise zu üben, um sich die kognitiven Dimensionen der Handlung anzueignen und diese zu integrieren. Mit dieser Art des Sehens sollten die visuellen Sequenzen dekodiert und zugleich in den globalen geistigen und unendlichen Raum integriert werden, den die Bühne hervorgebracht hatte. Damit wurde die „Perspektive" zur Norm des Sehens.

Der Blick sollte also den sichtbaren Raum so analysieren, daß nur das extrapoliert wurde, was es dem Zuschauer auch erlaubte, die essentiellen Elemente des Erzählflusses im Gedächtnis zu behalten. Diese „Anschauung", die bereits in höchstem Maße intellektuell war, erweiterte die mentalen Operationen, die an der Beurteilung einer Handlung beteiligt waren, um eine zeitliche Dimension. Auf diese Weise konnte sich beim Zuschauer der Sinn für die „Perspektive" entwickeln, der sich, bevor sie selbst in der Architektur oder in der griechischen Bildhauerei sichtbar wurde, zunächst als geistige Erfahrung konstituierte.

Die visuelle Sequenz der Gesten und Taten gesellte sich zur akustischen, die charakteristisch für die epische Tradition gewesen war. Die beiden Sequenzen konnten einander bestätigen, sie konnten aber auch wie z. B. in „König Ödipus" voneinander abweichen. Was in den gesprochenen Dialogen der Protagonisten ausgesagt wird, widerspricht den auf der Bühne sichtbar dargestellten Ereignissen. Diese Form der Montage ist der Beitrag der griechischen Dramaturgie zur Ironie. Die griechische Bezeichnung für den Schauspieler „hypokritos" (der „untergründig" urteilt) verlagerte ihre Bedeutung nicht zufällig recht bald vom „Antwortenden" zum moralischen Begriff für den Widerspruch zwischen dem, was man denkt, was man sagt und was man sieht.

Auf mentaler Ebene forderte die theatralische Darstellung den Zuschauer dazu auf, einen objektiven Standpunkt zur Aufführung einzunehmen. Eine kollektive imaginäre Geschichte wurde inmitten einer Masse von Zuschauern erzählt, die das Zusammenspiel von Erzählweise und Produktion von Bedeutung beobachteten. Der Zuschauer mußte diese Bedeutungen nicht länger wie bei den epischen Performances widerstandslos hinnehmen, da er nicht mehr angehalten war, die globale Auswirkung einer Art magischer Verkörperung zu verinnerlichen. Er wurde im Gegenteil dazu ermuntert, die Bedeutungen des Gezeigten wie bei der Schrift zu beurteilen und zu interpretieren. Die Schrift besteht zwar aus einer Reihe von Zeichen. Ihren Inhalt zu dechiffrieren bringt die Gedanken der Leser aber jenseits der wörtlichen Bedeutung der Texte.

Die Rolle des Theaters bei der Hervorbringung des „Blickpunktes"

In dieser Theaterpraxis entspricht die körperliche Position im Raum einer mentalen Haltung. In der abendländischen Kultur läßt sich der Standpunkt eines Menschen aus seiner Erziehung zu einem spezifischen Blickwinkel auf die Dinge durch die Schrift und das Theater ableiten. Der Blickwinkel in dieser Kultur ist wie der römische Gott Janus zugleich nach außen und nach innen gerichtet. Bei genauer Betrachtung wird deutlich, daß für die Entwicklung des abendländischen Theaters das Dispositiv der Bühne, die im griechisch-römischen Amphitheater inmitten regelmäßig angeordneter, steinerner Sitzbänke liegt, genauso wichtig ist wie die bis heute erhalten gebliebenen Texte. Denn tatsächlich ist diese Bühnenform nicht nur ein angemessener Rahmen, um Texte in Szene zu setzen. Seit ihrer Entstehung in Griechenland ist sie auch ein Dispositiv, das den Blick von Tausenden von Personen in ein und diesselbe Richtung lenkt, ist sie eine „Blick-Organsiations-Maschine".

Zunächst ist festzuhalten, daß erst das Theater uns zu Zuschauern im eigentlichen Wortsinn machte. Die anderen Medien bringen uns dazu, Akteure zu werden. Denn sie fordern uns permanent dazu auf, den Blickpunkt zu wechseln, so daß wir selbst z. B. bei Filmsequenzen die kognitiven Verknüpfungen und die Beziehungen zwischen verschiedenen Einstellungen und Blickpunkten herstellen. Die Aufmerksamkeit, die aufs engste mit dem eingenommenen Blickpunkt verbunden ist, wird also ständig neu verteilt. Wir haben die fokussierte Form des Blickpunktes übrigens nicht ganz ohne Schwierigkeiten aufgeben können. Erst nach vielen Filmen konnten wir uns an die spezifisch kinematographischen Techniken wie glatte Schnitte, beschleunigte Montagen, Ellipsen und „flash backs" gewöhnen, die einen radikalen Bruch mit der Art und Weise, wie wir Raum und Zeit unter dem Einfluß des Theaters wahrnahmen und organisierten, markieren.

Die Situation des Zuschauers im Kino, der während der ganzen Vorstellung auf einem festen Platz sitzen bleibt, scheint sich kaum von der des Theaterzuschauers zu unterscheiden. Durch die extreme Beweglichkeit des Blickpunktes der Kamera verfügen der Kinofilm und das Fernsehen über die Möglichkeit, ihre Zuschauer auf psychologischer Ebene fortzubewegen. Obwohl wir selbst fast unbeweglich bleiben, stellen Fernsehen und Kino die Welt als eine bewegliche dar. Wir bewegen uns fort, ohne daß wir selbst uns physisch bewegten. Das Theater dagegen bietet uns nur einen fixen Rahmen. Die psychosensorische Bedeutung dieses Unterschieds liegt auf der Hand. Die Multiplizierung der Blickpunkte im Kino und im Fernsehen droht den individuellen, vom Zuschauer hervorgebrachten Blickpunkt auszublenden. Das Theater existierte dagegen anscheinend nur, um uns zum Blickpunkt zu erziehen.

Mit der Verbreitung von Kino und Fernsehen begann uns die individuelle Kontrolle über den Blickpunkt und damit der eigene Standpunkt zu entgleiten. Plötzlich wird er kostbar für uns. Wir spüren einerseits, daß der Filmregisseur uns tendenziell eine bestimmte Sicht auf die Dinge vorgibt. Andererseits beginnen wir durch die spitzfindige Infragestellung der Existenz eines moralischen und politischen Subjekts in der Literaturkritik seit dem Strukturalismus zu begreifen, daß die Ausrichtung auf einen Blickpunkt eine angeeignete und keineswegs eine angeborene Fähigkeit ist. McLuhan behauptete, daß es eine Störung, ein Zeichen von Fehlanpassung sei, wenn wir in unserer aktuellen Situation, in der Informationen umweltbezogen sind, noch einen einzigen Blickpunkt haben und sogar an ihm festhalten. Wir sollten aber auch bedenken, daß ein eigener Blickpunkt, also eine eigene Meinung, uns eine relative Autonomie garantiert. Das könnte die Grundlage für eine Definition der Freiheit sein.

In einer Studie über das Denken wies Hanna Arendt darauf hin, daß das Wort Theorie von „theorein" (beobachten, betrachten) abstammt und eng mit dem Wort für Aufführung, „theama", verbunden war. Es bezieht sich allerdings auf eine innere Aufführung, die entsprechend auch aus einem inneren Blickpunkt betrachtet wird. Es geht um den durch die Lektüre notwendig gewordenen und durch sie geformten inneren Blickpunkt. Das theatralische Sehen ist im Grunde ein externes Modell der internen Visualisierung, die dazu dient, Texte im Moment der Lektüre zu rekonstruieren. Durch die sich wandelnden Kulissen und die symbolischen Handlungen ist die Bühne förmlich dazu prädestiniert, zum Modell für diese Vorgänge zu werden. Gerade diese signifikante Ähnlichkeit zwischen den privaten Inszenierungstechniken des Lesers und denen der szenischen Aufführungen brachte mich auf den Gedanken, daß das Theater eine Art Veräußerung der kognitiven Strategien sein könnte, die bei der Dekodierung des Lesens erforderlich waren.

Diese spezifische Art zu lesen, die uns seit unserer Kindheit prägt, läßt uns damit vertraut werden, die Welt ausgehend von einem Blickpunkt zu betrachten. Wie ein Januskopf lesen wir ein Buch, indem wir im Innern unseres Denkens eine Aufführung oder Vorstellung inszenieren, der wir ausgehend von einem Blickpunkt zusehen. Unsere Beziehung zum Buch, speziell zum Roman, entspricht also einer spiegelbildlichen Umkehrung unserer Beziehung zur Bühne. Wir sehen in unserer Umwelt oder in unserer Vorstellung nur das, was innerhalb der Grenzen des Gesichtsfeldes erscheint. Unabhängig davon, ob es sich um eine vorgestellte oder eine reale Szene handelt, befinden wir uns allerdings niemals in ihr, sondern wir sind immer außerhalb. Ansonsten könnten wir die Szene nur unzulänglich sehen, und wir könnten sie vor allem nicht nach theoretischen Gesichtspunkten bearbeiten. Je mehr wir uns von einem Objekt entfernen, um so weitreichender erfassen unsere Augen den Raum. Je distanzierter wir also etwas betrachten, um so besser können wir unsere Gesichtsfelder und unsere eigenen Reaktionen auf das darin Wahrgenommene kontrollieren. Entscheidend ist allerdings, daß wir eine angemessene Distanz wahren, damit wir nicht wie z. B. im Flugzeug den Bezug zur Realität verlieren.

Darin unterscheiden sich literale Kulturen grundlegend von oralen, die – wie wir wissen – kein Theater im eigentlichen Sinn haben. In einer Welt, die nicht vom Auge, sondern vom Ohr beherrscht wird, kann die Bezugnahme auf Blickpunkte nur sporadisch auftreten und dann auch nur ein geringes Maß an individueller Autonomie gewähren. Der orale Mensch wird vom Ohr, das die lebenswichtige Information sammelt, dominiert: Er verfügt über einen „Punkt des Hörens". Da dieser „Punkt des Hörens" inmitten der Realität selbst liegt, ist eine genaue und kategorische Unterscheidung zwischen Objektivität und Subjektivität, zwischen dem Ich und dem Anderen nicht möglich. Orale Gesellschaften kennen den Blickpunkt nicht. Sie sind also nicht darauf spezialisiert, den Blick aus den anderen Sinnen herauszulösen, damit er allein die Wirklichkeit rastere und interpretiere.

Der alphabetische Mensch hat eine frontale Beziehung zur Wirklichkeit. Die Wahrnehmung von Menschen in oralen Kulturen öffnet sich dagegen zu den Seiten und bezieht sich auf die gesamte Umwelt. Sie entsteht aus vielen sinnlichen Stimulierungen, die die Organisation des Wissens und die der zwischenmenschlichen Beziehungen sichern. Auch das Theaterpublikum in Griechenland oder im westlichen Europa blieb noch über lange Zeit den Strukturen der Gemeinschaft oraler Kulturen verpflichtet. Die Aufgabe des Theaters war unter anderem, das interpersonale, beziehungsgebundene Sehen des Publikums „umzudrehen" und die Rezeption der Aufführung zu individualisieren und zu vergeistigen, indem die Beziehung zwischen der Aufführung und dem Zuschauer in frontaler Richtung ausgerichtet wurde.

Es ist durchaus möglich, daß es das Theater seit seiner Entstehung unbewußt darauf abgesehen hatte, die Welt in eine Theateraufführung zu verwandeln und eine kritische Distanz, in der Vokalisierungen und Beziehungsgeflechte verstummten, zwischen dem Beobachter und dem Beobachteten herzustellen. Oder es ging, anders ausgedrückt, darum, den Modus der theatralischen Aufführung so genau als möglich dem der Lektüre anzugleichen.

Die Vereinheitlichung des mentalen Blickpunktes

Mit den Veränderungen in der Bühnenform, im Dekor, bei den Theatermaschinen, in den Ausmaßen der Theater, bei der Anordnung der Ränge im Zuschauerraum bis zum Parkett und in der Beleuchtung entstanden, von den Zeitgenossen unbemerkt, Regulatoren, die die Entwicklung eines spezifischen Blickpunktes, die Distanzierung von Bühne und Publikum und die zunehmende Intellektualisierung der Aufführung verstärkten. Ziel war eine Vereinheitlichung des Sehfeldes.

Die Formulierung und die Anwendung der berühmten Regel von der Einheit der Handlung, des Ortes und der Zeit ist kennzeichnend für einen mentalen Blickpunkt. Die Leidenschaft der Schriftsteller und der Kritiker im Zeitalter der französischen Klassik für diese Regel erklärt sich unter anderem aus der allmählich erwachenden Vorliebe für den Rationalismus und aus der geistigen Strenge und Rigorosität, mit der die Klassik auf die sinnliche Freizügigkeit und die exzessive Geziertheit des Barock reagierte. Noch treffender kann die Faszination dafür, eine bestimmte mentale Ordnung festzulegen, aber durch den epistemologischen Druck erklärt werden, das Bewußtsein innerhalb eines Rahmens spektakulärer Durcharbeitung zu organisieren. Denn durch die Regel der drei Einheiten konnte sich die dramatische Handlung als eigenständige Form behaupten und spezifizieren und sich so von anderen Formen der theatralischen

Repräsentation wie Ballett, Erzählung, Poesie, Musik, reiner Unterhaltungskunst unterscheiden. Vor allem aber erfordert diese Strukturierung in zunehmendem Maß eine psychologische Beteiligung des Zuschauers bei der Rezeption eines dramatischen Werkes.

Ich glaube, daß das untergründig wirksame Ziel des Theaters immer gewesen war, den visuellen Wahrnehmungsapparat des Zuschauers zu erziehen und vor allem sein Konzentrationsvermögen und seine Aufmerksamkeitsfähigkeit zu steigern. Um dies zu erreichen, bedurfte es nicht nur eines wahrnehmbaren Gegenstandes, der Bühne, sondern auch eines geistigen Objektes, nämlich der Erzählung. Die dramatische Erzählung war immer bemüht, sich von der epischen zu differenzieren und sich durch eine immer zwingender werdende Kausalität zu definieren. Diese kausale Ordnung forderte vom Zuschauer eine neue Form von Aufmerksamkeit und Merkfähigkeit. Die tiefere Bedeutung der Einheit der Handlung bestand darin, die Gedanken daran zu hindern, sich zu verstreuen, indem ihnen ein konstanter Bezugspunkt für die gesamte Dauer der Aufführung zur Verfügung gestellt wurde. Die Einheit der Handlung war die entscheidendste und anspruchsvollste der drei Einheiten, wie die Schwierigkeiten, die Corneille mit ihr hatte, zeigen. Die Einheit von Ort und Zeit dagegen sollte die der Handlung nur verstärken, da sie auf Grund ihrer eher auf der physischen und der perzeptiven Ebene angesiedelten Wirkung die strukturellen Dimensionen der privaten geistigen Organisation unterstützten. Die Entwicklung dieses privaten psychologischen Äquivalentes zur Geschichte und zur Geographie war eine entscheidende Etappe bei der Konstituierung der abendländischen Psyche.

Eine Gesellschaft, die gerade umfassend alphabetisiert wurde, brauchte also das Theater, um sich die psychologischen Bedingungen einer genau markierten Unterscheidung von Innerlichkeit und Äußerlichkeit anzuzeigen. Der kontrollierbare Blickpunkt diente als Schnittstelle zwischen der sichtbaren Welt und dem Imaginären, wobei innerhalb der Dialektik von Theatralität und Romanhaftem beide miteinander austauschbar waren. Aus diesem Grund muß eine Welt, deren Bezug zur Welt durch die Alphabetisierung vom Primat des Akustischen zu dem des Visuellen wechselte, die theatralische Erfahrung und die Bestimmung durch den Blickpunkt durchleben.

Die Bedeutung des Theaters für die Entwicklung eines autonomen Ichs

Im Theater sollte der einzelne Zuschauer lernen, die Grenzen seiner Psyche und die seines Körpers zu entdecken. Damit behaupte ich keineswegs, daß er vor der Erfindung des Theaters unfähig gewesen wäre, zwischen Körper und Umwelt zu unterscheiden, oder ihm keine adäquate, mentale Repräsentation seiner eigenen Begrenztheit zur Verfügung gestanden hätte. Das Bewußtsein für die eigene Begrenztheit war in Attika vor der Alphabetisierung allerdings nicht wirklich existentiell wichtig. Sartre hat den Unterschied zwischen Selbstbewußtsein und Weltbezogenheit grundlegend definiert. Sie schließen sich zwar nicht gegenseitig aus, aber die Bedeutung, die eine Kultur ihnen beimißt, kann in indirekt proportionaler Weise variieren. Die Schrift und das Theater ermöglichten es den Griechen, sich mit wachsendem Erfolg der Versuchung zu widersetzen, in die Handlung miteinbezogen zu werden. Sie lernten dadurch etwas, das wir heutzutage nahezu natürlich tun, nämlich nur in Gedanken teilzuhaben. Die Einschränkung der sinnlichen Wahrnehmungen dürfte dabei sehr hilfreich für sie gewesen sein. Denn sie erlaubte es ihnen, sehr viel Energie in eine geglückte Verinnerlichung ihrer emotionalen Reaktionen zu verwandeln.

Eine der aussagekräftigsten Untersuchungen über die Rolle des chorischen Tanzes in der Tragödie wurde von H. C. Baldry (1974) gemacht:

> Es handelte sich wahrscheinlich um die Imitation der physischen Reaktionen der Zuschauer, die diese gehabt hätten, wäre es ihnen erlaubt gewesen, sich von ihren Sitzen zu erheben.

Letztendlich dient die theatralische Darstellung dazu, eine geglückte Unterdrückung aller physischen Reaktionen und die Verinnerlichung eines großen Teils der sinnlichen Antworten, die von der Aufführung hervorgerufen wurden, zu erleichtern. Charles Beye (1975) erinnert daran, daß den Zuschauern, die ihren Reaktionen auf die Ausführung zu lautstark Ausdruck verliehen, Anzeigen und harte Strafen, sogar die Verweisung aus dem Theater drohten.

Im Theater konnte man sich alles aneignen, was für eine individuelle Funktionsweise der Person unentbehrlich ist: einen individuellen Körper und eine entsprechende Sprache, die persönliche Tat, Willen und Intention, eine Ahnung der Freiheit zur Wahl und zur Beurteilung sowie bestimmte neue Emotionen. Getragen wurde deren Aneignung von der unbemerkten Vermittlung innerer Einstellungen und Haltungen, die den neuen Fähigkeiten erst eine Form geben.

Innerhalb der Entwicklung einer nach innen gekehrten Psyche, für die ein konstanter mentaler Raum Voraussetzung ist, verinnerlicht man zunächst die Modi einer persönlichen, psychologischen Einfühlung. Die Übersetzung eines multisensorischen Signifikats in abstrakte Zeichen durch die Schrift, die zwar eine Beziehung hervorbringt, aber nichts über diese selbst aussagt, entspricht den Bedingungen der neuen mimetischen Dynamik. Im Theater werden Modelle von inneren Haltungen, die sich in einer körperlich-verbalen Gestalt ausdrücken, dargestellt. Diese Verknüpfung von visuellen und verbalen Zeichen dient wahrscheinlich forthin zur Bewußtseinsschulung. Diese Form mimetischer Spiele verleiht dem Zuschauer eine psychologische Identität. Diese Verkörperung innerer Haltungen, die das Rollenspiel der Akteure im unveränderlichen Rahmen des Bühnenraums kennzeichnet, wird zum wahren Gehalt der Aufführung. Das visuelle Gedächtnis ermöglicht es, sie anschließend auf mentaler Ebene uneingeschränkt innerhalb der Grenzen dieses Rahmens nachzuspielen. Die abendländische Imagination entspricht der Fähigkeit, innere Szenen in einen neutralen Raum zu projizieren. Diese Szenen sind „Versuche", das heißt, sie sind wie das gesamte Werk von Montaigne Erfahrungen der Reflexion. Sie dienen nur noch dazu, eine plausible und auf eine reale Situation übertragbare Handlungsskizze zu entwerfen. Die unablässige Konstruktion betrifft auch die kleinste Geste in unseren Handlungen, ausgenommen die sogenannten konditionierten Reflexe. Wir begegnen hier dem Prinzip des moralischen und rationalen Handelns. Wir tendieren dazu, die nicht-reflexartigen Gesten, die uns im Zuge einer starken Erregung oder ohne erkennbares Motiv „herausrutschen" und an die wir uns nur erinnern, falls sie von einem Bewußtseinsakt gefolgt werden, als irrational abzustempeln. In seiner Studie über das Imaginäre entlarvt Sartre den a priori illusionären Charakter dieser Art von Imagination:

> Wir glauben, ohne uns dessen bewußt zu sein, das Bewußtsein bestünde aus Abbildungen und der abgebildete Gegenstand wäre im Bild anwesend. Wir stellen uns das Bewußtsein als einen Ort vor, der von winzigen Simulakren bevölkert ist, die Abbildungen sind. Mit Sicherheit ist unsere Gewohnheit, uns räumlich zu orientieren und in räumlichen Begrifflichkeiten zu denken, für diesen Irrtum verantwortlich.

Das Theater ist die eigentliche Quelle für diesen Irrtum. Es abstrahierte von einer erlebten Teilhabe, indem es die sinnlichen Beziehungen unter Kontrolle brachte, die zuvor noch die Rezitation epischer Gedichte begleitet hatten. Wie nirgendwo sonst (auch nicht in der lyrischen Poesie, die wesentlich von der unsicheren Beziehung zum Publikum bestimmt ist) verdichten sich auf der Bühne mimetische Formen zu Geisteshaltungen, Anschauungen. Erst das Theater erfindet rhetorische Figuren und die

Masken des Stils. Ein neues Universum, bestehend aus Analogien zur Wirklichkeit, wird den für den Schauspieler auf der Bühne und den im Bewußtsein der Zuschauer hervorgebrachten Raum vereinnahmen. Das nach innen gekehrte Bewußtsein schottet das einfühlsame Ich von der Umwelt ab, so daß es wie ein Schauspieler die Szenen in seinem Alltag nur noch spielen kann.

Die Institution Theater in Athen ist eine „Maschine“, ein Gestell, das ein Imaginäres hervorbringen soll, das die Verwirrungen und Bedrohungen durch eine kollektive Realität durch Inszenierung oder durch Veräußerung bewältigen oder doch zumindest ruhigstellen soll. Dieses Imaginäre präsentiert sich dem Publikum in „holographischer“ Form. Bestimmte Elemente dieser Krise, die das gemeinsame kulturelle Erbe des mythologischen Wissens angegriffen hatten, zu inszenieren oder aufs Spiel zu setzen half, sie durch die Ausarbeitung von Modellen symbolischer Handlungen zu zähmen. Sich über etwas bewußt zu werden wurde für die Zuschauer durch die Theatererfahrung zu einer Art der Meditation, der stillen Betrachtung des Verhältnisses von Wahrgenommenem und Verstandenem.

Das Theater führt uns ein Universum vor Augen, welches der sinnlichen Umgebung, aus der es hervorging und die es auch weiterhin formt, derart ähnlich ist, daß es dem Theater tatsächlich gelingt, die Welt der Konzepte, die ihm eigen ist, gleichsam zu zerstückeln und diese Methode als Technik der Annäherung an das Reale zu verbreiten. Diese grundlegende Einflußnahme ist nur insofern möglich, als das Theater zum Teil mentaler Repräsentation wird. Da das Theater Sprache und Wahrnehmung in eine neue Ordnung, die es selbst repräsentiert und verbreitet, überträgt, führt es auch im täglichen Leben die Beziehungsformen ein, die auf der Bühne entwickelt wurden.

Das geschieht nicht durch die Inhalte des Theaters, sondern durch seine Form. Das gesamte räumlich-sinnliche Modell, das auf der Bühne vorgeführt wird, wird vom Zuschauer en bloc übernommen und wie ein Hologramm ins Bewußtsein übertragen. Unter dem Einfluß des vom visuellen Raum umgestalteten Wahrnehmungssystems wird das Gehirn selbst zum Produzenten von Hologrammen. Auf Grund der Meditation über diese fortwährende holographische Rekonstruktion kann das Individuum sich der Tyrannei der externen Stimulationen, die seine emotionalen Reaktionen dominieren, widersetzen, um sich forthin zum Herrscher über sein eigenes Schicksal zu erheben. Es bezieht sich nur noch auf sich selbst, denn es glaubt, es selbst sei das Zentrum der Orte, an denen es sich befindet.

Das Individuum bewegt sich als Gesamtheit fort, denn es nimmt immer und überall seine ganze Person, inklusive seine Psyche, mit sich mit. Dieser Mensch durchquert die Welt und nicht die Welt ihn. Er wird also zu einer mobilen Einheit, die sich frei in einem „festgestellten" und gezähmten Raum bewegt. Er wurde selbst ein „Inhalt", vergleichbar den Simulakren, die er zum Inhalt seiner Hologramme macht. Die Hologramme selbst hält er für wirklich, obwohl es sich tatsächlich doch nur um eine wahrnehmungsbezogene Organisationsmethode handelt.

Der Geist und der Buchstabe, Griechentum und Judentum[1]

Die Schriftart, die in einer Kultur gebräuchlich ist, kann dazu beitragen, die Bedingungen des Denkens, die bereits in ihren psychologischen, philosophischen und spirituellen Traditionen ablesbar sind, auch festzulegen. Die spezifischen kognitiven Auswirkungen des griechischen Alphabets lassen sich besser verstehen, wenn wir sie mit den unterschiedlichen kulturellen Optionen anderer Schriftarten vergleichen. Wie wir wissen, unterscheidet sich die griechische Schrift von ihrer phönizischen Vorlage grundsätzlich dadurch, daß sie Zeichen für die Vokale benutzt. Das ist darauf zurückzuführen, daß der lexikalische Wortbestand indo-europäischer Sprachen auf eine Ansammlung konsonantischer und vokalischer Laute zurückgeht. In semitischen Sprachen dagegen werden lexikalische Unterschiede allein durch konsonantische Töne gekennzeichnet, während die vokalischen Variablen die Flexionen andeuten. Die Griechen waren also gezwungen, feststehende Vokale zu erfinden und in die Schrift einzuführen, um Zweideutigkeiten bei der Repräsentation der Wörter ihres Vokabulars, die sich nur durch vokalische Gegensätze unterschieden, zu unterbinden. Dadurch wurde aber aus der Zeichensequenz ein in sich geschlossenes und kontinuierliches System. Beinahe zwangsläufig mußten die Griechen deshalb das Boustrophedon übernehmen, eine Schriftart, die in zwei Richtungen ohne Trennungen zwischen Wörtern, Sätzen und Abschnitten geschrieben wurde. Es scheint so, als ob sich das Primat der Kontinuität trotz der enormen Schwierigkeiten beim Dechiffrieren durchsetzte.

Diese Eingriffe in ein verwandtes System führten dazu, daß sich die Beziehung des Menschen zur Schrift und damit seine Beziehung zum Wissen grundlegend veränderte. Der wesentliche Unterschied zwischen den sogenannten semitischen und den griechisch-römischen oder kyrillischen Schriften besteht darin, daß erstere aus einem offenen System gebildet wurden, das die Beteiligung des Lesers erforderte, um die Signifikanten miteinander zu verbinden. Die anderen Schriftformen geben da-

[1] Diese Überlegungen gehen auf Gespräche mit Serge Ouaknine und Guy Maruani zurück.

gegen die Reihe der Signifikate vollständig wieder und sind deshalb im Grunde nicht mehr auf den Leser angewiesen, um Wissen zu tradieren. Das griechische Alphabet ähnelt den kodierten Sprachen des Computers insofern, als beide nicht zwangsläufig den Körper des Lesers beteiligen müssen, um zu funktionieren.

Adam sollte den Lebewesen Namen geben. Das ist gemäß der jüdischen Tradition Aufgabe des Menschen. Adam war eine Art Philologe, der das göttliche Werk, das ihm zur Bewußtwerdung diente, widerspiegeln sollte. Die Pflicht des Menschen ist, die Präsenz des Göttlichen zu bezeichnen, indem er sie erkennt und im Namen der Schöpfung benennt. Die Quelle der Schöpfung selbst aber durfte nicht benannt werden. Denn in ihr sollte verehrt werden, was der Schöpfung vorausgegangen war. Damit Schöpfer und Schöpfung nicht verwechselt werden können, darf der Schöpfer selbst nicht dargestellt werden. Diese Vorstellung geht vielleicht auf die Struktur des konsonantischen semitischen Alphabets zurück, bei dem der Leser der materiellen Präsenz der konsonantischen Zeichen den Vokal hinzufügen mußte. So wie der Vokal, der Hauch des Atems, nur auf Grund seiner Abwesenheit erahnbar wird, kann auch auf den Schöpfer nur als Abwesenheit verwiesen werden. Was auf materieller Ebene auf Abwesenheit deutet, wird auf der spirituellen zur unabdingbaren absoluten Präsenz.

Obwohl Gott auch in der christlichen Lehre – vor allem seit der Erfindung des Buchdrucks – als „verborgener" gedacht wird, gibt es im Gegensatz zum jüdischen in diesem Glaubensbekenntnis keinerlei Garantie dafür, daß das göttliche Wort in der Schrift notwendig in seinen Kontext eingebunden und als Heiliges erhalten bliebe. Die Heiligen Schriften sind also gezwungen, sich ausdrücklich von den profanen Schriften zu unterscheiden. Die Schriften der semitischen Tradition sind dagegen prinzipiell heilig, wenn sie bewußt ausgeübt werden.

Der Mensch benennt die Wahrheit, die in der Materie als Veräußerung und Ausdruck des Göttlichen anwesend ist. Vielleicht entsteht aus dieser Haltung das große Interesse jüdischer Intellektueller an der Semiotik, die die arbiträre, symbolische Beziehung zwischen dem Signifikanten und dem Signifikat untersucht. Der Signifikant spricht nicht, er fordert vielmehr dazu auf, in verbindlicher Weise interpretiert zu werden. Diesem Interesse entspricht auch der Respekt vor Konzepten wie der formalen Logik und den linguistischen Aspekten der Erkenntnis und des Wissens.

Der Unterschied zwischen den beiden Schriftsystemen läßt sich auch anhand der semiotischen Differenzierung vom Syntagma und Paradigma erklären. Diese Dichotomie selbst ist vielleicht als Analogie zu dem der hebräischen Schrift zuordnenden kognitiven Feld zu deuten. Die Konsonanten gelten als eine Folge unveränderlicher Positionen, in der erst der nicht ausgedrückte Vokal den Kontext herstellt. Der Vokal als veränderbare grammatikalische Variable gehört zur paradigmatischen Ebene der semitischen Aussage. Selbstverständlich könnte man auch die syntagmatische Ordnung durch eine Umstellung der Konsonanten verändern. Die unterschiedliche Bedeutung von Syntagma und Paradigma wird ablesbar. Sie wird aber noch deutlicher durch die Tatsache, daß die Konsonanten dem materiellen Ausdruck der Erkenntnis zugeordnet sind, während die Vokale deren Oralisierung, deren Belebung sind. Die Konsonanten sind wie die nachprüfbare Ordnung der Materie festgelegt. Der Vokal ist dagegen frei wie der Atem des Geistes.

Baruch Spinoza schreibt in seiner *Abhandlung über die hebräische Grammatik* (1677):

> Wir sehen, daß nach dieser Definition die Vokale im Hebräischen keine Buchstaben sind. Deshalb sagen die Hebräer auch, die Vokale seien die Seele der Buchstaben und daß Buchstaben ohne Vokale Körpern ohne Seelen glichen.
>
> Dieser Unterschied zwischen Buchstaben und Vokalen wird noch verständlicher, wenn wir sie mit dem Flötenspiel vergleichen. Die Finger berühren die Flöte, damit sie spiele. Die Vokale sind die Töne der Musik, die Buchstaben sind die von den Fingerspitzen berührten Löcher.

Das griechische oder das lateinische System ist grundsätzlich davon verschieden. In diesen Schriften wird kein funktionaler Unterschied zwischen Vokalen und Konsonanten gemacht. Beide haben denselben Wert und spielen eine ähnliche Rolle bei der materiellen Repräsentation von Aussagen oder Gegenständen. Syntagma und Paradigma sind also bereits durch die Charakteristika der Schriftart weniger deutlich voneinander abgegrenzt. Deshalb bleibt die Zuordnung von Paradigma und Syntagma doppeldeutig, das Vertauschen phonemischer Oppositionen ist eher künstlich von dem der strukturellen Gliederungen unterschieden. Die Beziehung von Signifikant und Signifikat ist dagegen viel direkter und eindeutiger und erfordert im Vergleich zum Hebräischen keine systematische Interpretation. Die mittelalterlichen Techniken der Exegese und – in einem anderen Sinn – der Gebrauch der Allegorie zeigen, daß die Texte eher einer literarischen Interpretation zugänglich sind, bevor überhaupt eine symbolische Interpretation möglich ist. Das eine schließt das andere nicht aus. Entscheidend ist allerdings, daß die alphabetische Sequenz es erlaubt, dem Text selbst auf einer rein technischen Ebene, nämlich als adäquate und an Referenten reiche Repräsentation, Vertrauen zu schenken. Diese vom Text vermittelte Sicherheit ließ Boileau behaupten, daß nur das, was klar und deutlich ausgedrückt wird, auch verständlich ist und die entsprechenden Worte dafür in der Sprache zur Verfügung stünden.

Die interaktive Schrift erinnert die semitische Kultur nachdrücklich daran, daß die Materie ohne den Atem nicht existiert. Der Mensch erst gibt den Dingen und den Gesten durch seine interpretierende Haltung Sinn. Dennoch ist diese Interpretation nicht frei, sie ist vielmehr ritualisiert. Eine schlüssige Interpretation ergibt sich aber nicht einfach aus der Kohärenz eines abstrakten Systems, sondern aus der Entsprechung zwischen der absoluten Gegenwärtigkeit des Textes (wodurch sich dessen heiliger Wert bestimmt) und der exakten Aussprache, das heißt aus der Belebung seines Gehaltes. Um diese Exaktheit zu erreichen, muß das Gedächtnis systematisch kultiviert und gepflegt werden. Auf diese Weise verliert die jüdisch-orthodoxe Lehre niemals ihren Bezug zum Göttlichen.

Das jüdische Glaubensbekenntnis bezieht sich durchgehend auf die Schöpfung als ein überzeitliches und jederzeit gegenwärtiges Phänomen, dessen Andenken man umfassend am Tag des Sabbats pflegt. Jeden siebenten Tag muß der Gläubige, wie einstmals der Schöpfer selbst, aus der Geschäftigkeit des Alltags heraustreten und sich Zeit nehmen, um sich an den Akt der Schöpfung zu erinnern. Ansonsten ergäbe sich das Problem, daß das Leben das Bewußtsein der Gläubigen durch die Materialität seiner Anforderungen vereinnahme. Fände er nicht eine Möglichkeit, sich dem Strom der Pflichten und Gelüste zu entziehen, würde er von einem Imaginären gefangengenommen, das um so verführerischer ist, als es sich durch die Evidenz des Alltäglichen legitimiert.

Dem Christen entgeht diese Maßnahme der spirituellen Hygiene dagegen auf Grund des Alphabets beinahe völlig. Die vollständig alphabetisierte Schrift ist vor allem Technik. Sie tendiert unweigerlich zum Profanen. Durch sie sind die Heiligen Schriften aus ihrem Kontext gerissen. Sie werden profan durch den objektiven Charakter, den das Alphabet dem Text verleiht. Man kann sogar so weit gehen zu behaupten, daß der Mensch die Macht über die heiligen Dinge und die religiösen Geheimnisse ergreift, indem er deren Mythos in der Schrift festhält. Jack Goody weist in *Die Logik der Schrift* darauf hin, daß das einfache Auflisten der Gottheiten und der Riten, mit denen sie verehrt wurden, bereits in den alten ägyptischen Religionen zu grundlegenden Glaubenskrisen und religiösen Schismen führte. Um so mehr mußte eine analytische und intellektuelle Schrift wie das griechisch-römische Alphabet die Gläubigen dazu anhalten, den Glauben durch die Vernunft, das Geheimnis durch den Beweis und den Mythos durch die empirische Überprüfung zu ersetzen.

Das Alphabet läßt eine Kultur den Bezug zum Göttlichen verlieren, da es die Materie auch ohne die Beteiligung des Atems problemlos repräsentieren kann. Die Seele des Buchstabens ruht im christlichen Glauben in diesem selbst. Dennoch ist dessen spirituelle Wirksamkeit von der andauernden Präsenz des Göttlichen im Bewußtsein des gläubigen Christen abhängig. Auf Grund dieser flüchtigen und unsicheren Präsenz, an die man nur glauben kann, gibt es keine Garantie dafür, daß die Heiligen

Schriften den Christen Zugang zum göttlichen Geist gäben.

Die abendländische Wissenschaft hat selbstverständlich nichts Heiliges; sie ist Technik. Sie überprüft die Wahrhaftigkeit dieser Texte im Experiment und anhand ihrer logischen Kohärenz. Wie Adam benennt sie die Gegenstände im Namen der Schöpfung und nicht im Namen des Schöpfers selbst. Aber sie tut das nicht zum Ruhme und im Dienste der Vervollständigung der Beziehung zwischen Schöpfer und Schöpfung, sondern zugunsten einer systematischen und technischen Ausbeutung der Materie. Das Göttliche verliert sich dabei sehr schnell, um so mehr, als die Kontinuität der Materie, die sich in der der Schrift widerspiegelt, sich scheinbar vollständig abbildet. Diese authentische Abbildung genügt sich selbst, ist ihre eigene Garantie und verweist nicht auf eine Transzendenz, eine spirituelle Andersheit des Zeichens.

Die Lage stellt sich für Katholiken und Protestanten jeweils in anderer Weise dar. Da sich die katholische Glaubensgemeinschaft vor allem aus Ländern und Kulturen mit romanischem Sprachstamm und aus der Dritten Welt rekrutierten, die noch stark oral strukturiert sind, konnten sie in ihrer Lehre und in ihren religiösen Dogmen auch einen oralen Kontext aufrechterhalten. Der Katholizismus besteht als spirituelle Gemeinschaft, die stark genug sein muß, auch die persönlichen und privaten Probleme ihrer Anhänger mit dem christlichen Glauben zu lösen. Die Protestanten dagegen bilden unabhängig von allen politischen, ökonomischen und sozialen Fragen, die die Reformation begleiteten und kennzeichneten, eher eine soziale als eine spirituelle Gemeinschaft. Die Interpretation spiritueller Dimensionen war der Intimität des persönlichen Bewußtseins vorbehalten. Der protestantische Gläubige erfreute sich eines großen, persönlichen Freiraums bei der Interpretation, woraus die breite Palette an Einstellungen und religiösen Berufen in den verschiedenen nicht-katholischen und nicht-orthodoxen Gruppierungen hervorging. Es ist also nicht weiter verwunderlich, daß die Protestanten sich immer geweigert haben, die zentralistische und dogmatische Autorität des Papstes in der katholischen Kirche anzuerkennen.

Bezogen auf spirituelle Lebensfragen, entpuppt sich die Reformation als ein Mittel, die religiöse Verfaßtheit der Gläubigen den individualisierenden Tendenzen des Buchdrucks anzupassen. Bis zum Zweiten Vatikanischen Konzil konnte der Gebrauch des Lateinischen die Profanisierung des Wortes und der Heiligen Texte im religiösen Leben noch verhindern. Nach dem Zweiten Konzil allerdings setzte mit den elektronischen Medien eine Welle der allgemeinen Oralisierung ein. Nun konnten die einzelnen Landessprachen benutzt werden, wodurch die heiligen Schriften in den verschiedenen Sprachen nicht länger an einen textlichen Sprachduktus, der zumindest noch eine ansatzweise Ahnung des Heiligen garantierte, gebunden waren. Es sind also nicht die Inhalte der Texte, sondern vielmehr die Texte selbst und die Denkweisen, die sie nach sich ziehen, die die Information profanisieren und die Glaubensgemeinschaften auf der Ebene unterschiedlicher Interpretationsformen voneinander trennen.

Mit dem bisher Gesagten lassen sich die Botschaft der christlichen Lehre und die Vorstellung von der Wiederauferstehung des Körpers neu deuten. Durch die griechischen und die lateinischen Buchstaben ging der tiefverwurzelte Bezug der Leser zum Göttlichen verloren. Sie entheiligten die Natur und die gesamte Schöpfung. Diese Entheiligung ist bedrohlich für den Menschen, denn er läuft Gefahr, zum Gefangenen der Logik der Systeme und der materiellen Erscheinung der Welt zu werden. McLuhan stellte die prägnante These auf, daß Christus zur Welt kam, um die Menschen – außer vor anderen Gefahren – vor der Schrift zu retten, die sie zwangsläufig allzu weit vom Heiligen entfernt hatte. Die Figur der Wiederauferstehung hängt aufs engste mit dem Sündenfall (Adams entscheidender Denkfehler war, daß er, dem Schöpfer gleich, die Dinge aus ihrem Inneren heraus, also aus Erkenntnis, beim Namen nennen wollte) als auch mit der Reue oder der Bekehrung zusammen. Denn die Reue ist eine Bekehrung, eine „Sinnesänderung". Sie entspricht einer Wiederkehr einer transzendentalen Sehnsucht, die jenseits der Texte und der Erscheinung der Materie existiert. Nur die göttliche Geste, die vermittelnd in die Beziehung von Materie und Erkenntnis eingreift, kann die Bedrohlichkeit des Todes für den Gläubigen mindern, indem sie den absoluten Charakter der Materie relativiert. Der Leib vergeht, aber der Geist wird frei von den materiellen und physischen Erfahrungen der Welt wiedergeboren werden.

Der Mensch muß sich also mit Hilfe des Geistes der Anziehungskraft der Materie entziehen, um überhaupt an der Wiederauferstehung teilhaben zu können. Vielleicht ist das das Geheimnis des religiösen Glaubens. Die Anziehungskraft der Materie wirkt aber um so stärker, je mehr der Geist vom phonetischen Alphabet geprägt ist und damit von der Hochachtung für Beweise. Der wissenschaftliche oder technische Beweis verdammt den Menschen zur rein materialistischen Erkenntnis. Die Materie genügt sich selbst als Begründung, und sie ist nur mit den konkret nachweisbaren Begründungen der Vernunft zu fassen. Der Geist dagegen, der über die Materie hinausschreitet, kann sich nicht mit kausalen Erklärungsmodellen zufriedengeben. Denn diese sind nur Repräsentationen, immer neue Maskeraden der Materie. Der Glaube, Triebkraft spiritueller Erkenntnis, eröffnet gegen den Widerstand der Buchstaben als einziger einen Zugang zur Wiederauferstehung des menschlichen Geistes, der sich durch die Evidenz des Textes dem Göttlichen entfremdete. Die Kraft des Glaubens, sich dem Verstand zu widersetzen und ihn um die Dimension spiritueller Erkenntnis zu erweitern, setzt die Unsichtbarkeit des Göttlichen voraus, da der Schöpfer die Transzendentalität seiner eigenen Schöpfung verachten und die Materie aufheben würde, sobald er sich materialisierte. Eine Ausnahme sind die biblischen Wunder und die Wiederauferstehung Christi.

Gott muß verborgen bleiben. Träte er in Erscheinung, würde das die Willensfreiheit des Menschen ausblenden. Aber gerade die Unsicherheit der Menschen ist eine notwendige Bedingung für den Glauben. Denn sie entspricht der psychologischen Verfaßtheit, die es erlaubt, die Gegenwärtigkeit des Geistes jenseits des Buchstabens, des Textes und der Materie zu erahnen. Dieses für den christlichen Glauben unerläßliche Spannungsmoment entsteht aus dem Versteckspiel zwischen dem umfassenden Gedenken des Göttlichen und dem bloß bruchstückhaften Zugriff auf die Materie, wie er erst durch Wissenschaft und Logik hervorgebracht wurde. Im alltäglichen Leben dagegen ist dem Individuum der Bezug zum Kosmischen und die existentielle Beziehung zur physischen Realität, die je nach Sensibilität oder Interpretation des Individuums im Moment der Ahnung als Schöpfung oder Materie angesehen werden kann, nicht gegenwärtig. Ursache dafür ist jene partielle Erinnerung, die das Individuum bei der Konstituierung seines Ichs im Laufe seines Lebens entwikkelt. Wir begegnen Lacans Thesen zum Imaginären. Es ist allerdings festzuhalten, daß das persönliche Imaginäre den Grad an Einfluß und Kontrolle, wie wir ihn heute kennen, nur auf Grund der allgemein verbindlichen Omnipräsenz des Alphabets erreichen konnte.

Der in der jüdisch-christlichen Lehre mit dem Mythos vom Baum der Erkenntnis verbundene Topos des Sündenfalls beinhaltet den Austausch des göttlichen gegen das materielle Wissen. Während Schuldbekenntnisse einem psychologischen Ereignis gleichkommen, durch das sich, vom Standpunkt des wiedergefundenen Geistes aus gesehen, die Grundlagen der Einsicht und der Beurteilung verändern, entspricht die Reue einer Art „Gelegenheits-Sabbat". Wie bei der Wiederauferstehung geht es um die Rückkehr des Atems, der Aura des Heiligen und Göttlichen in die zerstückelte Materie.

Schlußfolgerung für die Gegenwart

Während der Karwoche im April 1984 traf ich Jacques Derrida anläßlich eines Symposions über die Atombombe an der Universität Cornell. Ich hatte dort eine These entwickelt, die der seinen diametral entgegenstand. Während er die nukleare Bedrohung als Erfüllung apokalyptischer Endzeitprophezeiungen interpretierte, deutete ich sie als Zeichen für eine Reorganisation der kollektiven Psychologie auf globaler Ebene. Am meisten schockierte mich an Derridas Vortrag, daß für ihn nicht etwa die Zerstörung der Menschen, sondern vielmehr die der Weltarchive katastrophal war. Ich hatte den Eindruck, daß für Derrida nicht das Leben, sondern die Schrift heilig sei. Ich fragte ihn, warum er den Text in seinem Werk priveligiere, und er antwortete mir: „Alles ist Text."

Ich gehe dagegen von der Überlegung aus, daß die Erfindung der Atombombe aus dem Geist des Alphabets hervorgegangen ist. Denn Rudimente der Atomtheorie wurden bereits von Demokrit und den anderen atomistischen griechischen und lateinischen Philosophen entwickelt. Die Natur der phonologischen Analyse der Sprache und ihre Übertragung in Buchstaben könnte Inspiration für diese atomistische Reduktion der Materie, die ihre Grundelemente zerstückelt wie das Alphabet die Sprache, gewesen sein. Die Erfindung der Atombombe wäre also das Ergebnis einer Übertragung der kognitiven Auswirkungen, das heißt der für die alphabetische Mentalität charakteristischen Analyse und Zerteilung, auf eine technische Anwendung. Die alphabetische Schrift hatte auf biokultureller Ebene erhebliche Konsequenzen: Zum einen wurde durch sie in den abendländischen Kulturen bei der Verarbeitung von Informationen aus dem Bereich der menschlichen Kommunikation der Schwerpunkt von der gesprochenen Sprache auf das Geschriebene verlegt. Zum anderen entsinnlichte sie die semantische Organisation von Erkenntnis, wodurch uns der Zugang zu Ressourcen im Innern der Existenz und die Möglichkeit, aus ihnen neue Kraft zu schöpfen, versperrt wurde. Seit der Renaissance, das heißt seitdem sich durch den Buchdruck die Auswirkungen der alphabetischen Schrift potenziert hatten, trennte sich die Welt der sinnlich wahrnehmbaren Erscheinungen sehr schnell von den entsinnlichten Wissensgegenständen der Wissenschaft, der Politik und der Bürokratie, die durch die Schrift überhaupt erst möglich wurden.

Schockierend an den nuklearen Arsenalen sind nicht nur die Gewalt und die Aggressivität, die sie symbolisieren. Weitaus erschreckender ist allerdings, daß die Atombombe ein Zeichen für die Maßlosigkeit und Unverhältnismäßigkeit in der Selbsteinschätzung der Menschen ist. Sie scheinen mit der Bombe die Verantwortung für ihre wissenschaftlichen Erkenntnisse und deren Nutzbarmachung in der Technik aufgegeben zu haben. Die Atombombe ist das erste technische Hilfsmittel, das in keinem Verhältnis mehr zu seinen Auswirkungen steht. Mit der Erschaffung dieser Waffen haben wir nicht nur das Gefühl für militärische Größenordnungen verloren, sondern auch den Sinn für die Einschätzung der Grenzen menschlichen Handelns, ohne die ein Überleben nicht möglich ist. Aus meiner Sicht auf den Zusammenhang von technologischen und kulturellen Entwicklungen und nach der Logik meiner Argumentation geht es also darum, die kognitiven Strategien des „Text-Denkens“ zu überlisten, um unsere Sinne und unseren Geist wiederzufinden, damit wir eine Katastrophe verhindern können.

Exkurs

Marshall McLuhans Glaube an die Kirche

> Die Existenz der katholischen Kirche hängt weder von menschlicher Weisheit noch von strategischen Überlegungen ab. Selbst die besten Absichten der Welt führten sie nicht zum Untergang. Sie ist unverwüstlich, auch als menschliche Institution. Es könnte sein, daß ihr erneut eine fürchterliche Verfolgung widerführe, mit allem, was das nach sich zieht. Aber vielleicht braucht sie das ja gerade?
>
> Marshall McLuhan in einem Interview mit Eward Wakin

1. Richtigstellung

Dieses Bekenntnis, hart wie Stein, ist die Grundlage von Marshall McLuhans Leben und Werk. Es ist mehr als ein „Scherbenhaufen, der verhindert, daß alles in sich zusammenbricht", wie T. S. Elliot über seine Begegnung mit der Wahrheit sagte. McLuhans Glaube ist ein unteilbares Ganzes, das sein Denken und seine Existenz formte und inspirierte.

Während ich gemeinsam mit dem Journalisten Tom Wolfe ein Feature über McLuhan vorbereitete, fragte ich Tom, welchen Eindruck McLuhan auf ihn bei ihrer ersten Begegnung in einem eleganten, von vielen Berühmtheiten frequentierten New Yorker Restaurant gemacht habe. Wolfe überlegte einen Moment und sagte dann in dem ruhigen, meditativen Ton, der typisch für ihn war:

> McLuhan steuerte direkt auf unseren Tisch zu, ohne sich auch nur im geringsten von den Persönlichkeiten um uns herum ablenken zu lassen. Ich hatte intuitiv den Eindruck, daß er sich in einer spirituellen Sphäre bewegte. Während unserer Unterhaltung wurde mir dann klar: Dieser Mann wußte, was er suchte.

„Ein Mensch, der wußte, was er suchte" nannte ich dann auch unsere Sendung. Tatsächlich hatte auch ich oftmals bei meinen Begegnungen mit McLuhan diese Empfindung, einer Gewißheit zu begegnen. Wir haben nur sehr selten direkt über religiöse Fragen gesprochen. Aber keine andere Erfahrung, kein Buch und keine Unterhaltung hatte einen solch entscheidenden Einfluß auf meinen eigenen Glauben wie Marshalls stille Sicherheit über den tieferen Sinn des Lebens. Sie hatte eine derartige Kraft, daß ich noch heute davon überzeugt bin, daß sich die Vermittlung des

Glaubens auch weiterhin auf der Grundlage mysteriöser, persönlicher Begegnungen vollziehen wird, selbst wenn der Kirche in Zukunft leistungsfähige Kommunikationsmittel für die Evangelisierung der Massen zur Verfügung stehen werden.

Marshall sprach zeit seines Lebens wenig über seine eigene Person und seinen Glauben. Aber er zögerte niemals, sich öffentlich und privat zu seinem Glauben zu bekennen. Journalisten, Intellektuelle und Künstler, die ihn besuchten, fragten ihn oft ungläubig: „Stimmt es, daß Sie Katholik sind?" Er antwortete: „Aber ja, ich bin Katholik; einer von der schlimmsten Sorte: ein Konvertierter." Dies verwirrte seine Besucher nur noch mehr. Er hatte diesbezüglich offensichtlich überhaupt keine Hemmungen und amüsierte sich eher über die Wirkung, die diese prompte Erwiderung auslöste, deren Komik in dem Widerspruch zwischen den subtilen Vorbehalten der Fragenden und der entwaffnenden Schlichtheit seiner Antwort lag.

Es ist nicht einfach, den Glauben in Worte zu fassen. Ich erinnere mich, daß ich Marshall eines Tages während einer Arbeitssitzung zur französischen Überarbeitung seines Buches *From Cliché to Archetyp* trotz meiner Bedenken eine der wenigen persönlichen Frage stellte: „Marshall, was ist Glauben für Sie?" Er antwortete mir umgehend, als läge es auf der Hand: „Es heißt aufmerksam zu sein. Glauben heißt, nicht nur für die religiösen Muster aufmerksam zu sein, sondern auch und vor allem für die Archetypen, die die Menschen als Gesamtheit bestimmen. Man findet den Glauben durch Beten und dadurch, daß man ganz aufmerksam wird."

Einer der wenigen Texte, die zu diesem Thema veröffentlicht wurden, ist ein Interview mit Pierre Babin über *Medien und Liturgie*. McLuhan führt darin aus, daß „das persönliche Gebet und die Liturgie heute die einzigen Mittel sind (man müßte eigentlich sagen ein einziges, denn sie sind untrennbar miteinander verbunden), sich auf eine richtige Frequenz einzustellen, auf der das Wort Gottes zu empfangen und der Mensch in seiner Gesamtheit wahrnehmbar ist."

In demselben Interview spricht er wenig später nochmals über „diese Einstellung auf die richtige Frequenz". Die Möglichkeit zur Kommunikation ist also immer vorhanden, es liegt aber am Menschen selbst, die „Sendungen" auch zu empfangen.

Diesen Gedanken führte McLuhan an anderer Stelle aus, in der er die rätselhafte Passage im Evangelium kommentierte: „Wer Ohren hat zu hören, der höre." (Matthäus 13,9; Markus 4, 9; Lukas 8, 8)

> Im Evangelium steht alles, man muß sich nur auf die richtige Frequenz einstellen. Aber die meisten Menschen gebrauchen ihre Ohren nur, um zuzuhören und nicht, um zu hören. Zuhören heißt, mit den Augen aufmerksam zu sein, oder anders gesagt, dem von den Worten vorgegebenen Weg zu folgen. Hören

> dagegen heißt, in der Kommunikation gegenwärtig zu sein. Christus selbst macht diesen Unterschied. Die Schriftgelehrten hören zu. Sie kleben an den geschriebenen Worten und führen sie als Einwände gegen ihn ins Feld: Es steht aber geschrieben, daß ... und du behauptest, daß ... Aber sie verstehen nichts. Ihre Ohren gebrauchen sie nur zum Zuhören und nicht zum Hören [...]
>
> Dasselbe geschieht auch heute: Uns stehen zwar entsprechende technische Ausrüstungen zur Verfügung, aber wir sind immer noch unfähig, uns auf die richtige Frequenz einzustellen [...]
>
> Christus vergleicht sich mit einem Hirten, dessen Stimme die Schafe kennen.[1] Die sie nicht vernehmen können, bleiben der Herde fern. Diese Metapher taucht häufig im Johannesevangelium auf: ‚Diese Menschen dort sind nicht mit mir, sie hören mich nicht. Wenn ihr mich hört so deshalb, weil mein Vater euch diese Gabe verlieh etc.'. Mit anderen Worten, Gott Vater hat einige Auserwählte im ‚Innern so programmiert', daß sie Jesus hören können. Diese Idee ist beim Heiligen Johannes sehr geläufig: Einige Auserwählte wurden Jesus zur Seite gestellt, damit sie ihn hörten; die anderen hören nur zu, und es gelingt ihnen nicht, sich auf die richtige Frequenz einzustellen; sie verstehen nichts. Das ist das große Geheimnis der Offenbarung.

Ich habe diese kaum bekannte Passage vollständig zitiert, da sie eine der wenigen Beschreibungen wiedergibt, die Marshall zu seinem eigenen Glauben verfaßt hat. Darüber hinaus dokumentiert sie sein Interesse für die akustischen Qualitäten der modernen Medien.

Während er über Widersprüche im religiösen und profanen Denken seiner Zeitgenossen nachdachte, behauptete Pascal im 17. Jahrhundert, daß es zwei Zugänge zum Verstehen und zur Wahrnehmung gäbe, die sich normalerweise gegenseitig ausschließen. Er nannte den einen „l'esprit de géométrie" (Bewußtsein für die Geometrie) und den anderen „l'esprit de finesse" (Sinnenbewußtsein), das er auch „Erkenntnis des Herzens" nannte. Die Definition Pascals für den Glauben ist allgemein bekannt: „Das Herz, nicht der Verstand, spürt Gott. Das ist der Glaube: Gott spricht zum Herzen, nicht zum Verstand."

Die abendländische philosophische Tradition hat uns gelehrt, uns vor unseren Emotionen in acht zu nehmen: Wir könnten ihnen nicht trauen, um unser Wissen und unsere Erfahrungen zu ordnen. Auch wenn der Metapher von „der Erkenntnis des Herzens" heute etwas Sentimentales anhaftet, können wir versuchen zu verstehen, daß Pascal damit nicht nur eine emotionale Wahrnehmung meint, die in rein passiver Weise empfunden wird. Vielmehr ist sie das Wesen des Hörens selbst.

Meines Wissens hat sich McLuhan niemals auf den „esprit de géométrie" (oder die Ratio) bezogen, wenn es um die Qualität der akustischen Wahrnehmung ging. Was Pascal mit „esprit de finesse" bezeichnete, benannte McLuhan schlicht mit dem englischen Ausdruck „perception" (Wahr-

---

[1] Johannes 10, 1–5.

nehmung). Es gibt keinen Beweis dafür, daß Marshall der theologischen Tradition und dem Dogma der Kirche nicht großen Respekt zollte. Ich denke aber, daß er bei Glaubensfragen immer bemüht war, sie auf die konkrete Wahrnehmung im alltäglichen Leben der Gläubigen zurückzuführen. Jedenfalls deutet die Übertragung seiner Schlüsselidee: „das Medium ist die Botschaft“, auf das Verständnis der Bibel darauf hin.

> Die Behauptung, daß in Jesus Christus das Wort Fleisch wurde, ist eine theologische Formulierung. Sie ist eine Repräsentation. Würde man dagegen sagen, daß Jesus alle Menschen erreicht, egal ob sie Clochards, Bettler oder Versager sind, bezieht man sich auf die Wirklichkeit. Dann geht es darum, eine Anzahl von verborgenen und sekundären Auswirkungen, die wir nicht auf den ersten Blick wahrnehmen, zu erkennen. Im Grunde kann das Medium selbst wirklich zur Botschaft werden, wenn das Christentum eine gelebte Erfahrung ist. Auf dieser Ebene stimmen Repräsentation und Wirklichkeit wieder überein. Dasselbe gilt für die Lektüre der Bibel. Wir reden häufig vom Inhalt der Heiligen Schrift und nehmen an, daß dieser Inhalt die Botschaft sei. Das ist falsch. Der wahre Inhalt der Bibel ist die Person, die sie liest. Einige hören beim Lesen, andere nicht. Alle haben Zugang zu Gottes Wort, alle sind ihr Inhalt. Aber nur einige wenige empfangen wirklich die Botschaft, nehmen sie auch wahr. Diese Botschaft liegt nicht in den Worten selbst, sondern in den Wirkungen, die sie auslösen. Das ist die Bekehrung.

2. Die Konvertierung

Die Konvertierung und die Befindlichkeiten von Konvertierten haben einen zentralen Stellenwert in McLuhans Leben. Sein offizieller Eintritt in die katholische Kirche wurde am Gründonnerstag 1936 im Alter von ca. 25 Jahren in Cambridge vollzogen. Aber seine „Bekehrung“ hatte schon viel früher begonnen. Nach meinem Wissen begann sie in einem Antiquariat in Edmonton, wo McLuhan mit seinem langjährigen Freund, dem Ökonomen Tom Easterbrook herumstöberte. Dieser erzählte mir, daß die beiden die gekauften Bücher verglichen, nachdem sie die Buchhandlung verlassen hatten. Marshall hatte ein Handbuch für Ökonomie gekauft, und Easterbrook hatte, ohne genau zu wissen warum, Chestertons *What's wrong with this World?* erstanden. Sie betrachteten die Bücher, und Easterbrook schlug Marshall vor: „Mein Buch paßt besser zu deinen schöngeistigen Dingen. Laß uns tauschen?“ Marshall las das Buch umgehend und machte sich daran, alles was er von Chesterton, Hilaire Belloc[2] und anderen katholischen Autoren finden konnte, zu lesen.

---

[2] Die Freunde G. K. Chesterton und Hilaire Belloc (1870–1953) sind nicht-konfor-

Da McLuhan selbst in diesen Dingen sehr verschwiegen war, stammen alle Informationen, die ich über die Konvertierung in Erfahrung bringen konnte, aus Gesprächen mit seinem Bruder Morris, mit seinem Sohn Eric und mit Pater John Kelly.

Morris McLuhan erzählte mir, daß sie als gute Baptisten in Angst vor dem Papst und der katholischen Kirche, die als Inkarnation des Teufels und als direkter Weg in die ewige Verdammnis angesehen wurden, erzogen worden waren. Die nächsten Nachbarn der McLuhans in Edmonton waren Katholiken, und Morris zufolge wurde sorgfältig darüber gewacht, daß die Kinder ihnen nicht zu nahe kamen.

Wie Morris erzählte, war ihr Vater „ein aufrechter Junge vom Lande, der zu spät erkannt hatte, daß er berufen war". Doch es reichte noch aus, um die Berufung an Morris weiterzugeben, der eine Konzession für Theologie am Emmanuel College in Toronto erwarb und fünfundzwanzig Jahre lang als protestantischer Pastor tätig war.

Mehrere Zeugen bestätigen, daß Marshall seine Energie, seinen intellektuellen Tatendrang sowie die Tendenz, etablierten Autoritäten aus dem Wege zu gehen, vor allem dann, wenn sie ideologischer Natur waren, von seiner Mutter geerbt hatte. „Die Elsa McLuhan" wie Easterbrook sie nannte, war eine starke Persönlichkeit mit einer großen Begabung für das Theater. Sie hatte Schauspiel in Winnipeg studiert und wurde eine bekannte Predigerin in Kanada. Während der Wirtschaftskrise unternahm sie ausgedehnte „Tourneen" von Ost nach West und präsentierte ihre Vortragsspektakel vor einer zahlreichen Gemeinde in den Kirchen Kanadas. Morris behauptet, daß er „nicht einen einzigen Saal fand, wo sie nicht bereits gesprochen oder gepredigt hätte", wenn er während seiner Pastorenzeit eingeladen war, eine Predigt zu halten. Elsa hatte eine wunderbare Stimme, und Morris zufolge konnte sie die Heilige Schrift so ergreifend deklamieren, daß die beiden Kinder nachhaltig davon beeindruckt waren. Sie führte sie aber auch an die Literatur heran, vor allem Marshall, dessen wachsendes Interesse für die Kraft und Schönheit der Sprache sie feststellte und förderte. Morris glaubt, daß der literarische Einfluß von Poeten und Schriftstellern wie Chesterton und Belloc für Marshalls Konvertierung wesentlich entscheidender war als theologische Argumente.

Zu Beginn seines Studiums an der Universität von Manitoba in Winnipeg interessierte sich Marshall für die Bewegung der Wiedertäufer, die in den

mistische katholische, englischsprachige Autoren. Die beiden Poeten und vielschreibenden Autoren haben einen fröhlichen Katholizismus ohne Schuldgefühle propagiert, den sie anhand der Verteidigung und der Liebe zum Paradox illustrierten.

dreißiger Jahren an Bedeutung gewann. Ihn faszinierten daran nicht die spektakulären Momente wie öffentliche Bekehrungen oder Gelöbnisse, sondern die Argumentationen der Protagonisten, die er sich schließlich für Debatten an der Universität mit Kämpfern für den Sozialismus und der marxistischer Theorien zunutze machte. Er entwickelte regelrecht eine Leidenschaft für diese kontroversen Zusammenkünfte, und Morris erinnerte sich, daß seine Widersacher ihn häufig bezichtigten, katholische Positionen zu beziehen. Damals berührte ihn das wenig, denn Glaubensfragen plagten ihn nicht im geringsten, und von einer Konvertierung war nicht die Rede.

Erst ein wenig später, als er während seines Aufenthaltes in Cambridge die Werke von Chesterton und von Thomas von Aquin durch die Schriften von Etienne Gilson besser kennenlernte, begann die Idee der Konvertierung in ihm zu reifen. Zwei Jahre des Gebetes bereiteten seine Konvertierung vor, die endgültige Entscheidung kam dann aber ziemlich plötzlich. Eric erzählt, daß sein Vater kurz vor der Osterwoche 1936 mit Freunden in der Trinity Hall war, um mit ihnen, wie gewöhnlich, über die Religion zu diskutieren. Plötzlich fragte einer von ihnen: „Wenn du schon nicht aufhören kannst, über all das zu reden, warum konvertierst du eigentlich nicht?“ Marshall schaute ihn an und sagte: „Ja, warum eigentlich nicht?“ Einige Wochen später wurde er Katholik.

In einem Brief erklärte er seinem Vater, daß er während der ersten Hälfte seines Studiums in Kanada ständig dadurch verunsichert war, daß er in Wirklichkeit nicht glauben konnte. Er schrieb, daß er zwei Jahre lang auf Knien gebetet habe, bevor er sich dazu entschloß, Katholik zu werden. Er hoffe, daß seine Wahl den Vater nicht in seinen unerschütterlichen baptistischen Überzeugungen verletzen würde. Herbert McLuhans Reaktion blieb noch recht gemäßigt. Aber seine Mutter brach in Tränen aus und meinte, daß ihr Sohn jetzt nicht mehr Präsident der Universität werden könne.

Morris' Erklärung für diesen langen Weg ist, daß, neben den literarischen Einflüssen, die historische Kontinuität der katholischen Kirche sowie ihre Sakramente ausschlaggebend für die Konvertierung waren und nicht etwa apologetische Argumente. McLuhan selbst versicherte Edward Wakin:

> Ich bin nicht in die katholische Kirche eingetreten, indem ich einfach die katholische Doktrin übernommen habe. Ich bin auf Knien eingetreten. Das ist die einzige Form, dieser Gemeinschaft beizutreten. Wenn Menschen zu beten beginnen, so nur deshalb, weil sie Wahrheiten brauchen. Das ist alles. Die Eingangstür zur Kirche ist nicht aus Vorstellungen und Konzepten gezimmert, und man tritt nicht aus der Kirche aus, weil man nicht mehr mit ihr einverstanden ist. Um aus der Kirche auszutreten, muß man seinen Glauben verlieren,

> nicht mehr an ihm teilhaben. Wer aus der katholischen Kirche austritt, hat aufgehört zu beten. Die aktive Teilnahme am Gebet und an den Sakramenten findet nicht auf intellektueller Ebene statt. Alle Katholiken, die heute im Widerspruch zur Kirche stehen, sind Opfer einer Illusion. Man kann nicht intellektuell nicht mehr mit der Kirche einverstanden sein. Die Kirche ist keine intellektuelle Institution. Sie ist eine über der menschlichen Auffassungsgabe stehende Institution.

Es dürfte nicht verwundern, daß der erste Artikel, den McLuhan veröffentlichte, den Titel trug: *G. K. Chesterton, ein praktischer Mystiker,* erschienen 1936 in der Dalhousie Review. Er zitiert dort einen Satz aus einem Roman Chestertons, den er auf den Autor ummünzte. Wenn wir ihn heute lesen, könnte dieser Satz aber ebenso gut McLuhans eigenen Weg beschreiben: „Mit Riesenschritten wurde er vom Kind zum Erwachsenen. Er hatte aber nicht diese Krise in der Jugendzeit durchlebt, in der die meisten von uns alt werden."

McLuhan kommentiert:

> M. Chesterton selbst ist von der Neugierde und der kindlichen Freude belebt, von der eine allzu geläuterte und früh ergreiste Generation annimmt, sie sei nur Kindern eigen. Diesem Vermögen und dieser Frische der Wahrnehmung, die aus dem normalen Rahmen herausfällt, verdankt er seine außergewöhnliche Intuition für die Wirklichkeit.

Diese Deutung erinnert mich an eine Unterhaltung mit Pater Kelly während eines Mittagessens in Kolleg Saint-Michel an der Universität Toronto. Marshall hatte sich mit einem rätselhaften Satz über ein religiöses Problem verabschiedet, und ich fragte mich, was er sagen wollte. Pater Kelly grinste breit: „Oh, wissen Sie, Marshall hat den Glauben eines Kindes!" Diese spontane Stellungnahme, voller amüsierter und bewundernder Nachsicht, ja sogar das Timbre in Pater Kellys Stimme habe ich in Erinnerung behalten. Erst Marshalls erster Artikel lehrte mich viel später zu verstehen, daß sie eine großes Kompliment gewesen war.

3. Das Alphabet und die Kirche

McLuhan erklärte mir, an Chesterton habe ihn am meisten beeindruckt, daß ihn die großen Widersprüche nicht verunsicherten, sondern daß er wahrhaft meisterlich mit ihnen auskommen könne. Er erklärte Pierre Babin, daß Widersprüche im Bereich der Religion völlig normal seien. Selbst Pascal hatte paradoxe Vorstellungen über den Menschen, die Religion und den Glauben regelrecht kultiviert. Er sah in den Paradoxien die einzige Möglichkeit, sich von den erdrückenden Anforderungen der

Vernunft zu befreien und Wege zu einem tieferen Verständnis und zur Lösung komplexer Probleme zu finden. McLuhan schreibt: „Aus Opposition verschanzt sich der orthodoxe Glauben gerade so, als wollte er dem etymologischen Sinn des Wortes gerecht werden, hinter einem einzigen Standpunkt." Wie jeder ernsthafte Leser der Heiligen Schrift war sich auch Pascal der unzähligen Widersprüche, die sie beinhaltete, bewußt. Doch er erkannte in diesen Widersprüchen die Stärke und nicht etwa die Schwäche der Heiligen Schrift. Aus einer Perspektive, die der McLuhans ähnlich ist, schrieb er:

> Um die Heilige Schrift zu hören, braucht man eine Wahrnehmung, in der die widersprüchlichen Passagen in Einklang kommen. Es reicht nicht aus, nur einen Sinn für aufeinander abgestimmte Passagen zu haben, sondern man braucht einen, der selbst widersprüchliche Passagen zusammenbringt.

Daraus folgte, daß Pascal die formale Logik und strikte Rationalität als Methode zur Interpretation der Heiligen Schrift verwarf. Notwendig war vielmehr die geschärfte Wahrnehmung des „Herzens". McLuhans Glaube ähnelt dem Pascals insofern, als beide zu anspruchsvoll waren, um sich mit ungefähren Wahrheiten zufriedenzugeben oder die Widersprüche einfach zu übergehen, um zu einer in sich kohärenten Vision zu kommen. Beide waren von Leidenschaft und Liebe zur Präzision erfüllt.

Das größte Paradox für Pascal war, daß seine Zeitgenossen ihrem eigenen Wohl und Seelenheil gegenüber immer gleichgültiger wurden, obwohl sie immer mehr über sich selbst wußten. Es gelang McLuhan, dieses Paradox teilweise zu erklären. Das große Paradox aber, das McLuhan beschäftigte, war die rätselhafte Beziehung zwischen der Kirche und dem Alphabet, bzw. später dem Buchdruck, seit der Antike. Pierre Babin gegenüber äußerte er, daß er Katholik wurde, als er sich während seines Studiums beinahe ausschließlich mit der Renaissance befaßte:

> Mir wurde klar, daß die Kirche in dieser Epoche durch einen historischen Unfall, der von einer neuen Technologie verursacht wurde, auseinandergerissen und zerstört worden war. Die mittelalterliche Kultur, deren Fundament die Handschrift gewesen war, hatte einen völlig anderen Kommunikationsstil als diese bedrohliche Gemeinschaft, die plötzlich mit der Druckerpresse auftauchte. Die Revolution Gutenbergs machte aus jedem einzelnen einen Leser. [...] Die Welt der gedruckten Buchstaben ist eine visuelle. Aber das Auge kann Elemente nicht miteinander verbinden. Das führt zwangsläufig zur Fragmentarisierung in der Wahrnehmung und im Denken. [...] Es erlaubt jedem, seinen eigenen Standpunkt zu haben und darauf zu beharren. [...] Durch das Buch kann man sich, im egozentrischen und psychologischen und keineswegs im spirituellen Sinne des Wortes, in sein Inneres zurückziehen. Das ist die allgemeinste Form der Fragmentarisierung.

Ich denke, diese Überlegungen McLuhans helfen uns, die Geschichte der katholischen Kirche sowie unsere eigene Situation als Gläubige heute zu verstehen. Das Problem kann einfach ausgedrückt werden: Insofern als der Glaube, wie McLuhan ihn beschreibt, eine Angelegenheit des Hörens ist, war die Vorherrschaft visueller Formen in der Kommunikation und insbesondere die umfassende Artikulation der Bedeutung in visualisierten Worten in der gedruckten Sprache eine reale Gefahr für diesen Glauben. Denn sie ermöglichte es, den Text mittels Erläuterungen zu beherrschen, indem das Hören und die Wahrnehmung des „Herzens" konsequent ausgeblendet wurden.

Ich behaupte nicht, daß mit Erscheinen der ersten Bibel aus der Gutenbergpresse jede Person sogleich ein versessener Leser wurde. Ich gehe vielmehr davon aus, daß der Buchdruck sehr schnell die Formen der Übermittlung und der Aneignung des Glaubens modifizierte. Die Auswirkungen dieser Modifizierung konnten in den folgenden Jahrhunderten, die dem Motto Nietzsches vom „Tode Gottes" vorangingen, bis in die nicht alphabetisierten Schichten der Bevölkerung vordringen.

Ich denke, daß ich im Sinne McLuhans argumentiere, wenn ich mit Nachdruck auf der Bedeutung des Buchdrucks für die den Glauben konstituierenden Wahrnehmungen bestehe. Unter den zwanzig Fragen, die einem der zentralen Essays McLuhans vorangestellt sind, findet sich die folgende, die zum Kern unserer Fragestellung führt: „Warum verfügen die Menschen in der abendländischen Kultur und die katholische Kirche nicht über eine Theorie der Kommunikation und über eine Geschichte der Mentalität?"

McLuhan ging davon aus, daß sich die Menschen in der abendländischen Kultur, sobald sie alphabetisiert waren, zunehmend von den Qualitäten des überlieferten oralen Austausches im Zusammenleben entfernten und des Gebrauchs ihrer Sinne beraubt wurden. Die Alphabetisierung modifizierte die Methoden der Informationsverrechnung grundlegend, insofern als sie zu einem abstrakten Schema wurden, dem jegliche sinnliche Dimension fehlte. Diese Entwicklung unterwanderte die dogmatischen Lehrsätze der Kirche und rief nach McLuhan Kirchenspaltungen hervor, die bis heute wirksam sind. Pierre Babin gegenüber führte er aus:

> Die Möglichkeit, daß jeder Leser zu jeder Zeit exakt dasselbe Wort vor sich hatte, hat ganz sicher einen beträchtlichen Einfluß auf die Lehre gehabt. Jeder konnte selbständig über es nachdenken, es ohne Unterbrechung betrachten und einen eigenen Standpunkt beziehen. In der alten, handschriftlichen Tradition wäre diese Ichzentrierung ausgeschlossen gewesen, denn die Verfahrensweisen waren eher akustisch als visuell ausgerichtet, und die Weitergabe geschah vor allem mündlich. Dasselbe gilt für die Methoden der scholastischen Streitgespräche, die questiones disputatae. Sie waren mündlicher Art. Aber Luther

> und die ersten Protestanten hatten eine Schulausbildung und waren alphabetisiert. Sie haben also die neueste Entdeckung der Druckerpresse benutzt, um die Kluft zu vertiefen, die sie in Opposition zur romanischen Kirche stellte.

Ein Hauptanliegen McLuhans war, die Beziehung der Kirche zur Erfindung des Alphabets und nicht nur die zum Buchdruck zu verstehen. Er ahnte, daß es zu Beginn der christlichen Ära in der Entwicklung der griechisch-römischen Kultur einen determinierenden Faktor gegeben haben mußte. Ich bin mir aber nicht sicher, ob McLuhan zu dieser Frage eine für ihn zufriedenstellende Antwort gefunden hatte. Das letzte Mal, als wir darüber sprachen, deutete er mir an, daß dies für ihn ein großes Geheimnis geblieben sei. Pierre Babin sagte er:

> Erlauben Sie mir zu erwähnen, daß die Kirche ins Leben gerufen wurde, als die phonetische Schrift gerade ihre ersten Gehversuche machte. Die griechisch-römische Kultur war noch sehr jung, als die Kirche sich gründete. Natürlich handelte es sich bei dieser Konstellation nicht bloß um einen historischen Unfall, sondern um eine von der Vorsehung gesandte Fügung. Aber bisher hat niemand diesen Aspekt der Religionsgeschichte untersucht. Man nimmt an, daß es von selbst geschieht. Man erwähnt noch nicht einmal, daß die Erfindung der phonetischen Schrift für die Kirche ein außerordentlich wichtiges Ereignis war. Ich habe nach Dokumenten zu diesem Thema gesucht, doch es gibt nur sehr wenig, höchstens hier und da und ein paar Artikel.

McLuhan fügt hinzu, daß „die vorplatonische griechische Kultur [...] auf einem magischen Gebrauch der Sprache gründete." Natürlich existierten lange vorher andere Schriftformen. McLuhan hat aber immer betont, daß erst das phonetische Alphabet die psychologische Revolution auslöste, aus der der abendländische Mensch hervorgegangen ist.

Ich habe diese Spur in den letzten Jahren verfolgt und bin zu folgenden Schlußfolgerungen gekommen: Die Einführung von Buchstaben, die die vokalischen Laute wiedergeben und die der Notation der Konsonanten hinzugefügt wurden, die die Griechen von den semitischen Völkern übernommen hatten, veränderte die Beziehung zur Sprache grundlegend. Die Schriftformen, die der echten phonetischen Schreibweise vorausgingen, hatten im wesentlichen die Funktion, das Gedächtnis zu stützen. Die neue Notation ermöglichte es dagegen, das Wesen der Information selbst zu verändern. Denn es erlaubte den Autoren und ihren Lesern, neue Informationen zu erfinden, statt sich mit einem abgeschlossenen und unveränderlichen Wissensstand zufriedenzugeben.

Technisch ausgedrückt, konnte das phonetische Alphabet weitaus mehr als nur Informationen speichern. Es konnte sie auch verarbeiten. Worin besteht der Unterschied zu den alten semitischen Formen? Der Gebrauch von festgelegten Buchstaben ermöglichte es, einen griechischen Text ohne vorhergehende Kenntnis des Inhaltes zu lesen. Dagegen ist es bis heute unmöglich, den Talmud oder den Koran ohne Kenntnis der tradierten Deutungen und Sinnzusammenhänge in ihren ursprünglichen Fassungen zu dechiffrieren.

Diese Veränderungen sind wichtiger, als es zunächst scheinen mag. Denn sie führten dazu, daß die Schrift vom Prozeß der Kommunikation getrennt werden konnte. Anders ausgedrückt, es wurde mit dem griechischen Alphabet und all seinen Derivaten möglich, den Sinn, die Bedeutung von Texten zu manipulieren. Der Zuhörer wurde nicht mehr, wie in der oralen Kommunikation, direkt manipuliert. Manipuliert wird vielmehr aus der Distanz, aus einem Büro oder einer Zelle heraus, in denen das System der Zeichen, das Bedeutung hervorbringt, entsprechend bearbeitet wird.

Die verheerendste Folge dieser Entwicklung war, daß die Kommunikation jetzt der Produktion von geordneten und feststehenden Bedeutungen untergeordnet wurde. Indem die Produktion von Texten allmählich zum Schwerpunkt von Kommunikation und Interaktion wurde, verwandelte das phonetische Alphabet auch die gesprochene Rede in eine Kunstform, die man Rhetorik nennt. Das Alphabet analysierte die verschiedenen Elemente der Rede so gründlich, bis nur noch diejenigen, die keine sinnlichen Bedeutungen produzierten, übrigblieben. Damit gelang es ihm, den lebendigen Diskurs stillzulegen. Diese stille Kommunikation war indessen nur insofern möglich, als die Zeichen in der phonetischen Schreibweise so uniform und eindeutig waren, daß sie ohne Vokalisierung dechiffriert werden konnten.

Der Buchdruck brachte also die stille Form der Lektüre hervor. Lesen wurde zu einer privaten Angelegenheit, die die Einsamkeit und den Rückzug von der Welt statt gemeinschaftlicher Aktivitäten forderte. Das stille Lesen veränderte schließlich das Denken selbst. Es war nicht länger eine auf die Sinne bezogene Aktivität, sondern es wurde zu einer von jedem Kontakt mit der Umwelt abgekapselten Erfahrung, die sich nur noch auf mentale Repräsentationen bezog.

Die Bedeutung dieser Umwälzungen für die Kirche läßt sich daran ablesen, wie sich die Einstellungen zur Bibel und zur Heiligen Schrift veränderten. Es ergibt sich folgendes Paradox. Die Kirche konnte sich jetzt zwar über das gesamte griechisch-römische Reich ausbreiten, da die neue Art der Transkription sehr geeignet für die Übersetzung der Heiligen Texte war, weil die Schrift nur auf Lauten beruhte und nicht mehr auf die Interpretation von Bedeutungen angewiesen war. Sie mußte aber die Worte zugleich zum Schweigen bringen und auf ein reines Denken reduzieren, an dem der Mensch nicht länger als Ganzheit teilnehmen konnte. Aus diesem Übergang der lebendigen Kommunikation in intellektuelle Kognition entsteht die schmerzliche Trennung der Seele vom Körper, des Kopfes vom Leib, der Person von der Gemeinschaft.

Nach der Erfindung des Buchdruckes rückten für alphabetisierte Gläubige die Heiligen Schriften, die bis dahin für die meisten Menschen nur eine Gedächtnisstütze für ihre alltäglichen religiösen Praktiken gewesen waren, ins Zentrum des religiösen Interesses. Von der heiligen Stummheit des Textes hypnotisiert, verloren die Kommentatoren schließlich den Sinn für die Kommunikation mit der Gegenwärtigkeit des Lebendigen. Der Buchstabe hatte über den Geist gesiegt. Eine Ausnahme waren vielleicht nur die inspiriertesten unter den Theologen und Klerikern.

Eine der erhellendsten Bemerkungen, die ich je über die Bibel gelesen habe, stammt von dem großen französischen Dichter jüdischer Abstammung Henri Meschonnic. Er versuchte als erster, die Bibel direkt aus dem Hebräischen zu übersetzen, ohne die Deformationen der griechischen Koine zu berücksichtigen. Meschonnic behauptete, daß die christliche Tradition von dem Irrtum lebe, daß sie über die gesamte Bibel wache. Doch in Wirklichkeit gäben unsere Übersetzungen kaum die Hälfte ihres Sinnes wieder, da sie die Rhythmen und die spezifische Prosodie der hebräischen Orginaltexte vernachlässigt hätten.

Meschonnic erläuterte mir, daß die umfassende Bedeutung der Heiligen Schriften nicht im Text selbst läge. Man müßte sie laut lesen, denn sie enthielten Anweisungen für das Sprechtempo, das einen Einfluß auf den gesamten Körper des Zuhörers ausübt. Er erinnerte mich auch daran, daß Migrah, das hebräische Wort für Bibel, nicht Schrift, sondern gesprochene Rede bedeutet. Ich bin davon überzeugt, daß die tiefgründigen Bedeutungen dieser Bemerkung einen ökumenischen Dialog zwischen jüdischen Gelehrten und Christen befruchten dürften.

Ich möchte diese erste Bestandsaufnahme mit einer Bemerkung McLuhans zu Pierre Babin zusammenfassen:

> Paradoxerweise entstand die Kirche in der einzigen Kultur, die solide und festgelegte Positionen hervorgebracht hatte. Die Kirche, die dem Menschen eine konstante Veränderung seines Herzens anbietet und diese zugleich fordert, war in einer auf visuelle Wahrnehmungen fixierten Kultur in Erscheinung getreten, der die Werte der Beständigkeit über alles gingen. Diese griechisch-römische Kultur, die der Kirche scheinbar wie der Panzer einer Schildkröte aufgezwungen wurde, hatte keine Möglichkeit, für sich selbst eine bewegliche und realistische Theorie der Kommunikation und der Veränderung zu entwikkeln. Dieser harte Panzer stand zwischen der Kirche und den anderen Kulturen auf dieser Welt, die verwandelbare und entwicklungsfähige Formen haben.

4. Das Mikrophon und die Kirche

Wenn diese Thesen im wesentlichen zutreffen, könnte Licht ins Dunkel der Vergangenheit gebracht werden. Aber das Zusammenspiel von Text und Wort in der Vergangenheit ist nur ein Aspekt in der Religionskritik. Denn in der Gegenwart tauchen neue Konstellationen auf. Die außergewöhnlichen und umsetzbaren Möglichkeiten zur Erneuerung der Kommunikation, die sich derzeit anbieten, beruhen ebenso auf visuellen wie auf akustischen Wahrnehmungen. Orale Strukturen holen uns ein. McLuhan mußte der Öffentlichkeit diesbezüglich vor Augen führen, daß die Kirche auch der „Elektrifizierung" der Wörter nicht genügend Aufmerksamkeit schenkt:

> Die Kirchenmänner, die ganz im Geist der Bürokraten des 19. Jahrhunderts, 1962 zum Zweiten Vatikanischen Konzil zusammentrafen, waren sich der Ursachen für ihre Probleme und der Motive für ihre Reformen natürlich ebensowenig bewußt wie die Bischöfe, die sich im 16. Jahrhundert zum Konzil von Trient versammelt hatten. Niemand vom Konzil in Trient erkannte, daß die spirituelle Kirchenspaltung und die mentalen Nöte, die das religiöse und politische Leben der Epoche zerrissen, Auswirkungen des Buchdrucks waren. Auch als die neuen Orientierungen und Verordnungen beim Zweiten Vatikanischen Konzil verabschiedet wurden, schenkte keiner der Teilnehmer dem Ursprung der Schwierigkeiten Aufmerksamkeit.

McLuhan selbst beschäftigte sich eingehender mit dem liturgischen „aggiornamento" als mit den Konsequenzen, die sich ergaben, als sich die Kirche das griechische Alphabet und später den Buchdruck aneignete. Wie für McLuhan typisch, befaßten sich seine Recherchen direkt mit dem Medium, das heißt speziell mit der Entwicklung der „elektronischen Kirche". Seiner Meinung nach sind die „Überfälle" der technologischen Innovationen auf die Kirche für sie kaum von Vorteil. Er erklärte Pierre Babin, daß die lateinische Messe das erste Opfer der schnellen Verbreitung des Mikrophons gewesen ist.

> Der Gebrauch des Lateinischen fiel nicht dem Zweiten Vatikanischen Konzil, sondern der Einführung des Mikrophons in die Kirche zum Opfer. Viele Leute, auch Kirchenvertreter, klagen über das Verschwinden des Lateinischen in der katholischen Kirche. Sie begreifen nicht, daß es sich dabei um ein Resultat eben jener technischen Erfindung handelt, die sie selbst mit so viel Enthusiasmus begrüßt hatten. Das Lateinische gehört zu den „kalten"[3] Formen des verbalen

---

[3] McLuhan unterscheidet zwischen heißen und kalten Medien. Heiße Medien sind bereits derart mit Informationen gesättigt, daß sie nur die Beteiligung eines Sinnesorgans des Benutzers zulassen. Beispiel für heiße Medien sind die alphabetische Schrift oder die Druckschrift. Kalte Medien sind dagegen weniger gesättigt an Information, weniger trennscharf und von daher offen für eine umfas-

> Ausdrucks, in der Flüstern und Murmeln eine große Rolle spielen. Doch das Mikrophon macht ein undifferenziertes „Gebrummel" unerträglich; es akzentuiert und intensiviert den Klang des Lateinischen, bis ihm schließlich jede tiefgehende Bedeutung entzogen ist.

Ich interpretiere diese Überlegungen McLuhans dahingehend, daß in einer von der Herrschaft des Buchdrucks geprägten Kultur der Gebrauch des Lateinischen aus Gründen der Kirchenpolitik bestens gerechtfertigt war. Denn das Lateinische war die Sprache, die sich noch auf Verhaltensweisen und Riten einer einheitlichen Kultur bezog. Da die gesamte Politik der Kirche auf der textgebundenen Bedeutung der christlichen Botschaft beruhte, war das Lateinische ein Mittel, eine gemeinschaftsstiftende, heilige Sprache zu erhalten. Als sich aber der Schwerpunkt auf die Kommunikation selbst verlagerte und die Information direkt vom Priester zur versammelten Gemeinde floß, mußte er sich nicht nur die Landessprache aneignen. Noch entscheidender war, daß sich der Priester ihr von Angesicht zu Angesicht stellen mußte. Er wandte sich physisch wie mental vom Text ab, um sich direkt an seine Zuhörerschaft zu richten.

Die Auswirkungen dieses Eingriffs sind aber noch weitreichender. McLuhan war sehr empfänglich für die Feinheiten der Sprache, insbesondere für die seiner Muttersprache:

> Die Sprache ist nicht einfach ein konventionalisiertes System, mit dem wir unsere Ideen transportieren. Ich beziehe mich auf die gesprochene Sprache, auf die orale Tradition. Diese Sprache ist vielmehr eine kodierte Form, in der die kollektive Wahrnehmung und die Weisheit von unzähligen Menschen aufgehoben sind. Die Poesie und das Lied sind mithin die wichtigsten Mittel, an denen die Sprache sich reinigt und stärkt.
>
> Wir haben anscheinend immer noch nicht begriffen, daß jede technische Erfindung die menschliche Umwelt verändert, wodurch alle Ebenen der Wahrnehmung in Unordnung gebracht werden. Neue Sprachlösungen können lindernd in diese Verwirrung eingreifen. Denn die Sprache ist das übergeordnete kollektive und organische Medium, das die chaotischen alltäglichen Erfahrungen in sich aufnimmt und organisiert. Die Sprache ist das bewußte Organ der akustischen Imagination, in dem täglich eine Menge von Veränderungen und Angleichungen vorgenommen werden. Sie sind den reinigenden Träumen in der Nacht vergleichbar.
>
> Das war zumindest die Aufgabe der oralen Traditionen, bevor die Zivilisationen über das Medium Schrift verfügten. Auch nach der Erfindung der Schrift spielt das, was noch an oralen Elementen übrigbleibt, eine ähnliche Rolle. Doch die Berge von Gedrucktem drohen diese Tradition allmählich zu ersticken und sie auf Stille zu reduzieren. Was dieser Bedrohung zu entgehen vermag, reicht aber allemal aus, um eine lebendige, populäre Kultur neu zu beleben …

---

sende Teilhabe des Benutzers, wie z. B. konsonantische Schriften oder Handschriften. (Anm. der Übersetzerin)

Meiner Ansicht nach kommunizieren Gläubige auf dieser Ebene. Dabei werden nicht Konzepte und Theorien übertragen. Es vollzieht sich vielmehr eine innere Verwandlung der Person. Das geschieht nicht durch das Hervorbringen eines Sprachschemas, sondern durch die Einbindung in allgemein verbindliche sekundäre Auswirkungen, die das Leben verändern.

Sollte die Umgangssprache in der Liturgie auch tatsächlich diese transformierende Rolle spielen, muß sie wirklich populär sein. An dieser Forderung zeigt sich eine traumatische Entwicklung der jüngsten Reformen der Liturgie. Ich meine damit das Eindringen bürokratischer Verfahrensweisen in die katholischen Gemeinden. Die Feier der Eucharistie wird heutzutage zwar in der Umgangssprache vollzogen, doch sie wird von Kommissionen überwacht, deren Bezug zur Sprache von der Nüchternheit eines Computers geprägt ist. Ohne Beziehung zur oralen Dimension in Sprachduktus und Rhythmus droht die Umgangssprache aber vulgär zu werden. Sie ist dann eine undefinierbare ‚Grauzone' und eine spirituelle Wüste.

Ich habe eine lange Passage zitiert. Ich fühlte mich dazu veranlaßt, um zu zeigen, daß McLuhan entgegen der Meinung vieler Kritiker durchaus dazu in der Lage war, einen Gedanken auf den Punkt zu bringen und ihn bis zum Ende zu entwickeln. Außerdem wäre ich selbst nicht dazu in der Lage, das Thema mit wenigen Worten so klar und außerordentlich gehaltvoll zu durchdringen, wie es McLuhan hier tut.

McLuhan untersuchte die bürokratischen Reformen in der Kirche bis ins kleinste Detail; darunter auch die Kleiderordnung. Er erklärte Edward Wakin, daß

in der Geschichte der Kirche die Kleidung nie so wichtig gewesen ist wie heute. Gerade in einem Moment, in dem unsere Kinder von nichts anderem träumen als sich zu verkleiden, legen auch die Kirchenvertreter großen Wert auf weltliche Kleidung. Niemand will ungesehen und unbemerkt bleiben. Alle verlangen nach unterschiedlichen und sehr persönlichen Kostümen.

Anscheinend handelt es sich um ein Detail, für das die heutige Jugend keine stichhaltigen Beweise liefert. Es geht aber um eine entscheidende Frage, nämlich um die Rolle, die man spielt. McLuhan erläutert, was sich in der Kirche diesbezüglich abspielte:

Nach Gutenberg strukturierte sich die römische Kirchenhierarchie nach einem Organisationsplan um, der Spezialisierungen und Rigidität vorsah. Die Fortschritte in der Verbreitung der Kirche durch die schriftliche Kommunikation ermöglichten ein enormes Anwachsen der römischen Bürokratie. Der Papst wurde zu einer Art Generaldirektor. Aber die Innovationen bei den Transport- und Kommunikationsmitteln brachten den Pastor dazu, eine immer persönlichere und direktere Beziehung mit seinen Glaubenskindern aufzubauen [...]. Heutzutage hat sich der Lebensrhythmus noch mehr beschleunigt. Die Kirchenhierarchie tendiert zur Auflösung. Die Welt wird zu einem ‚globalen Theater'. Der Papst ist nicht mehr Chef einer Bürokratie. Seine Bedeutung als Akteur auf der Bühne dieses ‚globalen Theaters' wird allerdings immer wichtiger. Der

> Papst hat weiterhin Autorität. Selbst wenn es nur noch drei Katholiken gäbe, müßte einer von ihnen Papst sein. Sonst gäbe es keine Kirche mehr. Es bedarf einer Autorität, die belehrt, oder es gäbe gar keine Kirche mehr.

Die neue Aufgabe eine Rolle zu spielen bedeutete für McLuhan, daß Prediger und Lehrmeister heute mehr denn je Mystiker sein müssen. Sie sollten in der Gemeinschaft leben, statt sich hinter der Autorität der heiligen Texte oder den Mauern von Institutionen zu verstecken.

5. Leidenschaft

Um diesen unzureichenden Überblick über McLuhans Gedanken zu Vergangenheit und Zukunft der Kirche abzuschließen, könnte man sich fragen, was er persönlich von diesen Veränderungen hielt. Er hat in der Öffentlichkeit sehr selten darüber gesprochen, einige Gedanken teilte er aber Edward Wakin mit. Mit McLuhans eigenen Worten möchte ich unsere Überlegungen zusammenfassen. Sie sind eine demütige Hommage zu seinem Gedenken:

> Ich erwarte nicht, daß ich mich in der Kirche wohlfühlen kann. Sie hat nie versprochen, ein Ort des Wohlbefindens auf psychologischer Ebene zu sein. Wer in die Kirche eintrat, um Sicherheit zu finden, war einem Irrtum aufgesessen. Die Kirche hatte noch nie Ähnlichkeit mit einem Einkaufsladen und hat sich auch nie in dieser Weise angepriesen. Sie gleicht überhaupt nicht einer Institution, in der man sich ausruht. In der Kirche geschieht alles in Lichtgeschwindigkeit, und aus diesem Rhythmus kann nur Gewalt entstehen; eine Gewalt, die alle Barrieren zum Einstürzen bringt. Die Lichtgeschwindigkeit überwältigt den ganzen Menschen. Es bleibt keine Ecke mehr, in der man sich noch verstecken könnte: eine Kirche für die Seele.
>
> Christus sagte: Ich bin nicht gekommen, euch den Frieden, sondern das Schwert zu bringen.[4] Die Kirche als Wächter der Zivilisationswerte? Ich befürchte, daß das vorbei ist. Wir befinden uns bereits im Rettungsboot. Es geht ums Überleben....
>
> Ich war nie Pessimist oder Optimist. Ich bin apokalyptisch. Unsere einzig wahre Hoffnung ist die Apokalypse. [...] Die Apokalypse ist kein schwarzes Loch, sie ist die Rettung. Kein Christ kann Optimist oder Pessimist sein. Das ist eine profane Unterscheidung. Die weltlichen Institutionen, in denen man sich gut oder schlecht fühlen kann, interessieren mich nicht. Ich kann diese Mentalität nicht mehr begreifen. Ich weiß aber, es dauerte bis ich zu dieser Einstellung kam. Es geschah nicht von heute auf morgen.

---

[4] Matthäus 10, 34 und Lukas 12, 51.

Der Papst und das Fernsehen

An einem regnerischen Sonntag im Juni 1983 war ich in Mailand. Hoch über der wogenden Menschenmasse betrat der Papst einen Balkon auf halber Höhe des Duomo. Wenige Meter von der vor Kälte zitternden Menge entfernt lag, hinter Arkaden verborgen, eine Einkaufspassage. Ich stellte mich dort unter. Die Arkaden waren wie leergefegt. Nur vor einem Fernsehgeschäft hatten sich einige Menschen versammelt. In lebhaften Farben und „so echt wie im wirklichen Leben", wie HiFi-Spezialisten unermüdlich werben, erschien ihnen der Papst auf einem halben Dutzend Bildschirme gleichzeitig.

Mir schien, daß es viel bequemer und zugleich viel befriedigender war, den Papst im Fernsehen zu sehen und zu hören, als im „wirklichen Leben".

Die Ironie der Situation bestand darin, daß meine Entfernung vom Papst in der Einkaufspassage nicht größer war als an irgendeiner Stelle dort draußen in der Menge, die zudem noch völlig durchnäßt wurde. Alles andere war gleich. Ich hatte sogar den Eindruck, daß über den Fernsehapparat mehr Kommunikation stattfand, daß mir der Papst im Fernsehbild näher war als diese winzig kleine Silhouette dort oben auf halber Höhe des Duomo.

Der bionische Körper

Papst Johannes-Paul II. ist eine Ikone. An seiner Person und an seinem Körper kann man die verschiedenen Ebenen menschlicher Erfahrung nachvollziehen. Dazu zählen die persönliche, die soziale, die spirituelle und die zeitliche Ebene. Der Papst ist die zentrale Figur einer der größten religiösen Gemeinschaften der Welt, die fähig ist, auf der gesamten Erde gewaltige Emotionen auszulösen. Er verkörpert aber auch die Geschichte unserer Identitätsbildung, der sich die christliche Kirche seit der Institutionalisierung quasi leibhaftig annimmt. Die Figur des Papstes trägt die gesamte historische Dimension dieser Kultur der Identitätsstiftung und der Identifizierung in sich, die die moderne Welt und das Fernsehen hervorgebracht hat. Er ist zugleich Privatperson und kollektives Bild.

Das Zusammenspiel von öffentlichen und privaten Qualitäten zeigt sich sehr deutlich im Fernsehen. An diesem „Ort" ist der Papst in zahlreichen Ländern als offizielle Galionsfigur der größten Organisation der Welt öffentlich aufgetreten. Der „echte" Papst Johannes-Paul II. hat eine große Ausstrahlung und physische Präsenz und zeichnet sich durch eine starke Persönlichkeit und ein hohes Maß an spiritueller Eingebung aus. Das läßt seine Person intensiver und im höchsten Maße real wirken. Paradox ist allerdings, daß die durch das Fernsehen vermittelte, fiktive Präsenz des Papstes in Ihrem Wohnzimmer unter bestimmten Voraussetzungen fast genauso real ist wie seine leibhaftige Anwesenheit, sollte er sich ausnahmsweise bei Ihnen zum Abendessen einladen. Im Fernsehen wird er ein „bionischer" Mensch, dessen sinnliche Präsenz der Größe des Empfangsgebietes der Sendung entspricht.

Das Fernsehen und die anderen elektronischen Medien haben die Grundlagen der menschlichen Aktivitäten verändert. Man muß diese Binsenweisheit so lange wiederholen, bis auch die penetrantesten Kritiker unserer heutigen Gesellschaft sich darüber klargeworden sind, was diese Veränderung für unsere kognitiven, emotionalen und funktionalen Beziehungen zu der von den Medien hervorgebrachten neuen, globalen Umwelt bedeutet. Die religiösen, persönlichen und kollektiven Belange entgehen dem Einfluß der Medien nicht. Ganz im Gegenteil! Es ist z. B. beinahe unmöglich geworden, angesichts des Informationsflusses über andere Religionen, der tagtäglich – in mediengerechter Aufbereitung durch lokale Konflikte und Positionskämpfe – in alle Teile der Welt übertragen wird, noch einen rigiden Lokalpatrionismus aufrechtzuerhalten. Paradoxerweise befreiten die Medien unsere politischen und religiösen Symbolfiguren nicht vom Reisen. Vielmehr sorgten sie dafür, daß sie für sie unerläßlich wurden, um ihre Mission zu erfüllen. In der elektronischen Umwelt heißt religiöse Kommunikation nicht mehr, sich schriftlich mitzuteilen, wie es die Päpste gewöhnlich mit ihren Enzyklika tun. Vielmehr bedeutet religiöse Kommunikation in Zukunft, seine Präsenz mit der größtmöglichen Unmittelbarkeit und Intimität spürbar werden zu lassen und seinen Körper über diese neue Art von Gemeinschaft, die die elektronischen Wellen stiften, zu verbreiten.

Die elektronische Aura

Die elektronische Veräußerung und Erweiterung der Person bietet völlig neue Möglichkeiten, die bisher nur von einigen Politikern und einigen Stars aus dem Showgeschäft erkannt worden sind. In unserer Vorstellung ist das eigene „Ich" ausschließlich in die innersten Tiefen unseres physischen Körpers verbannt. Es ist also von daher verständlich, wenn wir Zeit brauchen, um zu begreifen, daß die elektronischen Medien, sobald wir sie benutzen, eine Art technische Aura für uns herstellen. Unsere unmittelbare Präsenz wird weit über die Grenzen unseres Körpers hinaus ausgedehnt. Inwieweit wir an dieser elektronischen Ausdehnung teilhaben, hängt von unserem persönlichen Zugang zu den verschiedenen Medien ab. Natürlich hat der Papst auf Grund seiner durch seine exponierte Stellung unterstützten, charismatischen Persönlichkeit einen besseren Zugang zu den Medien als die meisten Menschen. Diese elektronische Form der Präsenz hat aber auch ein neues Bild vom Papst und neue päpstliche Pflichten hervorgebracht. An der Beziehung zwischen der physischen und bionischen Präsenz des Papstes bestärkt sich die paradoxe Notwendigkeit, in einer Epoche, in der der Mensch seine Reden und sein Bild über die ganze Welt ausstrahlen kann, ohne sich von der Stelle zu bewegen, zu reisen.

Wo er auch hingeht, den Papst umgibt eine wachsende elektronische Aura, die sein Bild und seinen Einfluß in Hunderttausende von Haushalten verbreitet. Dank des Fernsehens erleuchtet seine Präsenz die weiten Zonen der Orte, an denen er physisch anwesend ist. Es scheint, daß ihm von Ort zu Ort ein bewegliches, magnetisches Feld folgt, das den lokalen Kommunikationsnetzen die Programmschwerpunkte vorschreibt und auf die innere Bereitschaft einer gewaltigen Menschenmasse Einfluß nimmt. Der Papst erreicht nicht nur ein paar tausend Personen, er bewegt Millionen. Die Zuschauer müssen nicht ihren Wahrnehmungsapparat strapazieren, um eine ungefähre Ahnung von der Mission des Papstes zu bekommen. Das Bild des Papstes geht vielmehr direkt auf den Zuschauer über, vereinnahmt den Fluß der Elektronen gänzlich, um dessen Nervenzellen und Emotionen zu erregen.

Die elektronische Aura belebt die verblaßte Erinnerung an die Aureole der Heiligen. Die Aureole war eine Konvention der Maler im Mittelalter und in der Renaissance, um die Heiligen auf der Leinwand von niederen menschlichen Wesen zu unterscheiden. Sie identifizierte nicht nur die Heiligen als solche, sondern sie symbolisierte auch bestimmte Kräfte, die sie besaßen, da ihnen eine höhere spirituelle Ebene zugänglich war. Die Aureole implizierte, daß die Person, die sie trug, allein durch ihre Präsenz Sinn und Wert des spirituellen Seins vermitteln und die Menschen erlösen konnte. Es ist nicht verwunderlich, daß mit der Profanisierung der Schönen Künste während des 18. und 19. Jahrhunderts die Darstellungen (wenn nicht das Verständnis) von Aureolen in der Malerei zurückgingen. Seit dieser Zeit ist es nicht mehr so einfach, als Heiliger erkannt zu werden. Die rationalistische Mentalität führte dazu, daß sich die Kultur den mythologischen Interpretationen des Seins verschloß. Die dominierende soziale Klasse, deren Erziehung von der Kommunikation im Geiste des Buchdrucks bestimmt war, wurde dazu ausgebildet, jegliche metaphysische Beziehung zwischen der Natur und dem Ich zu ignorieren, indem diese schlichtweg für Aberglauben erklärt wurde. Die Welt wurde nach Modellen neu definiert, in denen eine logische Beziehung zwischen dem Ding an sich und seiner objektiven Erscheinung bestand. Erst das Fernsehen, das beim Zuschauer eher sinnliche als rationale Aktivitäten hervorruft, verunsicherte dieses Modell. Seit Beginn der sechziger Jahre lassen sich immer mehr Menschen von den alten, mystischen Traditionen anziehen. Das Wesen der religiösen Aktivität der Gläubigen aller Religionen besteht heute wieder darin (zumindest sollte es das), zu lehren und zu erlösen, indem sie sich selbst und die anderen mit der Materie versöhnen und ihr eine eigene Spiritualität zugestehen. Ich behaupte, daß Johannes-Paul II. die neuen Medien gebraucht, um eine gespaltene Kirche wieder zu vereinigen und dem Planeten gleichzeitig eine globale Spiritualität einzuhauchen. Damit versucht er, die Werte der christlichen Botschaft aus der Buchdruckkultur in die der elektronischen Medien zu übersetzen.

Ökumenische Bewegung durch Elektrizität

Ein typischer Effekt der neuen Technologien ist, daß sie die sozialen Ordnungen umkehrten, die sich durch den Buchdruck etabliert hatten. Die Botschafter bleiben „zuhause", und die Präsidenten reisen. Die Medien haben die räumliche Ordnung verändert: Wir sind von einer zentralistischen Kontrolle mit hierarchisch geordneter Delegation zur Dezentralisierung übergegangen, mit der Möglichkeit, uns dank eines hypernervösen, technologischen Systems, das den ganzen Planeten überzieht, umgehend an jedem Ort einzufinden. Früher war es die Aufgabe des Papstes, ein spirituelles Universum mit durchaus weltlichen Strategien zu beherrschen, indem er Bischöfe und Missionare in weit verstreute Gebiete schickte. Heute dagegen bietet ihm das Fernsehen die Möglichkeit, in medialer Gestalt selbst vor Ort zu sein. Es kommt zu einer völligen Umkehrung der Konditionen, die das Papsttum bislang bestimmt hatten. Es gab eine Zeit, in der alle Wege nach Rom führen mußten. Heute ist Rom der Ausgangspunkt für die Reisen in die gesamte Welt.

Papst Paul VI. war der erste, der im modernen Sinn reiste. Die Reisen dieses Nachfolgers von Johannes XXIII. (der bereits Rom verlassen hatte) wurden auch durch den zunehmenden Komfort der internationalen Transportwege ermöglicht. Seine Reisen unterscheiden sich allerdings von denen Johannes-Paul II. Paul VI. hat neun internationale Reisen unternommen und neunzehn Länder besucht. Aber Luigi Accattoli[1] hat treffend beobachtet, daß sich Paul VI. immer mit einem diplomatischen Anliegen und einer Mission im Gepäck auf Reisen begab. Papst Johannes-Paul II. betrachtet seine Reisen dagegen als Teil seiner missionarischen Pflichten als erster Stellvertreter Christi. Deshalb sind seine Reisen nicht wie diplomatische Missionen organisiert, sondern wie „Besuche eines Hirten". Die von lokalen Fernsehstationen übertragenen missionarischen Besuche haben vor allem eine elektronische Dimension, die die Reichweite und die Natur der Mission verändern. Johannes-Paul II. erklärt:

> Heute stehen uns sehr wirkungsvolle Hilfsmittel für die soziale Kommunikation zur Verfügung, in denen die Kirche die Zeichen des schöpfenden und erlösenden Werkes Gottes wiedererkennt, das der Mensch fortsetzen soll. Diese Instrumente können einflußreiche Kanäle für die Übermittlung des Evangeliums werden. Sie können sowohl bei der Bekehrung als auch für die nachträgliche Vertiefung des Glaubens eingesetzt werden, um die menschliche und christliche Einstellung der Jugend zu fördern.

Johannes-Paul II. ist also nicht der erste reisende Papst. Aber er ist der erste, der die Medien grundlegend verstanden hat und sie zu nutzen weiß, um seine physische Präsenz zu verbreiten und seine persönliche Aura zu entwickeln. Er reist nicht nur, um „Geschäfte" mit lokalen Autoritäten zu regeln und einer Menschenmenge, die seinen Weg säumt, die Hände zu schütteln. Er reist auch, um durch die Fernsehübertragung dieses Ereignisses die größtmögliche Anzahl von Menschen auf die direkteste und wirkungsvollste Art zu erreichen. Um im lokalen Fernsehen Sendezeit zu bekommen, ist es nötig, weit und oft zu reisen.

Es besteht eine Art Symbiose zwischen dem Papst und den nationalen Fernsehnetzen. Die Leute vom Fernsehen, die wissen, mit welcher Macht das Fernsehen tief verschüttete mythische Gefühle wieder zum Leben erweckt, wissen natürlich auch, daß der Papst ein gewinnbringendes Medienereignis ist. Die Profis sagen, daß er allerorts die Medien regelrecht überschwemmt. Um diese flächendeckende Wirkung zu erhalten, muß der Papst allerdings wie ein General, der seine Truppen zur entscheidenden Schlacht zusammentrommelt, zunächst quasi leibhaftig an „die Front" gehen. Das ist das Geheimnis der sonderbaren Beziehung von Papstreisen und Fernsehen. Diese Beziehung ist auch in solchen Gebieten oder Erdteilen wirksam, die – wie der afrikanische Kontinent – nur unzureichend mit einem entsprechenden Kommunikationsnetz ausgerüstet sind.

---

[1] Corriere della Sera, 8. August 1985.

Die Botschaft des Fernsehens

Mit der Aufhebung der zentralen Rolle Roms verlagerte sich auch der Schwerpunkt der Arbeit der Kirchenvertreter von einer eher administrativen Tätigkeit im Büro auf die mündliche Evangelisierung. Sobald die Päpste von Pius XII. bis Johannes-Paul II. die neuen Mittel zur Erweiterung und Ausdehnung ihrer missionarischen Aktivitäten entdeckt hatten, sorgten sie dafür, daß sie verstärkt in der Öffentlichkeit auftraten. Sie ließen hinter ihrer Rolle als offizielle Repräsentanten der katholischen Kirche stärker eine eigene persönliche Identität durchscheinen. Enrico Baragli hat die Erklärungen der Päpste zu diesem Thema aus den letzten hundert Jahre aufgelistet. In dieser Zusammenfassung sucht man allerdings vergeblich nach Beweisen für die Bedeutung Roms bei der theoretischen Durchdringung der Kommunikation. Allein Johannes-Paul II. hat sich eingehender mit diesem Thema beschäftigt. Die Tiefe seines Verständnisses für die Wirkungen von Medien zeigt sich unter anderem an seiner Einschätzung der Macht des Mediums, die Psychologie der Menschen zu ändern:

> Man spricht von ‚Videodependenz' – ein Begriff, der mittlerweile in den allgemeinen Sprachgebrauch eingegangen ist –, um den immer weitreichenderen Einfluß zu beschreiben, den die Hilfsmittel zur sozialen Kommunikation durch ihre Suggestivität und ihre Modernität auf die Jugend ausüben. Man sollte dieses Phänomen gründlich untersuchen, um Konsequenzen für die Rezipienten, die noch kein kritisches Bewußtsein haben, realistisch einschätzen zu können. Denn es geht nicht nur um eine Konditionierung der Freizeit, das heißt um eine Einschränkung der Freiräume, die täglich intellektuellen Aktivitäten und der Erholung vorbehalten sein sollten. Es geht vor allem um eine Konditionierung der Psychologie selbst, der Kultur und der Verhaltensweisen der Jugend.

Papst Johannes-Paul II. erkennt die zentralen Probleme der psychologischen Transformation des Fernsehzuschauers besser als der Großteil unserer Pädagogen. Er weiß, daß das Fernsehen unsere Sinnlichkeit neu formt. Er ist sich auch der Tatsache bewußt, daß es dazu tendiert, die Zuschauer einer kritisch-rationalen Haltung zu berauben. Da er andererseits die Vorteile des Fernsehens zur Erleichterung der Evangelisierungsbemühungen hervorhebt, hat er auch erkannt, daß das Fernsehen mythische Dimensionen des Denkens und der Sensibilität erschließt. Während also manche Kritiker das Fernsehen als Wegbereiter des Materialismus und seine Werbesendungen als Vorboten eines hirnlosen Konsumterrors verteufeln, sieht Papst Johannes-Paul II. in ihm ein Potential zur spirituellen Kommunikation. Damit ist Johannes-Paul II. der erste Papst, der der Medienrevolution nicht hinterherhinkt. Leider hatte die Kirche bisher auf Grund ihres Konservatismus immer die entscheidenden Gelegenheiten zur Erneuerung verpaßt. In der Geschichte der Kirche führte diese Haltung unweigerlich zur Katastrophe, sobald das Alte und das Neue aufeinander stießen wie z. B. in der Reformation. In der jüngsten Vergangenheit hätte eine Erneuerung der Kirche in dem Augenblick stattfinden müssen, als die spirituellen Werte des Abendlandes vom Konsumverhalten überrollt wurden, das erst die Massenkultur hervorbrachte. Der Papst sieht im Fernsehen ein globales Medium, wodurch er sich von den „Fernsehpredigern“ in den USA unterscheidet, die der Ansicht sind, dieses Medium nur für sporadische und regional begrenzte Sendungen nutzen zu können. Wenn wir sie nur entsprechend einsetzten, könnten die sogenannten Massenmedien tatsächlich das geeignetste und unmittelbar verfügbare Mittel sein, um das verlorene Gleichgewicht zwischen dem Materialismus und den spirituellen Werten wiederherzustellen.

Eine Rolle spielen

Man darf das Talent Johannes-Pauls II. im professionellen Umgang mit dem Fernsehen nicht unterschätzen. Ein italienischer Journalist behauptete einmal: „Vor den Fernsehkameras fühlt er sich wohl wie ein Fisch im Wasser. Er weiß um die Wirkung seines Bildes, und er benutzt sie für seine Politik des katholischen Aufschwungs vom Atlantik bis zum Ural.“ Indem das Fernsehen einzelne Bewegungen auswählt und betont, lenkt es die Aufmerksamkeit des Zuschauers auf die menschliche Dimension des Papstes. Das Fernsehen sensibilisiert ein ganzes Land für den Chef der Christenwelt, indem es jeden Augenaufschlag zeigt, jede Geste klar abbildet, die genaue Entfernung zwischen den Menschenmengen und dem Papst wiedergibt und die Art und Weise einer Aussage mit ihrem Inhalt vergleicht. Die Art, wie der Papst zur anglikanischen Kirche Saint-Paul in Toronto zu einer ökumenischen Messe schritt, zeigt exemplarisch den Einfluß, den seine Erscheinung auf Christen und Nicht-Christen ausübt. Er grüßte die Masse, als ob er mit jedem einzelnen kommunizierte. In Interviews bekannten Fernsehzuschauer wie Besucher vor Ort, daß sie sich ganz persönlich von der Präsenz des Papstes berührt fühlten. Wie andere berühmte Fernsehstars weiß der Papst, daß eine einzelne Person via Fernsehen zur gleichen Zeit in Millionen Haushalte eindringen und eine persönliche Beziehung mit jedem einzelnen herstellen kann. Die Macht der großen „Kommunikatoren“ wie Ronald Reagen oder Papst Johannes-Paul II. kommt aus ihrer Fähigkeit, Sie spüren zu lassen, daß sie über den Fernseher genau zu Ihnen reden.

Die mediale Verbreitung bringt aber auch (physische, soziale und spirituelle) Risiken mit sich, die der Papst in Kauf nehmen muß, um seine Mission zu erfüllen. Wie das Attentat während seines öffentlichen Auftrittes auf dem Petersplatz in Rom beweist, liegt das Risiko in der öffentlichen Zurschaustellung selbst. In Entsprechung zum christlichen Opfergedanken ist der Papst im Fernsehen wie im Leben der einflußreichste und zugleich der verletzlichste Mensch. Das Fernsehen ist unberechenbar und unerbittlich zugleich: Es ist unberechenbar, weil es den Einfluß einer Person willkürlich zurücknehmen oder aufrechterhalten kann. Es ist unerbittlich, weil es alles ohne Rücksicht auf Verluste ans Licht der Öffentlichkeit zerrt. In Kanada wurde Papst Johannes-Paul II. einer neuen Art der Prüfung unterzogen, die bis dahin noch keinem anderen Staatsmann und keiner Person des öffentlichen Lebens auferlegt worden war. Man fuhr ihn in einem speziell angefertigten „Papamobil" spazieren, das sich als journalistische Neuheit und als Meisterwerk der Kommunikationstechnologie entpuppte. Da auf dem Fahrzeug selber eine Kamera angebracht war und es von einem mit einer Kamera ausgerüsteten Helikopter begleitet wurde, konnte der Fernsehzuschauer den Papst ununterbrochen verfolgen. Auch zwischen den offiziellen Auftritten verlor er ihn nicht eine Sekunde lang aus den Augen. Man erwartete von ihm, daß er diese Prüfung, sich zwölf Tage hintereinander ohne Unterbrechung ins Licht der Öffentlichkeit zu stellen, bestand. Von den öffentlichen Auftritten bis zu intimen, privaten Momenten, vom kleinsten unterdrückten Gähnen bis zum Pomp und Dekor der rituellen Gesten war alles uneingeschränkt sichtbar.

Wie Ugo d'Ascia vom Fernsehsender TG2 betont, war dieses Arrangement notwendig, da nur die persönliche Erscheinung des Papstes für ein Publikum, das den Sinn der Worte nicht mehr selbständig interpretieren kann, überhaupt Bedeutung stiftet. Er gleiche

> einem gotischen Kirchenchef im 20. Jahrhundert. Seine rituellen Gesten sind tausendjährig, sie werden überall verstanden und lösen bei den unterschiedlichsten Menschenmengen Enthusiasmus aus. Wojtyla ist nicht wichtig durch das, was er sagt, sondern durch das, was er ist.

Wir lernen gerade, Informationen ausgehend von der Erscheinung öffentlicher Personen aufzunehmen und zu dekodieren, als auf das zu hören, was sie sagen und was darüber gesagt wird. Es gibt unzählige Beispiele dafür. Ein signifikantes Beispiel sind die Debatten zwischen Reagan und Mondale. Während der letzten Wahlphase 1985 in Amerika wurden zwei öffentliche Streitgespräche der beiden vom Fernsehen übertragen. Nur die Politologen hielten sich lange mit den Stellungnahmen oder Meinungen der beiden Kandidaten auf. In den Medien dagegen sorgte man sich nach dem ersten Treffen wegen Reagans Müdigkeit. Er schien „viel älter“ als gewöhnlich. Die zweite Runde konnte Reagan dann für sich entscheiden, obwohl Mondales Argumente viel pointierter und geschickter formuliert waren, weil er die bessere Figur gemacht und vor der Kamera besser gewirkt hatte.

Auch das Radio kann eine intime Kommunikation herstellen, die allerdings leichter zu beherrschen ist als die des Fernsehens. Während das Radio in der Werbung und in der politischen Propaganda den offiziellen Status einer Person in den Vordergrund stellt, kann das Fernsehen das Öffentliche und das Private miteinander verbinden. Um den Eindruck der Masse zu erzeugen, versammelte man im Radio eine große Anzahl von Leuten zu einem politischen Treffen. Die Vorstellung vom Massenmenschen wurde mit der Größe der Menschenmenge gleichgesetzt. Diese Vorstellung war typisch für die industrielle Mentalität vor dem Zweiten Weltkrieg. Nach McLuhan ist heute die Geschwindigkeit und nicht mehr die Quantität Merkmal für den Massenmenschen. Obwohl die von den Medien angekündigten und übertragenen Besuche des Papstes immer wieder Menschenmassen mobilisieren, ist sich Johannes-Paul II. der Tatsache bewußt, daß eine einfache, durch das Fernsehen millionenfach multiplizierte Geste leistungsstärker sein kann als die Menschenmenge, die an diesem Ereignis vor Ort teilnimmt. Aus diesem Grund begibt sich der Kirchenfürst höchstpersönlich und leibhaftig in die abgelegensten Gebiete und nimmt für die mediale Ausschlachtung einer solchen Reise sogar in Kauf, daß er nur einer Handvoll Menschen begegnet. So geschah es in Kanada, als er eine Gruppe extremistischer Fischer besuchte, oder im dünnbesiedelten Neufundland, wo es ihm wegen der schlechten Witterung nicht gelang, die Bevölkerung zu mobilisieren.

Die ökumenische Bewegung als Effekt der Medien

Auf Grund einer Verkettung verschiedener Faktoren wie z. B. ihre über Jahrtausende währende Existenz, ihre Verbreitung über den ganzen Planeten und ihre dynamische Repräsentation im Fernsehen hat die römische Kirche trotz einiger separatistischer Tendenzen den Höhepunkt ihres Strebens nach Universalität erreicht. Das ist bisher noch keinem anderen spirituellen oder weltlichen Glauben gelungen. Im Unterschied zu anderen Religionen und anderen Kulturen bietet die römische Kirche ihrer reformierten Kollegin auch weiterhin Identifikationsmöglichkeiten. Diese bestehen in einem diffusen ökumenischen Gefühl der brüderlichen Vereinigung aller Christen. Der Papst als Kopf dieser Kirche und als ihre älteste Manifestation dient als kollektive, christliche Identifikationsfigur. Diese Tendenz zeichnet sich seit dreißig Jahren ab, unabhängig davon, ob Persönlichkeiten wie Roncalli, Montini oder Wojtyla diese Position innehatten. Seit fast zehn Jahren verstärken die Reisen und Fernsehauftritte von Papst Johannes-Paul II. sie noch. Diese kollektive Identität wirkt nicht nur bei den Katholiken, sondern durchaus auch bei anderen christlichen Konfessionen. In einer Zeit, in der die private Identität in der Arbeitswelt und in der Gesellschaft kollektiven Strukturen untergeordnet wird, spüren viele Menschen, die sehr verschieden und weit voneinander entfernt sind, das Bedürfnis, einer allgemein gültigen und zugleich persönlichen Ordnung anzugehören.

Die Reformation und die Spaltung der katholischen Kirche wurden durch die schnelle Verbreitung der Schriftkultur mit Hilfe des Buchdrucks verursacht. Die ökumenische Bewegung ist dagegen eine Auswirkung der elektronischen Massenmedien, die die Menschen oftmals auch gegen ihren Willen einander näher bringt. Ob wir es wollen oder nicht: Wir sind in Kontakt mit dem Rest der Welt. Denn sie wird uns täglich durch das Fernsehen in unsere Wohnzimmer gebracht. Während doktrinäre Abgrenzungen durch die stille Meditation des Lesers noch betont und verstärkt wurden, zählt beim Radio oder Fernsehen nur die beruhigende und vertrauenerweckende Ausstrahlung desjenigen, der sich in aller Öffentlichkeit äußert und die Sache folglich in die Hand nehmen wird.

Eine planetarische Identität

Der Papst zählt zu den wenigen Personen, die zu Recht eine planetarische Identität für sich in Anspruch nehmen können. Denn sein Bild ist nicht an eine Nation gebunden. Es entspricht vielmehr einer spirituellen Entität. Die Reisen des Papstes gehören zu einer neuen Art von Manifestationen, zu denen des weiteren zählen: die Olympischen Spiele 1984 in Los Angeles; die immensen internationalen Anstrengungen für Äthiopien; die subtilen Strategien Michael Gorbatschows, abendländische Medien zu nutzen; die Studentenrevolte in Peking vor den Augen der Weltöffentlichkeit; die Art, wie das westliche Fernsehen bei den Ereignissen in Rumänien und im Irak manipuliert wurde. Auf einer anderen Ebene gehören dazu auch die individuellen Aktionen von Leuten, die versuchen, Gruppenschaltungen und andere Formen des Kontaktes über den Planeten hinweg herzustellen. Es geht um eine „planetarische Kommunikation“. Trotz der verschiedenen Ausprägungen vermittelt sie uns jenseits aller kulturellen und sozialen Unterschiede ein Gefühl für die Einheit der Menschheit. Dieses Gefühl hat nichts mit der verwaltungtechnischen Vernetzung des gesamten Globus zu tun. Es ist vielmehr Zeichen für eine veränderte Sensibilität. Diese entsteht aus einer bionischen Integration direkter und indirekter Empfindungen unseres organischen Körpers, die von seiner elektronischen Veräußerung ausgelöst werden. Papst Johannes-Paul II. weiß um die Macht der Medien, eine neue Art von Einheit der Kirche und der Welt im allgemeinen hervorzubringen.

> Als Faktoren der Gemeinschaft und des Fortschritts müssen die Massenmedien ideologische und politische Barrieren niederreißen und die Menschheit auf ihrem Weg zum Frieden begleiten. Sie sollten auch dazu beitragen, den Prozeß der Integration und der brüderlichen Solidarität zwischen den Völkern in Ost und West, in Nord und Süd zu fördern.

Das vom Fernsehen über die ganze Welt verbreitete Bild des Papstes ist ein elektronisches Symbol für eine den gesamten Planeten umfassende Menschlichkeit. Als solches ist es eine bedeutende Ikone des 20. Jahrhunderts.

Fernsehevangelismus: eine Theologie für das zentrale Nervensystem

Auf die Frage, warum der Fernsehevangelismus in Nordamerika so populär ist, antworten Theologieexperten wie Gregory Baum, das läge an der finanziellen und sozialen Unsicherheit. Diese sogenannten Experten sind genauso ignorant und unsensibel für die Auswirkungen der Medien wie die Teilnehmer des Konzils von Trient, die nicht erkannten, daß die Alphabetisierung und die Technologien des Buchdrucks für die Teilung der römischen Kirche verantwortlich gewesen waren.

Diesen mangelnden Scharfblick der Kirchenväter des 16. Jahrhunderts bezahlten Hunderttausende Menschen während der Kriege und Verfolgungen im Namen der Religion mit ihrem Leben. Es ist schwer vorauszusagen, welche Konsequenzen die vom Fernsehen eingeführte technologische Revolution haben wird. Aber die Kirchenväter begegnen der Bedrohung der etablierten Formen der religiösen Praktiken heute anscheinend mit derselben Gleichgültigkeit wie damals.

Was macht den Fernsehevangelismus so gefährlich? Es sind sicher nicht die Inhalte der Programme, die sich kaum von anderen im Fernsehen gezeigten Sendungen unterscheiden. Die Gefahr steckt vielmehr im Medium Fernsehen selbst.

Denn das Fernsehen gibt sich nicht damit zufrieden, sein Publikum zu gewinnen und das Evangelium gezielt an möglichst viele Menschen weiterzugeben. Wenn es nur um die Verbreitung ginge, könnte man das Evangelium auch im Radio übertragen. Das Fernsehen dagegen modifiziert die mentalen Strukturen seines Publikums und gestaltet dessen zentrales Nervensystem nach seinen eigenen Schemata. Ich gehe davon aus, daß die entscheidende Bedeutung des Fernsehevangelismus keine theologische oder liturgische, sondern eine neurologische ist.

Das HiFi-Programm Gottes: die Merkmale der „elektrischen Kirche“

Die treffende Bezeichnung „elektrische Kirche“ wurde nicht etwa von Marshall McLuhan erfunden, sondern von Ben Armstrong, dem Präsidenten des Vereins der Animatoren nationaler Religionen. Der Evangelismus begann zwar mit der Erfindung des Radios, er hat sich aber schnell die Vorteile der Telematik zu eigen gemacht. Mit Hilfe eines Konzeptes von Arthur Clarke sollen drei an strategisch günstigen Punkten in der Atmosphäre installierte Satelliten zusammengeschlossen werden, um die ganze Welt mit dem Evangelium zu beglücken.

Der „Anschluß" der Kirche ans Netz hat direkte und indirekte Auswirkungen auf das Verhalten in der Gemeinschaft der Kirche. Nach McLuhan hatte die Einführung der freien Rede in der Kirche, die eine neue Art der Intimität zwischen dem Priester und seiner Zuhörerschaft herstellte, zur Folge, daß die lateinische von der in der Landessprache zelebrierten Messe abgelöst wurde. Der Priester wurde gezwungen, sich seinem Publikum von Angesicht zu Angesicht zuzuwenden. Das führte zu einer Transformation des geschriebenen Wortes, des toten Buchstabens, in die direkte Kommunikation mit den Versammelten.

Die Elektrifizierung der Kirche ist mittlerweile so weit fortgeschritten, daß die Religion ihre Sendestrecken fest im System internationaler Kommunikationsnetzwerke verankern konnte. Wie zu erwarten, hat das Medium die Natur der Botschaft bereits verändert. Die unerwartete Ausdehnung und Verstärkung der Stimme und des Bildes des Predigers haben den persönlichen Kontakt zu den Gläubigen unterbrochen und die sinnliche Kommunikation durch elektronische Hilfsmittel ersetzt. Der Teleevangelismus bedient sich nicht nur des Fernsehens, sondern er benutzt auch audiovisuelle Technologien, Video, Verkabelungen und Satelliten.

Ohne Telefon und Computer könnte der Fernsehevangelismus höchstwahrscheinlich gar nicht mehr existieren. In Frage steht, inwiefern die Kombination der miteinander zu verbindenden Technologien Grundlage für das Aufblühen des Fernsehevangelsimus ist. Verkürzt gesagt: Das Fernsehen verleiht dem Prediger landesweite Präsenz, das Telefon erlaubt es seiner Organisation, „offene Schaltungen" oder „Telekonsultationen" aufzubauen, während die Computer ein System der direkten Abfertigung individueller Spendenaufrufe simulieren. Diese quasi organische Vernetzung stellt die für das Überleben und das Wachstum der gesamten Organisation nötige Kollekte sicher.

Die Neurologie des Fernsehevangelismus

Um zu verstehen, was den Fernsehevangelismus für einen großen Teil der amerikanischen Bevölkerung so interessant macht, müssen die neurologischen Implikationen untersucht werden, die durch die verschiedenen Kommunikationsmedien ins Spiel gebracht werden.

Die neuen von den Informationstechnologien eingeführten Metaphern können uns helfen, die Funktionsweise des menschlichen Gehirns zu beschreiben. Das menschliche Gehirn und der Computer zeichnen sich durch Formbarkeit, Wandelbarkeit und Anpassungsfähigkeit aus. Das menschliche Gehirn ist allerdings unendlich viel wandlungs- und anpassungsfähiger als jede Technologie. Es kann Veränderungen in den Gegebenheiten der Umwelt umgehend speichern und sich ihnen auf jeder Funktionsebene anpassen, um auf die Anforderungen dieser Veränderungen einzugehen. Es gibt zwei grundlegend voneinander verschiedene Typen der Veränderung, die folglich im Gehirn auf verschiedenen Ebenen verrechnet werden. Wir unterscheiden die semantische Ebene und die der Verarbeitungsart. Wer die Funktionsweisen der Medien nicht versteht, wird auch nicht begreifen, daß die beiden Verfahrensweisen zu unterschiedlichen Ebenen zählen. Das menschliche Gehirn agiert, neben anderen, auf diesen beiden Ebenen. Seine Aktivität ist aber auf jeder Ebene verschieden. Es ist z. B. nicht anzunehmen, daß ein Mensch die Verarbeitungsebene beim Lesen wechseln wird; auch dann nicht, wenn man ihm die verschiedenartigsten Bücher geben würde. Es ist allerdings beinahe sicher, daß das Gehirn die Ebene, auf der es Zugriff zu Informationen hat, umgehend ändert, wenn man ihm dieselben Informationen auf einem Videobildschirm darbieten würde oder sie auf ein anderes Medium als das Buch überträgt.

Dieser hochspezialisierte Wechsel der Informationsverarbeitung läßt sich auf metaphorischer Ebene mit dem Austauschen eines Anwenderprogramms im Computer vergleichen. Wenn man aber ein Textverarbeitungsprogramm durch ein Graphikprogramm oder ein Videospiel ersetzt, indem man ganz einfach die entsprechende Diskette im Computer austauscht, stellt man fest, daß das neue Programm die Befehle des vorhergehenden nicht erkennt, während er auf das neue Ensemble von Programmbefehlen ausgezeichnet reagiert.

Anders ausgedrückt, es ändert sich nicht einfach der Stil, die Wirkungskraft oder der Inhalt der Botschaft, wenn eine religiöse Aussage im Fernsehen oder in einem Buch vermittelt wird. Viel grundlegender und untergründiger wird vielmehr der Zugang des Zuschauers zur Informationsverarbeitung verändert. Es muß angenommen werden, daß der Zuschauer selbst programmiert und seine Verarbeitung neu organisiert wird, indem eine Botschaft in bestimmter Weise programmiert wird. Dieser grundlegende Eingriff, der von den Machern nicht immer ganz unbewußt vollzogen wird, ängstigt uns verständlicherweise am meisten.

Auf diesen Tatbestand wollte McLuhan mit seiner Behauptung hinweisen, daß der wahre „Inhalt" jedes Mediums dessen Benutzer ist. Unsere dominanten Kommunikationsmedien haben uns nicht nur auf Grund der Daten, die sie vermitteln, sondern vor allem durch die neurologischen Metamorphosen, die sie auslösten, umfassend und tiefgreifend beeinflußt. In der Entwicklung der abendländischen Psyche lassen sich drei wesentliche Metamorphosen (oder „Programme") bezüglich der Verarbeitung der Information benennen: sich erinnern, denken, modulieren.

Sich Erinnern war die vorherrschende, bewußte, mentale Aktivität in allen voralphabetischen Kulturen, die auch nach der Erfindung der Schrift noch wirksam war, sich allerdings durch das phonetische Alphabet der Griechen im 10. oder 9. Jahrhundert v. Chr. veränderte. Im Stadium der Erinnerung beschränkte sich die Verarbeitung von Informationen auf deren Speicherung mittels elaborierter, oraler Mnemotechniken wie die Prosodik oder festgelegte Gestenabfolgen.

Das Stadium des Erinnerns unterscheidet sich von dem des *Denkens* grundlegend. Auf dieser neuen Stufe kann die im kollektiven Gedächtnis gespeicherte Erinnerung manipuliert und modifiziert werden. Wenn der einzelne bestimmte Aspekte des Wissens seiner Gemeinschaft „neu schreiben" will, muß er eine kritische Distanz zu dem, was er wahrnimmt, herstellen können. Erst auf diese Weise kann er die mentalen Möglichkeiten, die das eigenständige Denken auszeichnen, völlig ausschöpfen. Mit anderen Worten, um das gesamte Wissen einer Gemeinschaft zu modifizieren, muß man sich bis zu einem bestimmten Grad von diesem Wissen lösen können.

Diese Fähigkeit wird im allgemeinen als Abstraktionsvermögen bezeichnet. Es handelt sich um die Fähigkeit, Regeln und Modelle aus konkreten Erscheinungen abzuleiten. Das Abstraktionsvermögen ist aber keine angeborene Eigenschaft der menschlichen Kognition oder der Wahrnehmung. Sie entwickelt sich vielmehr erst durch eine spezielle Kommunikationsform, in der die Information behandelt werden kann. Das erste, umfassend abstrakte Kommunikationssystem, das vor dem Computer in der Welt auftauchte, war das vollständige phonetische Alphabet.

Durch das griechische Alphabet wurde die Information völlig unabhängig von der menschlichen Wahrnehmung. Um überhaupt eine Bedeutungsproduktion herzustellen, mußte die Verrechnug der visuellen Zeichen in Laute zwischen das Bild einer Buchstabenabfolge und das Denken, das sie hervorrief, geschaltet werden. Durch dieses Verfahren der „zweifachen Dekodierung": vom Bild zum Laut und vom Laut zur Idee, erreichte die Schrift eine bis dahin ungekannte Stufe der Abstraktion. Denn im Unterschied zum hebräischen wurde im griechischen Alphabet die Beziehung zwischen jedem Laut und jedem Buchstaben durch die Einfügung von Vokalen festgelegt. Das Verfahren der zweifachen Dekodierung wurde zur Norm. Andere Schriften konnten dieses Abstraktionsniveau nicht erreichen, da sie die Zeichen direkt in Bedeutung übertrugen, also nach dem Prinzip einer einfachen Dekodierung verfuhren.

Ich habe in meinen Aufsätzen *Ecriture, théâtre et neurologie* und in *The Alphabet and the Brain*[1] erläutert, warum anzunehmen ist, daß der Umgang mit dem phonetischen Alphabet in die mentalen Prozesse eingriff und bestimmte zerebrale Aktivitäten hervorgebracht hat. Eine der Konsequenzen dieser Eingriffe war die Herausbildung eines neuen Bewußtseinstyps.

Das Denken wurde dazu erzogen, die Information eher nach individuellen Bedürfnissen als nach Vorgaben des kollektiven Stammesgedächtnisses zu speichern und zu klassifizieren. Das Bewußtsein war nicht mehr Umschaltsystem für kollektive sinnliche Antworten. Es formte vielmehr einen mentalen Raum, in dem jede existentielle Information für den persönlichen Gebrauch verrechnet wurde. Auch so wichtige Informationen wie religiöse Wahrnehmungen und das lebenspraktische Wissen wurden auf diese Weise „personalisiert". Das originäre Denken wurde zur Norm statt zur Ausnahme, und in der jungen athenischen Kultur erblickte der Liberalismus das Licht der Welt.

In Frage steht der Modus der Informationsverarbeitung beim Publikum der Fernsehevangelisten. Obwohl es sich größtenteils um alphabetisierte Zuschauer handelt, sind sie nicht mehr von einer alphabetisierten Mentalität geprägt. Eine neue „magnetisierte" Mentalität hat vielmehr von ihnen Besitz ergriffen. Die Zuschauer des Fernsehevangeliums können natürlich wie alle Fernsehzuschauer denken und sich erinnern. Aber die gebräuchlichste Art, mit der sie Informationen bearbeiten, besteht darin, sie zu *modulieren*.

Obwohl wir durch das Lesen- und Schreibenlernen in der Schule eine persönliche Form der Informationsverarbeitung entwickeln, verlieren wir – so meine Hypothese – auf Grund mittelmäßiger Aus- und Weiterbildung oder durch exzessiven Gebrauch des Fernsehens allmählich die Fähigkeit, den Überfällen organisierter Information aus dem Fernsehen unsere persönlichen Kriterien entgegenzuhalten.

Wenn wir davon ausgehen, daß beim Lesen visuelle Zeichen in Laute und anschließend diese Laute in Bedeutung übersetzt werden, so erfordert dieses doppelte Verfahren eine Reihe von Klassifizierungen und Verrechnungen. Beim Fernsehen verhält es sich völlig anders. Wer fernsieht, ist nicht gezwungen, ganz bewußt einen Kode zu zerpflücken und neu zu ordnen. Er läßt sich die Daten einfach von den Elektronenbündeln

---

[1] Vgl. Bibliographie.

direkt auf seine Neuronen „malen“. Das schrittweise und analytische Verfahren der Lektüre erlaubt es dem Leser also, Barrieren und Filter, bestehend aus seinem erworbenen Wissen und seiner vorangegangenen Erziehung, zu errichten, um zweifelhaften Begriffen und Vorstellungen entgegenzutreten. Der Fernsehzuschauer ist dagegen gezwungen, Bilder und Töne ohne jeglichen Verteidigungsmechanismus zu akzeptieren.

Die Rezeption des Konsumenten ist beim Fernsehen und beim Lesen grundlegend verschieden: Während die Information beim Lesen „gestaut“ wird, wird sie beim Fernsehen umgehend „kanalisiert“, so daß sie sich nicht aufladen kann. Der Datenfluß, der von dem unterschiedlichen „Vagabundieren der Information“ beim Rezipienten ausgelöst wird, ändert die Form des transportierten Inhaltes. In den Metaphern der Elektronik ließe sich umschreiben, daß die Alphabetisierung uns zu „Widerständen“ macht. Durch das Fernsehen werden wir dagegen zu „Verstärkern“ und, um das Bild auf die Spitze zu treiben, die Mikroprozessoren unserer Computer machen uns zu „Halbleitern“ der Information (der Energie). Wie beim Lesen halten wir die Information zwar ein wenig zurück, lassen ihr aber größtenteils freien Lauf.

Die religiösen Sendungen zählen zu den geschicktesten Anwendungsformen des Fernsehens. Denn sie verbinden die charakteristischen Merkmale der von der Religion bestimmten, mentalen Organisation voralphabetischer Stammeskulturen mit dem mentalen Magnetismus in postalphabetischen Kulturen. Sobald diese Sendungen also die Religion zu ihrem Inhalt machen, beleben sie überlieferte Erinnerungen, die die Sprache und die kulturellen Formen religiöser Praktiken von alters her in sich tragen. Alle Weltreligionen verlangen einen bestimmten Grad an Opferbereitschaft von ihren Gläubigen. Genau das tut das Fernsehen, obwohl sich diese Forderungen nicht explizit ausdrücken. Der aus dem Innern der Gläubigen (aus der mentalen Struktur des religiösen Denkens) und der von außen kommende Druck (die Lichtbündel des Fernsehens, die die Berechnung der Information im Gehirn beeinflussen), können den Fernsehzuschauer seiner persönlichen Meinung und seiner Identität „berauben“, um sie durch ein vorgefertigtes Denken und Empfinden zu ersetzen.

Im Gegensatz zu Zuschauern, die von einer alphabetischen Kultur geprägt sind, beziehen sich die mentalen Bedürfnisse glühender Verehrer des Fernsehevangelismus nicht auf die inhaltliche „Substanz“ oder die Verschiedenartigkeit einer Sendung. Ihre Bedürfnisse liegen vielmehr auf der emotionalen Ebene. Ich gebrauche diese Beschreibung, obwohl sie für die meisten alphabetisierten Personen, die Emotionen nur als das verstehen, das sie bezwingen und kontrollieren können, keinen großen Erklärungswert haben dürfte. Modulieren beschreibt treffend, was mit uns geschieht, wenn wir auf emotionaler Ebene angesprochen werden. In einer religiösen Sendung wird eine Beeinflussung der Emotionen nicht durch den semantische Gehalt einer Aussage, sondern durch die kleinste Veränderung der Stimme des Predigers ausgelöst. Als unsere Welt noch in Bücher übersetzt wurde, unterlagen die Emotionen der Kontrolle der semantischen Reihung durch die Drucktechnik: Man mußte die Bedeutung der Worte kennen, bevor man die Erfahrung wiedererkennen konnte, die sie beinhalteten. Bei Radio und Fernsehen dagegen steht die Erfahrung im Vordergrund. Wenn der Zuschauer nicht vehement darauf besteht, die Bedeutung zu vertiefen – und zweifellos legen die meisten Fernsehsüchtigen keinen Wert darauf –, läßt er sich eher von der Erfahrung formen, statt zu versuchen, selbst auf diese Einfluß zu nehmen. Darin liegt die hypnotische Wirkung des Fernsehbildschirms, weshalb sich dieses Medium ausgezeichnet für die Werbung eignet.

Indem das Fernsehen den Zuschauer „moduliert", schließt es ihn an eine Frequenz an. Die Zuschauer sind nicht von vornherein auf jedes beliebige Fernsehprogramm abgestimmt. Sie müssen vielmehr eine Auswahl treffen. Die Kriterien dafür richten sich allerdings nicht nach der Informationsspeicherung (sich erinnern) oder der kritischen Beurteilung (denken). Die Auswahl wird vielmehr von der Fähigkeit einer Sendung, ihr Publikum zu modulieren, das heißt es auf eine geeignete Frequenz abzustimmen, getroffen. Die Fernsehevangelisten wissen, daß sie ihre Anhängerschaft nur dann an sich binden und vereinigen können, wenn sie sie an eine einzige Frequenz anschließen.

In diesem Zusammenhang stellt sich die Frage, welche Art von Gemeinschaft durch diese elektronische Interaktion produziert wird. Die Fernsehevangelisten behaupten, daß ihre Sendungen vor allem diejenigen erreichen, die nicht regelmäßig an den Gottesdiensten einer größeren Kirchengemeinde teilnehmen können, wie z. B. Kranke, Invaliden oder Menschen, die in abgelegenen Gebieten leben. Das mag zutreffen. Dieser Kontakt ist aber trügerisch. Im Fernsehen ist niemand wirklich „da". Selbst wenn man manchmal daran zweifelt, gibt es im Gerät kein Gegenüber. McLuhan behauptete, daß wir mit dem Fernsehen in eine Ära des „Engelismus" eingetreten seien. Das heißt, die Veräußerung unseres zentralen Nervensystems durch seine elektrische Verlängerung hat uns von unserem Körper entfremdet und uns in „Engel" verwandelt. Wir selbst passen zwar noch nicht auf einen Stecknadelkopf, können aber bereits mit Hilfe von Computerchips kommunizieren. Tatsache ist, daß es schwierig sein wird, ohne den leibhaftigen Körper die persönliche Identität zu lokalisieren.

Während eines Interviews für die Sendung *Ideen* des englischen Senders von Radio Canada enthüllte Ben Armstrong, warum der Fernsehevangelismus eine absolute Kontrolle auf seine Zuhörerschaft ausübt:

> Es handelt sich um eine Verbindung von Akustischem und Optischem, die die Menschen eher zu Teilnehmern als zu Zuschauern oder Beobachtern werden läßt. [...] Durch die explosive und globalisierende Natur eines Fernsehprogramms wird eine Person um ihre Identität gebracht, sobald sie von der Wirklichkeit dieser Erfahrung erfaßt wird ...

Für diesen Identitätsverlust ist nicht der Fernsehevangelismus verantwortlich, sondern das Medium Fernsehen selbst.

Die Religion als Unterhaltung: Soll die römisch-katholische Kirche sich auf dieses Angebot einlassen?

Die Frage, ob die katholische Kirche das Fernsehen benutzen soll, um ihre Messen zu verbreiten, ist eine Sache der persönlichen Beurteilung. Ich möchte einige Argumente zusammenfassen, um meine eigene Meinung zu rechtfertigen.

Der Inhalt einer katholischen Fernsehsendung unterscheidet sich nicht grundlegend von dem anderer Sendungen, nur weil sie auf die katholische Doktrin zurückgeht. Aus dem bisher Gesagten dürfte klargeworden sein, daß es in einer Fernsehsendung keinen „Inhalt" im traditionellen Sinne gibt: Es existiert nur eine variable Modulation, die den Zuschauer in „analoger" Form neu konditioniert. Es mag sein, daß diese Verfahrensweise für die Evangelisierung angemessen ist, sie unterbindet aber eine wirkliche Auswahl auf seiten des Fernsehzuschauers. Während der Glaube des einzelnen die Wahlfreiheit voraussetzt, bringt die manipulierende Art des Fernsehens diese in Gefahr.

Zum anderen glauben die meisten von uns, „Inhalt" sei das logische Substrat, eine semantische Formel, die man aus dem gesamten Kommunikationsprozeß herausziehen könne. Der Inhalt wäre also eine von der Aneinanderreihung der Wörter produzierte, vorgegebene Bedeutung. Die Ermahnungen des Fernsehevangelisten reduzieren aber diese Art von Inhalt gewöhnlich auf ein Minimum und benutzen die rhetorischen Potentiale gesprochener Sprache. Die wenigen semantischen (das heißt logischen) Sachverhalte, die noch übrigbleiben, dienen dazu, die Emotionen des Publikums in den „Anschluß an eine Frequenz" zu integrieren. Denn der Fernsehevangelist überzeugt sein Publikum nicht mit Hilfe von Argumenten, sondern mit Hilfe rhetorischer Effekte. Seine Argumentation hat nur noch die Aufgabe, diese Effekte zu kanalisieren. Diese fundamentalistische Art der Manipulation des Publikums gelingt problemlos, zumal der Prediger sich auf eine Reihe von naiven Mythen stützen kann, die schon durch die Bibel in der Kultur verankert sind. Das Fernsehen baut natürlich nicht auf eine wissenschaftliche Einstellung zur Bibel, denn seine Funktionsweise eliminiert einen Großteil der kritischen Fähigkeiten des Zuschauers und erreicht ihn auf einer primitiven Stufe der Lektüre, die den heiligen Status der Bibel aufrechterhält.

Die religiösen Animatoren fordern vor allem Geld und Gebete von ihren Anhängern. Ihr Christentum ist weder anspruchsvoll noch streng. Man präsentiert dem zu Bekehrenden eine christliche Mythologie im Stil eines konsumentenfreundlichen „Leben und Leben lassen“: Diese Auslegung der christlichen Botschaft zur Erlangung des ewigen Seelenheils gleicht bestenfalls einem Motto nach Art des Club Méditerranée und ist schlimmstenfalls eine Reklame für Gott.

Der kritischste Aspekt des Fernsehevangelismus ist zweifellos die Geldfrage. Kritiker wundern sich über die irdischen Güter, die die Evangelisten anhäufen konnten, und fragen, was die Spender zu ihrer Freigebigkeit veranlaßt. Vielleicht haben sie nicht bedacht, daß sich die Bedeutung finanzieller Transaktionen in einem Wirtschaftssystem, das auf private Dienstleistungen aufbaut, verwandelt hat. Die „elektronische Erpressung“ hat für viele Skandale gesorgt. Sie sind darauf zurückzuführen, daß der Fernsehevangelismus wohl kaum eine „christlich-demokratische“ Dienstleistung des Fernsehens ist, da er direkt von den Benutzern finanziert wird. Noch schlimmer ist, daß der Fernsehevangelismus anscheinend nach dem guten Willen seiner Konsumenten und nicht etwa nach Fixpreisen der Macher finanziert wird. Diese Unterscheidung mag sophistisch erscheinen. An ihr wird aber deutlich, daß die „soften“ und „harten“ Verkaufstechniken der Evangelisten wesentlich diktatorischer sind als jede andere Form der Machtkontrolle. Denn im Unterschied zu dem Geld, das für Steuern oder andere öffentliche Dienstleistungen bezahlt wird, werden Spenden unabhängig von ihrer Höhe als persönliche, bis zu einem gewissen Grad emotional aufgeladene Investitionen empfunden und erfahren. Die Evangelisten sind sich dieser Transaktion bewußt! Statt sich von moralischen Schlußfolgerungen über das Verhalten der Evangelisten irreleiten zu lassen, ist es aufschlußreicher, sich die Motivationen ihrer Anhängerschaft vor Augen zu führen.

Was bringt den Durchschnittsbürger dazu, regelmäßig kleinere oder größere Geldsummen, manchmal sogar ein ganzes Vermögen oder doch zumindest die gesamten Ersparnisse für ein elektronisches Bild zu spenden, dessen ursprüngliche Substanz er vielleicht niemals kennenlernen wird? Wahrscheinlich handelt es sich um einen ähnlichen Wertewandel, der in den sechziger und den siebziger Jahren dazu führte, daß unzählige „Suchende“ für andere „Lebenshilfeprogramme“ und Kollekten alles aufgaben.

Die Entwertung des Geldes und der materiellen Güter, verborgene Grundlage unserer unkontrollierbaren, inflationären Kurse, begleitet die Umwälzung der Grundlagen der Gesellschaft seit der industriellen Warenproduktion bis zur Informationsverarbeitung, die gegenwärtig zum wichtigsten Wirtschaftszweig geworden ist. Werden mit Geld Waren gekauft, erhält man einen realen, soliden Gegenstand. Sobald man mit ihm aber Informationen kauft, wird das Geld selbst zur Information. Dieser neue Status des Geldes als Information statt als materieller Wert erklärt zum Teil die Bereitwilligkeit des Publikums der Fernsehevangelisten, Geld auszugeben, um es umgehend – als handelte es sich um eine Transsubstantiation – in eine emotionale Investition für den eigenen Glauben zu verwandeln.

Ein altes arabisches Sprichwort sagt, daß „Gott ‚aufrecht' auf gewundenen Linien schreibt". Die Menschen kommen auf vielfältige Weise zum Glauben, unter anderem durch die persönliche Begegnung mit Krankheiten, mit Unglücksfällen oder Drogen. Auch wenn jüngste Studien anscheinend nachweisen, daß die religiösen Sendungen über den Umweg des Fernsehens eher alte Glut neu entfachen als neue Gläubige zu gewinnen, ist die Aussage, daß der Fernsehevangelismus gescheitert sei, nicht haltbar. Es gibt aber etwas, das das Fernsehen nie wird ersetzen können (trotz zahlreicher Befürworter für die „elektronischen Gemeinschaften"): Es handelt sich um den unmittelbaren persönlichen Kontakt, den die ersten Christen nutzten, um den Glauben zu propagieren. Die Stärke der römischen Kirche, die es ihr auch erlaubte, so viele historische Fehlgriffe zu überleben, liegt vielleicht in dem Geheimnis einer direkten Kommunikation von Mensch zu Mensch. Die Fernsehübertragung kann diese Präsenz aus Fleisch und Blut nicht vermitteln oder gar ersetzen und sollte aus diesem Grund wahrscheinlich von den Katholiken nicht zu ernst genommen werden.

Sollte sie also ignoriert werden? Sicher nicht. Wenn der Katholizismus das Erscheinen des Buchdrucks überlebte, ist wahrscheinlich, daß er auch die elektronische Technologie überleben wird. Er könnte sogar auf undurchsichtigen Wegen davon profitieren. Um das zu erreichen, müßten die Katholiken allerdings dem Medium selbst mehr Aufmerksamkeit schenken, bevor sie Entscheidungen über die Entwicklung des Fernsehevangelismus fällen.

Die atomare Kommunikation

Die totale, nukleare Zerstörung ist möglich, sie ist aber auch nicht unabwendbar. Unsere Aufgabe besteht darin, unsere Angst vor apokalyptischen Vorstellungen zu zähmen und zu einer pointierten, rationalen Durcharbeitung zu gelangen. Uns fehlt aber noch die Einsicht darin, was die Atombombe für die Entwicklung unseres Planeten bedeutet und wie man sie positiv nutzen könnte.

Die Bombe ist nicht einfach ein Zufallsprodukt der Militärindustrie. Sie ist auch ein soziokulturelles Instrument, das grundlegend mit der Geschichte der abendländischen Zivilisation verwurzelt ist. Ihre Erfindung war unvermeidlich. Obwohl sie mit der universellen Zerstörung droht, können wir in ihr ebenso eine pädagogische Bedeutung erkennen, insofern als sie die Menschen reifer werden läßt, eine neue globale Verantwortung zu übernehmen.

Das Bild der nuklearen Explosion mit seiner Abfolge von Kernspaltung, Kernreaktion, Atompilz, radioaktivem Niederschlag und radioaktiver Verseuchung gleicht einer beschleunigten Analogie der abendländischen Geschichte. Unsere erste kulturelle Mutation geht auf die Erfindung des phonetischen Alphabets zurück. Die abendländische Geschichte begann mit der Atomisierung der menschlichen Sprache. Es folgte ein sich beschleunigendes Wachstum des technischen Fortschritts nach dem Modell einer dialektischen Kettenreaktion. Auf dem Höhepunkt dieses zielgerichteten Fortschreitens mit der Erfindung der Mechanik werden wir Zeuge einer neuen Mutation: die Elektrizität umhüllt die Erde plötzlich mit einem Kranz aus Wärme und Licht, mit Verbindungen aus elektronischer Energie und mit instantaner Kommunikation. Wir erleben momentan, wie sich diese Erneuerungen „niederschlagen", und werden wohl in den nächsten Jahrzehnten neue psychische Umwälzungen durchmachen.

Als Grundlage der Abschreckungspolitik wurde die Atombombe völlig unerwartet zum geeignetsten Kommunikationsmittel, das die Menschheit je erfunden hatte: ein Medium der Transformation statt der Information. Ihre Kraft ist reine Energie, ihr Effekt ist entweder die Beschleunigung der völligen Auslöschung unseres Planeten oder aber die der Herausbildung eines planetarischen Bewußtseins.

Ich möchte in diesem Kapitel die „andere Seite" der Bombe vorstellen. Statt sie, wie allgemein üblich, auf ihr weltweit gefürchtetes, destruktives

Potential zu reduzieren, möchte ich – obwohl ein friedliches Zusammenleben unser Vorstellungsvermögen übersteigt – ihr Potential, Transformationen auszulösen, hervorheben. Die Bombe verändert unsere Beziehungen zur Umwelt und zum gesamten Planeten auf mindestens fünf verschiedene Arten:

- Sie steckt eine Grenze, die uns zwingt, zu implodieren;
- sie gibt einen Rahmen vor für die Akkulturation der abendländischen Technologie;
- sie ist Motivation, den Planeten zu verkabeln und die menschliche Kommunikation zu beschleunigen;
- sie erzählt einen Mythos, der unser Bewußtsein restrukturiert und unsere Identität ausdehnt;
- und schließlich verdanken wir ihr unser neues ökologisches Bewußtsein.

1. Die Implosion

Es ist Aufgabe der Atombombe, den Übergang von der explosiven Zivilisationsform des phonetischen Alphabets zu der implosiven Zivilisationsform der Elektrizität voranzutreiben. Dies bedarf der Erklärung. Die Bombe ist Metapher für die Implosion, das heißt für die Konzentration der größten Menge Energie auf kleinstem Raum. Das Alphabet ist dagegen Sinnbild für die Explosion, insofern als es miteinander verbundene Formen der menschlichen Kommunikation in immer kleinere Parzellen abstrakter Relationen aufsplittet. Die Entwicklungslinie und die Einsatzmöglichkeiten, die im Alphabet angelegt sind, führen zur Desintegration und nicht etwa zur Integration. Es ist also nicht überraschend, daß die Vorstellung vom Atom im mentalen Raum der Griechen entsteht und daß die Theorie der Atomistik ungefähr gleichzeitig mit der ersten Alphabetisierungswelle in der abendländischen Kultur formuliert wird.[1]

[1] J.-B. Bury stellt in seiner Geschichte Griechenlands (New York: Random House 1913, 369) mit großer theoretischer und methodologischer Eleganz fest: „Zu Beginn des 5. Jahrhunderts v. Chr. erfindet der Weise Demokrit von Abdera die Theorie des Atoms, die alsbald von Epikur und ein wenig später vom Römer Lukretius popularisiert wurde. Die wissenschaftliche Vorstellungskraft Demokrits erzeugte ein Universum der Atome. Alle Atome waren sich qualitativ ähnlich, unterschieden sich aber nach Größe und Gewicht innerhalb eines leeren Raumes. Dieser Fortschritt bei der Erklärung natürlicher Phänomene hatte zur Folge, daß eine neue Konzeption verbreitet wurde, die man „systematisiertes Wissen" nennen könnte, eine Konzeption, die forthin auf jeden erdenklichen Gegenstand angewandt wurde."

Mit der griechischen Atomistik wurden die Voraussetzungen für die Entwicklung der Atombombe geschaffen. In dem Moment, in dem das phonetische Alphabet für die Archivierung benutzt wurde, verwandelte es die Natur der Information. Die von ihm verfügte analytische Annäherung an das Wissen führte dazu, daß es nach seinem kleinsten gemeinsamen Nenner zerlegt wurde, wodurch es zugleich den Horizont der menschlichen Auffassungsgabe reduzierte. Anschließend wurden die Fragmente nach Kriterien der Ordnung und der Kohärenz wieder vereinigt.

Die Vorstellung der Griechen von der Materie geht nicht aus einer den Planeten umfassenden, globalen Vision hervor, sondern aus einer „atomistischen Rekonstitution". Denn die primäre Auswirkung des Alphabets war, die Materie in Fragmente zu zerteilen und ihren „natürlichen" Status erst im nachhinein zu rekonstruieren. Insofern als das Verfahren der Fragmentierung auch in der nuklearen Forschung und Anwendung eingesetzt wurde, machte das Alphabet die Herstellung der Atombombe möglich.

Dieser Vorliebe für die Atomisierung begegnen wir nur in der abendländischen Kultur. Das hat einen einfachen Grund: Nur das vollständige phonetische Alphabet ermöglichte es, den Lauten der gesprochenen Sprache einen symbolischen Wert hinzuzufügen, so daß die Sprache in den Dienst eines inneren, stillen Diskurses gestellt werden konnte.

In anderen Kulturen beobachten wir eher die Tendenz, in Bildern, Mengen und Lauten statt in linguistischen Strukturen zu denken. Das phonetische Alphabet aber verlagerte den Gebrauch der Sprache allmählich in ein Reich mentaler Repräsentationen, mit denen die Umwelt nur noch nach bestimmten, ausgewählten Aspekten analysiert wurde. Das abendländische Denken entwickelte sich schon bald von einer Fähigkeit der Wiederholung und Abbildung zu einer der Erfindung. Dieser Wandel ist der eigentliche Ursprung des abendländischen Technozentrismus. Die Geschichte der abendländischen Menschheit entfaltete sich geradezu zwangsläufig gemäß den angelegten Transformationen und Beschleunigungen. Der Buchdruck förderte alsbald eine umfassende Alphabetisierung. Die enorme explosive Aggressivität, die bei der Übertragung dieser Technik in die Psyche der Menschen ausgelöst wurde, führte schließlich zur Erfindung der Atombombe selbst. In Zukunft wissen wir, daß die nukleare Technologie das Leben der gesamten Menschheit bedroht. Während der letzten Phasen der jüngsten Evolution scheinen wir uns allerdings allmählich von den Zwängen, die uns durch unseren genetischen Kode auferlegt sind, distanziert, vielleicht sogar befreit zu haben.

Denn auf Grund seiner Fähigkeit, kulturelle Veränderungen auszulösen, steht das phonetische Alphabet in direkter Verwandtschaft zum genetischen Kode. Unsere Technologien komplettieren oder vergrößern den Wirkungskreis unseres genetischen Kodes, indem sie unsere Anpassung an die Umwelt modifizieren, verbessern oder beschleunigen. Anderen Gattungen läßt die konservierende Natur des genetischen Kodes nur einen geringen Handlungsspielraum. Mit Hilfe der Sprache hat der Mensch aber Zugang zu den höheren und komplexeren Ebenen im Austausch mit der Umwelt, wodurch sich sein Handlungsspielraum vergrößert. Die Schrift gibt dem Menschen sogar die Möglichkeit, diesen Freiraum durch die Rückbesinnung auf abgelegte Muster noch auszudehnen. Denn sie konserviert die Erinnerung an Sprachformen, die in verschiedenen Kontexten wieder benutzt werden können. Auf Grund seiner Anpassung an die Umwelt und wegen der Gedächtnisspuren, die er von seinen Interaktionen mit ihr behält, hat der Mensch Reaktionen erlernt, die die unmittelbaren Befehle seines genetischen Programms transzendieren. Durch die Art, wie das phonetische Alphabet aber mit den anderen Schriftformen bricht, kann es sogar über den genetischen Kode hinausgehen.

Auch das phonetische Alphabet konstituiert sich als „Kode". Im Grunde aber handelt es sich um einen „Anti-Kode", denn er produziert einen umgekehrten Effekt als der genetische Kode. Während das Alphabet einen ständigen Wechsel generiert, zielt die Genetik auf Dauerhaftigkeit. Es ist anzunehmen, daß das phonetische Alphabet grundlegend in die für die Informationsverarbeitung bestimmten zerebralen Strukturen eingegriffen hat.

Auch wenn das Alphabet nicht den genetischen Kode selbst modifiziert und nur einzelne Mitglieder der menschlichen Gattung betrifft, sind seine Verfahrensweisen mit dem vergleichbar, was Genetiker mit den Nukleinsäureketten tun. Wie Wissenschaftler genetische Fragmente in andere DNS-Ketten einfügen können, so daß neue hybride Arten hervorgebracht werden, erlaubt das phonetische Alphabet jedem einzelnen, Fragmente der Sprache und der menschlichen Kommunikation aus ihrem Kontext zu lösen, um sie in einen anderen Kontext zu integrieren. Vielleicht entstehen der Ingenieurismus der Genetiker, ihre Experimente und Manipulationen an der DNS aus unserer alten Vertrautheit mit dem Alphabet.

Der Kode des Alphabets hat eine Reihe von Spezialisierungen hervorgebracht, die weder mit allgemein verbindlichen sozialen noch mit genetischen Regeln koordiniert werden konnten. Die bedrohten sozialen Werte haben sich nicht mit der gleichen Geschwindigkeit entwickelt wie die Technologie. Wir werden in Zukunft mit den Konsequenzen eines gigantischen Mißverhältnisses zwischen den konservierenden Aspekten des genetischen und dem Demiurgen-Liberalismus im Stile des phonetischen Kodes konfrontiert werden.

Wir leiden derzeit bereits am Streß dieses Mißverhältnisses, das auf biologischer Ebene destabilisierend wirkt: Geschwindigkeit und Dichte unserer Technologien stehen Langsamkeit und Ausdehnung unseres physischen und psychologischen Seins gegenüber. Der Zweite Weltkrieg war eine der katastrophalsten Konsequenzen dieses Mißverhältnisses. Er wurde begleitet von der Verwirrung, die durch die massive Verbreitung von Telegraf und Radio in einem bis dahin auf bürokratische Ordnung zurückgehenden Universum ausgelöst wurde.

Heute aber sind wir an einem Wendepunkt angelangt. Solange nur das Alphabet über uns herrschte, konnte es uns beinahe vernichten, indem es über die Hälfte der Weltbevölkerung auf so äußerst gefährliche und unstabile Modelle wie Privatleben und Spezialisierung reduzierte. Seine aggressiven und expandierenden Potentiale werden jetzt aber von der Atombombe und der Elektrizität in Schach gehalten. Da sich die Lebensformen der Menschen auf dem gesamten Planeten aus der Unterjochung unter Maschinen befreien und sich den elektrischen und technologischen Metaphern öffnen, könnten wir unser soziobiologisches Gleichgewicht wiederfinden.

Die Atombombe gleicht einer Antwort des genetischen Kodes auf den phonetischen. Denn sie bringt eine ultimative Biotechnologie hervor, die nicht mehr einfach ein Produkt, sondern ein Programm ist. Jenseits ihrer technischen Anwendungen wirkt die Bombe wie ein psychologisches Gegengewicht zu unserem technologischen Taumel. Wir scheinen bestimmte genetische Sicherheitsnetze verloren zu haben, und wir müssen in Zukunft, wollen wir unser Überleben sicherstellen, ganz bewußte Entscheidungen treffen. Die Bombe zwingt uns, ausgrenzende Verhaltensschemata zugunsten einer neuen Haltung der Weltoffenheit hinter uns zu lassen. Wenn wir nicht mehr nur Zauberlehrlinge, sondern selber Meister sein wollen, müssen wir den existentiellen Bedürfnissen nicht nur auf lokaler, sondern auch auf globaler Ebene Rechnung tragen.

Die Implosion ereignet sich an einem Körper, der einer großen Menge an Energie ausgesetzt wird und zugleich von einer Gegenkraft, die stärker ist als der Druck, daran gehindert wird, zu explodieren. In dieser Situation befinden sich heutzutage die Zivilisationen auf unserer Erde. Die Bombe wirkte sich unmittelbar auf die territorialen Besitzansprüche der abendländischen Kulturen aus und begrenzte deren expansionistische Tendenzen. Der Philosoph Karl Jaspers bemerkte mit einer gewissen Naivität in seinem ansonsten scharfsinnigen Buch *Die Atombombe und die Zukunft des Menschen,* daß „die Expansion beendet ist, weil der Planet nicht weiter aufgeteilt werden kann". Tatsächlich aber konnten erst die elektronische Kommunikation und die Natur der Elektrizität die expansionistischen Bestrebungen begrenzen, die sich seit der Renaissance entwikkelt hatten.

Die Telekommunikation in Echtzeit hat den enormen Stellenwert der räumlichen und zeitlichen Einengungen reduziert. Sie hat ebenso unsere mentalen Vorstellungen von der Verwurzelung des Menschen radikal verändert und sie von der urbanen auf die planetarische Ebenen verlagert.

Die bürokratischen Verfahrensweisen im Abendland, die im 19. Jahrhundert in der kolonialen Expansion kulminierten, hatten im Gegensatz dazu zur Konsequenz, daß die Erde in Zeitzonen und auszubeutende Kolonien eingeteilt wurde. Hitlers Suche nach einem „Lebensraum" war der letzte große Ausbruch territorialer Eroberungen. Hiroshima setzte dieser Epoche, wie auch allen später folgenden territorialen Expansionsgelüsten, ein Ende.

Während wir der Elektrizität die dynamischen Schemata einer planetaren Dezentralisierung verdanken, führte die Bombe zu einer weltweiten Entkolonialisierung. Durch Ereignisse wie z. B. den Abschuß des südkoreanischen Jumbojets durch die sowjetische Luftwaffe in der Nähe des sowjetischen Atomtestgeländes auf der Halbinsel Kamtschatka wären wir fast in einen dritten Weltkrieg verwickelt worden. Doch dank der bedrohlichen Präsenz der Atombombe wird die traditionelle Form der Kriegführung in Zukunft von Guerillastrategien und von terroristischen Aktivitäten abgelöst werden. Diese sind keineswegs weniger mörderisch. Seit 1945 starben 16 Millionen Menschen im Zuge militärischer oder paramilitärischer Aktionen. Die Guerillas und der Terrorismus operieren aber nach den Gesetzen der „Zurückhaltung" und nicht der Explosion. Der Terrorismus ist die komplementäre Figur zur Atombombe: Dank der Medien können auch seine lokal begrenzten Gewaltaktionen weltweit übertragen werden und somit die Informationen auf globaler Ebene beeinflussen. In einem bemerkenswerten Essay über den Mißerfolg der Amerikaner im Libanon betont Thomas Friedeman, sogar das amerikanische Militär hätte begriffen, daß seine konventionelle Herangehensweise an den Krieg mittlerweile obsolet geworden ist:

> ... in alten Zeiten schlugen sich die Armeen Mann gegen Mann, dann kämpften sie in Gräben und schließlich im Guerillakrieg im Dschungel. Wir haben gelernt, unsere Taktiken an all diese Stile anzupassen. Wir werden jetzt lernen müssen, wie Terroristen zu kämpfen.[2]

---

2 New York Times Magazine, 8. April 1984, 66.

2. Die Verwestlichung des Planeten

Die nukleare Ära begann 1945 mit einem ungeheuren Aggressionsakt. Jede technologische Revolution scheint von den Menschen eine beachtliche Anstrengung zu verlangen, um sich ihr auf kultureller und sozialer Ebene anzupassen, die sich in Krieg übersetzt. Obwohl der Krieg auf der menschlichen Ebene eine soziale Katastrophe ist, die mehr Schaden anrichtet als Nutzen hat, könnte er auf der biokulturellen Ebene eine unvermeidliche Form der Pädagogik sein. Die Technologie macht aus uns allen Mutanten, und unsere einzige Chance, uns unser menschliches Wesen zu erhalten ist, in Sprache einzutauchen, das heißt, die Auseinandersetzung auf die symbolische Ebene zu verlagern. Selbstverständlich ist auch auf der biokulturellen Ebene der einzige Wert der nuklearen Bewaffnung ihre metaphorische Bedeutung und keinesfalls ihr tatsächlicher Gebrauch. Mit anderen Worten, allein schon die Existenz der Atombombe bringt eine solch ungeheure Aggression hervor, daß ihr tatsächlicher Gebrauch nicht mehr zwingend erforderlich ist.

Die nukleare Technologie kann im Unterschied zu den anderen nicht verbessert werden. Die Details bei der „Herstellung“ wie Reichweite, Geschwindigkeit und Präzision der Antriebsraketen ausgenommen, gehorcht die Atombombe ansonsten sehr einfachen Schemata. Die Innovation geht der Kommerzialisierung voraus und mündet schließlich in der Überalterung.

Unter technischen Gesichtspunkten ist die Bombe völlig redundant. Nicht technologischer Erkenntnisdrang, sondern das Schema der Autoregulation der Verteidigungsministerien bringt heutzutage die atomare Sprengkapsel hervor und ändert die Natur des Krieges. Freeman Dyson bemerkt, daß „der Krieg immer mehr einem Wettstreit um Information als dem tatsächlichen Kräftemessen gleicht“.[3] Die mächtigsten Verteidigungsminister monopolisieren die Hälfte der Wissenschaftler ihres Landes und statten sie mit einem Budget aus, das immerhin halb so hoch ist wie das für nationale Erziehung und Bildung, um ihren Wissensstand in diesem Gebiet zu sichern. Leslie Gelb bemerkt, daß „die Technologie die letzten zwanzig Jahre damit verbrachte, die Theorie einzuholen“. Das ist soweit richtig. Andererseits versäumt es Gelb, wenn sie uns vor der Gefahr permanenter Innovation beim Wettrüsten warnt, uns auch auf die pädagogischen Dimensionen dieser Entwicklung hinzuweisen:

> Es geht nicht darum, daß neue Rüstungssysteme erfunden werden oder eine neue Phase des Wettrüstens beginnt. Es handelt sich vielmehr um ein Ensem-

[3] Weapons and Hope 2. Teil, The New Yorker, 13. Februar 1984, 84).

ble technischer Errungenschaften, die fähig sind, die strategische Zukunftsforschung und das Denken zu revolutionieren.[4]

Es könnte also sein, daß der einzige Weg, der aktuellen Bedrohung zu entgehen, die umgehende Vervollkommnung der „nuklearen Bewußtseinsreife" durch technologische Verbesserung wäre.

Die Atombombe führte zur „amerikanischen Art", den Zweiten Weltkrieg zu beenden, und sie verkörpert auch weiterhin eine typisch „amerikanische" und „technologische" Lösung für die Probleme der Welt. Die Tatsache, daß das Verteidigungsministerium die Sicherung des Friedens mit der nuklearen Technologie verbindet, ist aufschlußreich. Etwas davon spiegelt sich in den abendländischen Einstellungen zur Lösung anderer Probleme wider, wie z. B. in der Überzeugung der Amerikaner, im Krankheitsfall lieber auf die Chirurgie, auf Medikamente und auf Antibiotika zurückzugreifen als bei einer Therapie oder bei „natürlicher" Prophylaxe Zuflucht zu suchen. Die Geschichte hat uns ausreichend Beweise dafür geliefert, daß die Russen diese Haltung hinsichtlich des Wettrüstens kopiert haben. Basil Liddel Hart schrieb, daß „die nukleare Parität zur nuklearen Bedeutungslosigkeit führe"[5]. Diese Verkürzung unterschlägt freilich die Tatsache, daß Gleichheit vor der Bombe auch bedeutet, daß die Russen sich den technologischen Errungenschaften der Amerikaner anpassen müssen. In der Konsequenz strukturiert dieser nukleare Wettstreit, in den viele Länder verwickelt sind, den gesamten Planeten gemäß einer einzigen, nämlich der westlich-abendländischen Technologie. Die Mehrheit der Menschen wurde zu wehrlosen Opfern einer immer weiter reduzierten Oligarchie von Experten, Wissenschaftlern und Politikern und verliert dabei ihre Identität mit den Prinzipien, die ihre Kultur und Tradition auszeichnen.

In der Vergangenheit diente die Kriegstechnologie dazu, ein Territorium zu schützen oder aber es zu erobern. Heutzutage ist sie zum Objekt von Finanzspekulationen geworden. Das Investitionspotential der Industriestaaten in der Dritten Welt ist nicht nur um einiges höher als die Darlehen des Internationalen Währungsfonds. Ihre Investitionen in die Kriegstechnologie werden ebenso zu einem Faktor der Modernisierung der Dritten Welt. Dank dem nuklearen Schutzschirm können es sich die Supermächte erlauben, auf den Waffenhandel mit der Dritten Welt zu setzen. Statt die normalen Überschüsse der Armee oder die Restsummen vorangegangener Kriege in die Verteidigungspolitik des eigenen Landes

---

[4] Is The Nuclear Threat Manageable? The New York Times Magazine, 4. März 1984, 33.

[5] Zitiert nach dem Editorial des *Amicus Journal,* Winter 1984, 20.

zu investieren, werfen sie die neuesten Waffen auf den Markt der Dritten Welt. Ford oder General Motors würden es nicht anders machen.

Tatsächlich schmieden sich einige unterentwickelte Länder in Ermangelung der Bombe ihre Erziehung für die moderne Welt zusammen, indem sie mit dem jüngsten „militärischen Hardware-Trödel" experimentieren: „In der Not ißt man die Wurst auch ohne Brot." Es ist anscheinend nicht zu vermeiden, daß die meisten Entwicklungsländer eine Hardware-Phase durchmachen müssen, damit sie die technologischen Wandlungen assimilieren und auf ein soziales Organisationsniveau der Industrieländer gelangen, bevor sie überhaupt an der Software-Revolution teilhaben können.

3. Das denkende Netzwerk

Die Implosion ist nunmehr zur primären Strategie bei der Eroberung des Marktes geworden. Sie gleicht einem auf Distanz wirkenden Kontrollsystem, das keine physische Okkupation eines Territoriums mehr erfordert. Telegraf, Telefon, Telefax und Werbung sind bei dieser Strategie weitaus effizienter als die koloniale Bürokratie oder eine Besatzungsarmee. Die multinationalen Konzerne verwalten grenzüberschreitend sozioökonomische, psychologische und transkulturelle Kolonien. Da sie selbst die Investitionen der meisten ökonomischen Aktivitäten wiederum in der Welt verteilen, haben sie auf der Grundlage des elektronischen Kommunikationsnetzwerkes einen hohen Grad an Verflechtung des Planeten bewerkstelligt, dessen Komplexität noch weiter zunimmt.

Die Entdeckung der Elektrizität bewirkte grundlegende Modifikationen in der Art, wie Raum und Zeit wahrgenommen werden. Heutzutage strebt die Elektrizität die rapide Vereinigung der gesamten organischen Existenz unseres Planeten an: Wenn Sie einen Rasierapparat, einen Computer oder einen Toaster anstellen, schalten Sie einen einfachen, verbundenen elektronischen Stromkreis und schließen sich an ihn an. Wie in einem magnetischen Feld ist auch in der elektronischen Umwelt jeder Punkt in Kontakt mit einem anderen Punkt. Ebenso ist diese Umwelt in Kontakt mit jedem Benutzer. Die Elektrizität antwortet der organischen Verrechnung auf sehr viel höherer Ebene als unsere alten mechanischen Hardware-Medien. Die elektronischen Medien, vor allem die komplexen Systeme, die in der Raumfahrt und in der Nukleartechnologie benutzt werden, können einen weiteren Horizont schaffen und eine feinere Interaktion bieten, da sie miteinander vernetzt sind.

Die Elektrizität ist keine stumme mechanische Substanz. Sie ist schnell, vernetzt, ubiquitär, beweglich und leitet. Wir sind auf mentaler Ebene noch nicht entsprechend ausgerüstet, um dieses Wesen der Elektrizität zu erfassen. Wir schrieben ihr immer noch Eigenschaften und Prinzipien wie Fragmentierung, Spezialisierung und Kausalität zu, die wir vom phonetischen Alphabet und vom Buchdruck geerbt haben. Aber indem die elektronischen Medien unsere Umwelt immer mehr für Informationstransfers und Dienstleistungen programmieren, wird sie selbst „intelligent" und „empfindsam".

Unsere technologischen Erfindungen sind Erfindungen oder besser Spezialisierungen eines Teils oder einer Funktion unseres Körpers. Während die industrielle Ära eine ausgeklügelte Veräußerung unseres Muskelsystems gewesen ist, entspricht die neue elektronische Umwelt einer Veräußerung unseres zentralen Nervensystems. Die Atombombe dagegen integriert gleich mehrere metaphorische Modelle der menschlichen Natur. Sie beziehen sich auf die muskuläre, die neurologische und die molekulare Ebene des Körpers. Die ungezähmte Kraft und die Abschrekkung, die für die bedrohlichen Aspekte der Nukleartechnologie charakteristisch sind, gehören im Grunde zur muskulären Phase unserer Geschichte.

Heutzutage scheinen diese traditionellen Vorstellungen allerdings bereits zu einfach. Paradoxerweise erlauben aber gerade sie uns, unser „abendländisches" Erbe von dem zu unterscheiden, was wir jetzt mit dem Rest der Welt teilen: die Ausdehnung und Verlagerung unseres Nervensystems in die Elektrizität und die unseres molekularen Systems in das Atomzeitalter. In Zukunft wird die Elektrizität die zerstörerische Kraft der Atombombe beherrschen: Denn sie kann die empfindlichen Netze des Planeten verkabeln und das nukleare Arsenal mit einem Alarmsystem zur Früherkennung und Fernsteuerung ausstatten.

Tatsache ist, daß der Atomkrieg ohne elektronische Auswertungssysteme und instantane Nachrichtenübermittlung bereits ausgebrochen wäre. Wir befürchten, daß uns diese Ausrüstung trotz ihrer hohen Spezialisierung und Empfindlichkeit aus den Händen gleiten und eine zufällige Panne im vollständig automatisierten Alarm- und Auslösesystem die Apokalypse provozieren könne. Das ist nach Meinung der Experten aber eher unwahrscheinlich.

Diese „Augenblicklichkeit" der Kommunikation und der Bombe wiederholt sich bei der Beschleunigung unseres biologischen Nervensystems, sobald wir die uns verfügbaren Technologien vom Motorrad bis zum Computer, vom Flugzeug bis zum Kino benutzen. Der beste Beweis für die Beschleunigung unseres Körpers ist die Ungeduld eines zwölfjährigen Kindes, wenn sich die Befehlsübersetzung bei seinem Heimcomputer um Sekundenbruchteile verzögert. Die elektronischen Spiele entwickeln unsere zerebrale Fertigkeit und Geschicklichkeit mit bis dato ungekannter Geschwindigkeit und verdienen deshalb zu Recht den Namen „Neurosport“. Dyson betont, daß

> die Revolution der Informatik den Krieg in einen Wettstreit der Information statt der physischen Kraft verwandelt. Sie erlaubt es billigen, kleinen, vom Gehirn bedienten Geräten über große teure Maschinen zu siegen. Das war auch Davids Vorteil im Kampf gegen Goliath.

Der Planet reduziert also beständig seine Reaktionszeit. Der Ökologe Paul Erlich stellt verwundert fest: Die neue und lebenswichtige Information über die Gefahren eines „nuklearen Winters“ wurde nicht nur von den Amerikanern, sondern auch mit tatkräftiger Hilfe der Russen verbreitet. Das Zusammentragen von Informationen, ihre Verarbeitung und Verbreitung mittels Spionage oder gewöhnlich durch Reportagen, beschleunigt und präzisiert sich also im Verhältnis zu der von der Atombombe repräsentierten Bedrohung. Doch um der Gefahr zu entrinnen, die sie darstellt, müssen wir sie integrieren. Uns fehlen noch die entsprechenden, auf die Wahrnehmung bezogenen Metaphern. Wir könnten sie aber relativ schnell entwickeln, wenn wir die Auswirkungen der atomaren Zivilisation verinnerlichten.

4. Psychoaktivität

Die Bombe ist in jedem von uns. Sie ist externes Objekt der Zivilisation, das jeden von uns zwingt, es zu verinnerlichen, und sie wird zu einer inneren physiologischen Konstruktion für jeden, der fähig ist, das Schema der Bombe zu integrieren und ihre Konsequenzen zu ermessen. Wenn wir über die Atombombe und ihre Bedeutung nachdenken, beginnen wir in planetarischen Begriffen zu denken. Unsere Imagination und unser Bewußtsein erreichen, solange diese Meditation dauert, die Dimension der Erde.

Seit 1945 verbringen wir ganz bewußt und sorglos unsere Zeit damit, die nukleare Explosion immer wieder in Szene zu setzen. Vielleicht ist unsere Lust an der Gewalt, die so häufig den Inhalt unserer Zerstreuungen verschönert, symptomatisch für jene Gewalt, die wir uns selbst antun, sobald wir die exakte Repräsentation des atomaren Holocaustes unterdrücken. Auf diesem Umweg machen wir andauernd die Erfahrung der psychologischen Bedingungen des Krieges. Wir gleichen eher Mutanten VOR als nach der Explosion. Die Guerilla, der Terrorismus und die gelegentlichen Ausbrüche irrationaler Gewalt in futuristischen urbanen

Gegenden führen uns die extremen Lebensbedingungen vor Augen, die uns allen gemeinsam sind, wenn wir einmal von uns selbst absehen. Freeman Dyson hat in einem Buch gezeigt, daß die Kriegsbedingungen umgehend tiefgreifende psychologische Auswirkungen nach sich ziehen. Solidaritätsregungen in der Gruppe würden gefördert.

Die psychologischen Niederschläge der nuklearen Technologie wie z. B. Schock, Lähmung, Leugnung, Angst, Ohnmacht, Aggression, Narzißmus, Fetischismus, Assimilation, Transformation nenne ich „Psychoaktivität". Jede neue Technologie generiert sowohl eine narzißtische Besessenheit als auch eine Betäubung (Anästhesie) der Bereiche, in die sie direkt eingreift. Als die Amerikaner und die Sowjets allmählich erkannten und akzeptierten, daß beide Nationen nukleare Sprengsätze herstellen, also „Atomnationen" sind, begannen sie, einen weltumgreifenden Mythos zu entwerfen. Die militärischen Institutionen beider Seiten durchliefen zunächst eine Phase der fetischistischen und narzißtischen Faszination für das Objekt selbst. Durch diese Besessenheit nahm die Bombe groteske Ausmaße an, denn sie wurde zur Metapher für das Jüngste Gericht. Diese Auslegung führte uns in die bis heute virulente Sackgasse, in der die Bombe mit der Totalzerstörung gleichgesetzt wird.

Diese Faszination wurde noch unterstützt, indem eine einzige sinnliche Beziehung zur Bombe auf Kosten anderer Möglichkeiten privilegiert wurde. Die Atombombe vergegenständlichte man sich in rein visueller Form, als mentales Bild, als Konzept, das sorgsam in den nebulösen Zonen der Abstraktion gehalten wurde. Was die Bombe auch immer auf akustischer und taktiler Ebene hervorbrachte, das Denken konnte es kaum ertragen. Kate Soper schreibt zu Recht:

> Wieso erkenne ich, daß die nuklearen Waffen die Augäpfel zum Schmelzen bringen, den Körper in blutige Einzelteile zerreißen und die Lebenden in verkohlte Leiber verwandeln? Die militärischen Strategen dagegen sehen nur ihre Anwendungsmöglichkeiten in einem Spiel.

Gerade weil die Bombe über lange Zeit in der mentalen Repräsentation nur als bloßes Objekt vorkam, bemerkten nur wenige Menschen, daß sie uns auch über unsere Umwelt informiert. Könnte sie aber bis in die verborgenen Winkel unseres Unbewußten vordringen, würde sie zu immer grundlegenderen Erfahrungen, Einschätzungen und Haltungen zur Welt führen.

Die Menschen, die nicht direkt in den Herstellungsprozeß der Atombombe einbezogen waren, ließen sie in ihre Psyche eingehen, indem sie sie völlig von ihrer sinnlichen Wahrnehmung abtrennten; ein Verfahren, das einen allgemeinen Zustand des Schocks charakterisiert. Erst vierzig Jahre nach Hiroshima werden wir uns langsam darüber bewußt, daß die

Atombombe eine der bedeutendsten Ikonen der Gegenwart ist, die sich in unseren mentalen Strukturen festgesetzt hat. Viele Kinder in Amerika und in Rußland haben Alpträume wegen der atomaren Bedrohung. Vor allem in Nordamerika spüren viele Eltern langsam die Notwendigkeit, ihr Leben und ihre Einstellungen zu verändern. Als Mythos hat die Atombombe eine zentrale Stellung in unserer Kultur eingenommen; und als solcher kann sie eher Emotionen auslösen als Ideen hervorbringen. Die stärkste Emotion. die von der Bombe generiert wird, nannte J. B. Yeats „Gefühl der Tiefe". Gemeint ist der Sinn für die Dimension der menschlichen Existenz auf dem Planeten und für die Größe der Bedrohung, die von nun an über diesem Universum schwebt.

Diese Empfindung ist mit dem Gefühl vergleichbar, von dem viele Astronauten immer wieder und nachdrücklich berichten, wenn sie die Einheit unseres Planeten vom Weltraum aus wahrnehmen. Den Planeten aus dem Blickpunkt des „inneren Raums" der Bombe zu betrachten hat einen zur Ganzheit strebenden Effekt. Wir eignen uns allmählich ein „planetarisches Körperbild" an. Dieser Vorgang erinnert an die ersten Versuche des Individuums, eine Identität zu erwerben, indem es die Grenzen seines Körpers wahrnimmt. Wir müssen die unzähligen Ereignisse, die Interaktionen, die Phänomene und all das, was sich während der Lebensdauer eines Planeten ereignet, nicht unbedingt „sehen". Wir können es auch spüren. Wenn wir uns vergegenwärtigen, daß wir unseren Leib als Ganzheit erleben können, statt ein bestimmtes physisches Ereignis in den Vordergrund zu stellen, können wir uns auf geistiger Ebene dieser Welterfahrung annähern. Unser Körper bewältigt zuverlässig die Herausforderungen der Komplexität. Dasselbe vollbringen unsere Wahrnehmungen dank der Sprache und der Medien auf beinahe weltweiter Ebene.

Zu wissen, daß wir sterblich sind und unser Leben jeden Moment verlöschen könnte, ist eines der Hauptmerkmale, die unsere Identität grundlegend bestimmen. Die verstärkte Sensibilität für die Sterblichkeit unseres Planeten ist aufs engste damit verbunden, daß wir ihn nunmehr als vernetztes System ansehen. Sich dessen auch bewußt zu werden ermöglicht es, die Wechselbeziehungen zwischen Geist und Materie zu erfassen.

Wir sollten uns eingestehen, daß es uns schwerfällt, die verwirrende gegenseitige Durchdringung von mentaler, emotionaler und lebendiger Präsenz und der anscheinend anorganischen Materie wie der Elektrizität wahrzunehmen und zu begreifen. Sie ist unserer zwar gerechtfertigten, aber gleichwohl obsolet gewordenen Gewohnheit geschuldet, eine radikale Trennung zwischen Materie und Geist, Körper und Denken, Seele und Psyche zu machen.

Auch ohne philosophischen Exkurs können wir hervorheben, daß die Komplexität, die Scharfsinnigkeit und das Vermögen unseres Körpers, seine Umwelt zu integrieren, gewöhnlich unerkannt bleiben. Wir glauben, daß unser Geist den Hauptteil der Arbeit leistet. Wir nehmen aber nicht zur Kenntnis, daß jede einzelne Zelle bereits ein Universum von miteinander verbundenen Ereignissen ist, die einer Umwelt angehören, in der Information und Transformation sich die Waage halten.

„Intelligenz“ und „Willen“ schreiben wir eher unseren Gehirnzellen zu. Wenn wir von ihren Funktionen bei der Reflexion absehen, könnten wir sogar annehmen, die Gehirnzellen seien genauso „stumm“ und „mechanisch“ wie jeder andere Teil unseres Körpers. Intelligenz und Willen beteiligen aber den ganzen Körper, und sie werden auch als Körperintelligenz wieder zum Leben erwachen, sobald wir uns von unserer Vorliebe für die Spezialisierung freimachen.

5. Die planetarische Mutation

Während der ersten zögernden Versuche, die dieser Bewußtwerdung vorausgehen, brachte die nukleare Bedrohung unsere kollektiven Einstellungen in anderen, scheinbar peripheren Bereichen ins Wanken. Zu diesen sekundären, unbemerkten Auswirkungen zählen unter anderen die aggressive Beschleunigung der Kommunikationsmittel, die politischen und ideologischen Polarisierungen, das Blockdenken zwischen Rußland und den Vereinigten Staaten; die Beschleunigung der technologischen Entwicklung (vor allem auf dem Gebiet der Elektronik und der Informatik); der Zulauf bei fundamentalistischen Bewegungen und Sekten sowie die Entwicklung ökonomischer Strategien, die der Inflation oder dem Nullwachstum entgegengesetzt sind. Diese Nebeneffekte – weitere wären noch zu entdecken – schlagen sich in der „Veränderung der Mentalität“, bezogen auf die vorherrschenden, grundlegenden Lebenseinstellungen auf unserem Planeten, nieder, die weltweit zu beobachten ist.

Vor der Entwicklung der Nukleartechnologie hielten wir die Erfindungen der Menschen ganz einfach für Beiträge zur Zivilisation. Die Veränderungen, die sie verursachten, waren zwar beträchtlich, blieben aber immer im Verborgenen und mischten sich eher unbemerkt und unerkannt in unsere Zivilisation ein. Heute ist die völlige Vernichtung des Planeten möglich geworden. Diese Bedrohung beendet unsere paradiesische Sicht auf den technologischen Fortschritt. 1945 konnten wir nicht einschätzen, in welchem Ausmaß die Atombombe Tod und Vernichtung über unseren Planeten bringen würde. 1984 sind wir dank der plötzlichen Bewußtwerdung für die Ökologie in der ganzen Welt klüger geworden. Diese Art, die Atombombe zu deuten, markierte die äußerste Grenze unserer

Existenz und umhüllt den Planeten mit einem Bewußtsein, das dem Wissen, daß der Tod das Leben jedes einzelnen umgibt, vergleichbar ist. Wir wissen mittlerweile, daß wir Teil unserer nuklearen Umwelt sind, so wie wir vor Hiroshima Teil unserer natürlichen Umwelt gewesen waren. Die Atombombe zwingt uns, das zu erkennen, was uns weder Überbevölkerung noch Hungersnot oder Umweltverschmutzung bis heute begreiflich machen konnten. Sie ist von jetzt an das erste aktive Prinzip, das eine Bewußtwerdung planetarischer Dimensionen auslösen kann.

Erst die drohende Zerstörung, die Wirkung der Bombe, überzeugt uns davon, daß es für uns existentiell notwendig ist, uns mit dieser Technologie auseinanderzusetzen, die uns in ihrer zivilen Anwendung nur Probleme der Entsorgung, der Nutzung und der Kontrolle beschert. Wir schätzen also zuerst die Wirkungen ab, bevor wir an die Ursachen denken, sehen zuerst die Konsequenzen und denken dann über die Taten nach. Diese Umkehrung in der Abfolge von Ursache und Wirkung gibt uns Zeit, unsere Strategien zu modifizieren, bevor wir zu Gefangenen einer unwiderruflichen Wahl werden. Das ist eine der Wurzeln des ökologischen Denkens. Diese Art der Recherche, die zum Konzept des „nuklearen Winters“, das heißt zur Auseinandersetzung mit den katastrophalen Folgen eines Atomkrieges führte, wurde zu einem schwerwiegenden Argument. Denn „Nebenprodukte“ dieses spontanen, ökologischen Denkens waren Lösungen für Umweltprobleme, die auch bei Experten an Bedeutung gewannen. „Den nuklearen Wahnsinn in Worte zu fassen ist ein erster Schritt; es ist aber nur der erste Schritt.“

Obwohl die Bombe selbst ein hochspezialisiertes Produkt ist, repräsentiert sie eine globale Frage. Um unser Überleben sicherzustellen, dürfen wir uns nicht nur auf Experten verlassen. Als Mitglied einer planetarischen Zivilisation muß jeder einzelne Verantwortung für den Umgang mit der Bombe übernehmen. Jede Technologie verfolgt implizit ihre eigene psychische und technologische Zielsetzung. Die Atombombe hat ihre Ziele noch nicht erreicht, sie hat ihr Werk noch nicht vollendet. Sie wird ihre psychische Zielsetzung erst dann erfüllt haben, wenn die gesamte Zivilisation zur Integration fähig ist, statt sich wie bisher nach den Strukturen der Desintegration zu organisieren. Um diese Verwandlung zu erreichen, ist es erforderlich, daß wir eine konsequente Erziehungspolitik betreiben und uns mit Kommunikationsmedien ausstatten.

Die nukleare Politik und andere Aktionen legitimer Verteidigung sollten in die Verfassung der Staaten aufgenommen und in diesen festgelegt werden. Nationale Beratungen und Schlichtungen auf internationaler Ebene müßten zu obligatorischen Bestandteilen der Atompolitik werden. Erziehungsinstitutionen und Medien müßten in diesen Verfassungsgesetzen verpflichtet werden, über alle Aspekte der Nuklearpolitik, über Budgetfragen und über strategische und technologische Entwicklungen aufzuklären. Im Bemühen um die Sicherheit unseres Planeten darf es keinen Platz für Geheimnisse geben, zumal es um eine Technologie geht, die nicht beliebig eingesetzt werden kann. Diese Ausrichtung der Atompolitik ist damit zu begründen, daß derzeit alle Anzeichen darauf hinweisen, daß die wirkliche Gefahr nicht in einer Konfrontation der Supermächte liegt, sondern im „nuklearen Terrorismus".

Statt eine Regierung zu unterstützen, die die Möglichkeit eines „begrenzten nuklearen Kriegs" in Erwägung zieht, sollten die Amerikaner eine Regierung wählen, die bereit ist, eine bedingungslose Zusammenarbeit unter den Atommächten zu sichern, um den Konsequenzen des nuklearen Terrorismus vorzubeugen oder sie unter Kontrolle zu bringen. Dieses Anliegen und nicht etwa Vereinbarungen zur Rüstungsbegrenzung und Rüstungskontrolle, die derzeit verabschiedet werden, sollten im Mittelpunkt der internationalen diplomatischen Verhandlungen stehen. Als angewandte Technologie hat die Atombombe keinen Nutzen. Als Motor einer bedingungslosen Zusammenarbeit des gesamten Planeten ist ihre Existenz allerdings unabdingbar.

Wenn wir der Existenz der Bombe einen Nutzen für unsere Zivilisation abgewinnen wollen, dürften wir nicht lamentieren und in der Art der Moralisten mit Schuldgefühlen und Gewissensbissen argumentieren. Wir müssen handeln. Könnten wir endlich begreifen, daß das phonetische Alphabet Ausdruck einer der menschlichen Natur inhärenten unheilvollen Möglichkeit ist, würde auch verständlich werden, daß die Atombombe die unvermeidliche Konsequenz eines grotesken Mißverhältnisses zwischen der im Alphabet angelegten Entwicklung der Technologie und dem primitiven Niveau unserer sozialen Evolution ist. Der Zustand unseres Planeten führt uns sehr genau die kollektiven Symptome unseres eigenen Zustandes vor Augen: Wir befinden uns in einer Entwicklungsverzögerung, sind vergleichbar mit mathematischen Genies, die unfähig sind, ein durchschnittliches Niveau sozialer Anpassung zu erreichen. Den Umfang dieses Mißverhältnisses zu erfassen könnte uns helfen, unsere Vernunft wiederzufinden.

Was zu tun wäre, um der Gefahr zu entgehen, verlangt nicht sehr viel und ist nicht sehr kompliziert. Wir müßten nur das Niveau unseres „nuklearen Bewußtseins" heben. Jeder, der Bettler in den Straßen Mexikos, die Technokraten in Manhattan bis zum Sträfling in Marseilles, kann etwas dazu beitragen – ohne mehr tun zu müssen als die Hand zu erheben. Die Atombombe spricht für alle dieselbe Sprache.

Gutenbergs Rache

Computergestützte Druckerzeugnisse (Mikro-Edition): Die Vermählung von Buch und Fernsehen, zelebriert vom Computer

> Während Gutenberg uns zu Lesern machte, verwandelt uns Xerox gerade in Herausgeber.
>
> Marshall McLuhan

Der Buchdruck war einst Vorbild der Massenproduktion, die nach der Industrialisierung mit dem Fernsehen ihren Höhepunkt und ihr Ende erlebte. Die Mikro-Edition ist dagegen dank dem Computer Vorbild für die Generierung von Geschwindigkeit und für die Versöhnung von Alphabet und Elektrizität sowie von Bild und Buchstaben.

Der Physiker R. K. Logan schreibt in seinem Buch *The Alphabet Alphabetic Effect:* „Die Essenz der Mikro-Edition ist, daß sie Text und Bild verarbeiten kann; das ist Teil des allgemeinen Phänomens der elektronischen Integration." Das Bild, das – außer in einigen Filmen und experimentellen Videos – bis dato selbst in der Werbung im Dienst des Buchstabens gestanden hatte, wird jetzt zu einer eigenständigen Information. Als solche gelingt es ihm, die Aufmerksamkeit der Konsumenten und vor allem der Bildproduzenten auf sich zu ziehen. Die Mikro-Edition fokussiert das Interesse des Lesers und des Autors auf das Bild als Information. Das geht sogar so weit, daß Geschäftsleute die Graphiken ihrer Jahresberichte besser entschlüsseln können als die arithmetischen Daten.

Das Versprechen der Mikro-Edition, „Geschwindigkeit für eine schnelllebige Epoche", bezieht sich nicht auf die Quantität, sondern auf die Qualität der neuen Publikationsformen. Wenn sie heutzutage mit klassischen Formen wetteifert, was diese fürchtet, so tut sie das nicht, um deren Markt zu übernehmen, sondern um ihn gänzlich hinter sich lassen: Flexibilität, hohe Auflösung, Wandlungsfähigkeit, Kosten- und Zeiteinsparung setzen Strukturen kollektiver Intelligenz gegen die Schwerfälligkeit der Tradition.

Im Geschäft mit Informationen zeichnen sich grundlegende Veränderungen ab. Warum sollte man Nachrichten aus der ganzen Welt lesen, wenn man auswählen kann? Die großen Fernsehanstalten in den USA treten die Produktion von Nachrichtensendungen an lokale Sender ab, weil das Publikum nicht länger gewillt ist, andere für sich entscheiden zu lassen, zu welchem Moment es etwas wissen soll. Auch die traditionelle Form der Publikation durch Printmedien ist von dieser Tendenz der Dezentralisierung betroffen. Sie treten ihre Vormachtstellung an die Mikro-Edition ab, weil weder Autoren noch Leser abwarten wollen, bis der Text unzählige Kontrollinstanzen durchlaufen hat. „Printing on demand", die Veröffentlichung auf Nachfrage, nennt es Stan Bevington, Direktor des einschlägigen Verlags für Kunstdrucke „The Coach House Press" in Toronto. Er stattete seinen Betrieb umgehend mit den neuesten Modellen der Mikro-Edition aus, um seine von den technologisch veralteten Druckformen geleerten Kassen wieder zu füllen.

Die großen Verlagshäuser werden auch weiterhin existieren. Sie werden aber eine andere Funktion haben: als Verteilungsnetzwerk für nichtspezialisierte Materialien etwa oder als Orientierungssystem, das heißt als eine Art Weichensteller für intellektuelle und wissenschaftliche Strömungen in speziellen Wissensgebieten.

Die den Zeichen der Zeit angepaßte Generierung von Geschwindigkeit bedeutet dagegen: „Wir brauchen diese Veröffentlichung umgehend, in einigen Stunden, für ein paar hundert Leser. Fallt uns also nicht länger mit euren endlosen Produktionszeiten, mit der Ungenauigkeit der Interpretation unserer Wünsche, mit den exorbitanten Kosten für eure Dienstleistungen auf die Nerven. Wir machen es selbst!" Die Mikro-Edition glaubt nicht mehr an die „Ewigkeit des Buches". Der sakrosankte Charakter des Buches ist im Begriff, sich zu verflüchtigen. An den Universitäten in Nordamerika heißt es nicht mehr: „Nur wer veröffentlicht, zählt". Publizieren ist zu einfach geworden. Jeder x-beliebige kann in seinem Büro ein Buch oder eine Gewerkschaftszeitung usf. herstellen. Wichtiger wird es in Zukunft sein, zitiert zu werden, in welchem Umfang auch immer. Welche Sicherheit haben wir denn, daß Herr Professor „Soundso" interessante Dinge sagt? Die Anzahl der Artikel oder Bücher ist bei der Entscheidung dieser Frage nicht mehr aussagekräftig. Heute zählt die Wirkung. Außerdem läßt sich die Wirkung jetzt auch tatsächlich messen. Denn mit dem Computer – diesem Instrument, das die Universität unentwegt betrügt – kann man alle Stellen abrufen, an denen Ihre Beobachtungen, Ihre Meinungen, Ihre Untersuchungen und selbst eine kurze, noch unausgegorene Bemerkung, die Sie z. B. beim Cocktail auf einem Presseempfang machten, auf Papier oder Tonband aufgezeichnet und gespeichert wurden. „Ja, Mister Orwell, wir brauchen bald kein ‚Ministerium für Geschichte' mehr, wir werden unsere Zensur schon selbst in die Hand nehmen!"

Im Vordergrund steht aber, daß die Heiligkeit der Bücher, ihre Funktion als Altar verlorengeht: für die beständige Wahrheit, für die auch gegen die Zeit widerstandsfähige Qualität, für abgewogene und ausgereifte Worte, für die Phantasie, die oftmals mit der Zeit in abgedroschenen Redewendungen erstarrt. „Es ist wirklich erstaunlich, mit welcher Geschwindigkeit und Präzision sich die Masse von Daten über die Halbleiterindustrie in Taiwan, Hongkong und Macao in den letzten drei Monaten auf unseren Bildschirmen vernetzte. Wie wär's, wenn wir daraus geschwind ein kleines Buch machten? Das ließe sich gut an ein paar Kollegen aus der Industrie verkaufen, und zwar zu Preisen, die recht vorteilhaft für uns wären." Der mit Mikro-Edition produzierte Text ist nicht viel beständiger als der elektronische Text. Dafür läßt er sich aber auch genausoschnell reproduzieren wie dieser, falls wir ihn in zwei Jahren wirklich wieder brauchen sollten. ... Der Text bleibt einige Zeit auf Disketten gespeichert und wird anschließend zum elektronischen Abfall der kleinen und mittleren Betriebe.

Wir können auch feststellen, daß die Mikro-Edition die Abstimmung auf ein bestimmtes Zielpublikum fördert. Es lohnt sich heute nicht mehr, seine Zeit und seine Produktion mit Dumping zu vergeuden. Man muß nur wissen, wie man seine Kunden auswählt. Wenn man will, kann man heute über jeden Menschen alles wissen, denn das Verfahren des Listing wird immer gebräuchlicher und genauer, da ganz neue Informationen kodiert werden können. Werbeagenturen und Public Relations interessieren sich immer weniger für die potentiellen Konsumenten eines Produktes. Was sie jetzt brauchen, sind Namen und ästhetische, intellektuelle, sogar politische Einstellungen von Meinungsmachern. Wir erleben die Rückkehr der bereits von Platon kritisierten „Doxa". Wie zu anderen Zeiten werden wir von einem Lokalpatriotismus verschiedener Interessengemeinschaften überrollt. Allerdings besteht heute die Möglichkeit, diese Interessen nicht nur mit Kollegen und Nachbarn in unmittelbarer Nähe, sondern umgehend mit der ganzen Welt zu teilen: der planetarische Lokalpatriotismus.

An diese Gemeinschaften wendet sich die Mikro-Edition. Im Vordergrund ihres Interesses steht nicht so sehr die Menge der geworbenen Gruppen, sondern der Zugriff auf diese. Auch die Finanzierung ist im Grunde kein Thema – obwohl die Summen, die im Spiel sind, beträchtlich steigen –, sondern die Erstellung des Netzwerkes ist das eigentliche Problem. Die Mikro-Edition ist Teil dieser wunderbaren Verwandlung, die der Computer in eine Welt brachte, die sich gerade erst durch und für das Fernsehen konstituiert hatte. Die Hauptaufgabe des Computers besteht darin, die undefinierbare Masse in verschiedene, miteinander vernetzte Interessengruppen aufzuteilen. Die Mikro-Edition stabilisiert das famose „networking" der Yuppies, die wiederum die neue Technologie sponsern. Der „Geschwindigkeitsmensch" löst sich problemlos aus der Masse der Konsumenten und wird zum Produzenten. Er rekonstituiert sich in Kleingruppen, die sich über miteinander verschaltete Computer, Telefone und Mikro-Edition umgehend auf dem laufenden halten.

Dem Buch gelang es nicht, sich gegen das Fernsehen durchzusetzen. Es war zu langsam, zu schwerfällig, so daß es unter den Angriffen „der leichten Truppen" (wie McLuhan formuliert) zusammenbrach. Die Menschen verloren das Interesse am Lesen und am Kino. Die nationalen Erziehungsbeauftragten riefen um Hilfe angesichts des angeblich drohenden Analphabetismus. Die entsetzten Schul- und Erziehungsberater pflichteten den Eltern bei, daß durch das Fernsehen die Aufmerksamkeits- und Konzentrationsfähigkeit, das Gedächtnis, die Imagination, das Sozialisierungsvermögen usf. der Kinder in Mitleidenschaft gezogen würden. Diese Befürchtungen waren durchaus berechtigt. Es gab aber keinen Grund, in Panik zu geraten, als die Mikrotechnologie aufkam. Der Computer gleicht einem Fernsehbildschirm, der uns mit Vehemenz zum Buch zurückführt. Er verpaßt uns ungeniert eine Art Ohrfeige und fordert das Fernsehen und die Verlagshäuser dazu auf, die kulturelle Entwicklung endlich genau zu betrachten. Anders ausgedrückt, ist die Mikro-Edition eine Hommage des Fernsehens an das Buch.

Der Diskurs über die beiden Hirnhemisphären hat leider nicht die nötige Aufmerksamkeit auf sich gezogen. Wäre er mehr beachtet worden, hätte das einigen Zeitgenossen, vor allem den „Bewußtseinsindustriellen", sehr mißfallen. Denn es wäre für sie sicher nicht von Vorteil, wenn bekannt würde, daß das Fernsehen nicht nur die verbale Analyse und die Kritikfähigkeit unterdrückt, sondern das Gehirn regelrecht zensiert. Das Buch machte aus uns dagegen vollständige, in sich abgeschlossene Individuen. Bezahlen mußten wie diesen Schritt allerdings mit der unvermeidlichen Manipulation unseres Nervensystems. Denn wir waren gezwungen, den Körper systematisch und fortwährend zu unterdrücken. Die Erfindung des Computers ist auch in diesem Zusammenhang nicht besorgniserregend. Ganz im Gegenteil! Denn die Verarbeitung des digitalisierten Textes entspricht einer Art Erziehung zur Reintegration der beiden Hirnhälften nach dem Vorbild der Elektrizität.

Nach mehreren Jahrhunderten der intellektuellen Beherrschung der Welt durch Segmentierung, Quantifizierung und Rasterung in Enzyklopädien lernten wir auf Grund der brutalen Beschleunigung des Lebensgefühls nach der Erfindung des Telegrafen bis zum Fernsehen für einen kurzen Moment eine verrückte und aufregende Phase in unserer Kultur kennen. Jetzt fügt sich alles wieder ruhig zusammen. Wir reden sogar von atomarer Abrüstung, was bedeutet, der Elektrizität freien Lauf zu lassen.

Die Mikro-Edition ist das Ergebnis einer endgültigen Versöhnung zwischen der Herrschaft der Schrift und der der Elektrizität. Ihre erste Begegnung fand im Telegrafen statt, als die Schrift durch ihre Übersetzung ins Morsealphabet „elektrizitätstauglich" wurde. Diese Übertragung war aber noch nicht exakt genug. Es war keine Liebesheirat. Der Telegraf operiert auf der Ebene der Modulation, eine Verfahrensweise, die via Telefon und Radio ins Fernsehen gelangte. Die Schrift ist dagegen eher mit der Photographie verwandt, da sie mit Formen der Abbildung arbeitet. Schrift und Photographie tendieren zur Montage – zum „editing", wie es im Englischen heißt – und entwickelten sich im Kino, in der Photokopie und paradoxerweise im „langsamen Fernsehen" und anderen Abbildsystemen, die aus der Verbindung von Elektrik und Photonenelektromagnetik entstehen, weiter. Erst der Computer fügte diese Verfahrensweisen mit Hilfe seiner einfachen binären Kodierung wieder zusammen.

Das Binärsystem ermöglicht es, das Prinzip der Modulation zu benutzen, um alle Informationssysteme, also auch die Schrift, in einen einzigen Kode zu übertragen. Durch die Digitalisierung kann jede beliebige Substanz in eine rigoros und unfehlbar hierarchisierte Sequenz zerlegt werden, was mit einem dreifach gegliederten System wie dem Morsealphabet nicht machbar ist. Die Digitalisierung stellt Text und Bild beim Transport der Information auf ein und dieselbe Ebene. Sie braucht allerdings eine flexible Oberfläche, um jene zu reproduzieren, und läuft deshalb über den Kathodenbildschirm. Insofern nähern sich das Buch – das heißt die Montagetechnik – und das Fernsehen – also eine Modulationstechnik – einander an. Durch die Vermittlung des Computers können in der Magnetoskopie die kinematographische Montage und die Modulationen des Videos miteinander gekoppelt werden.

Der Erfolg der Mikro-Edition steht auch im Zusammenhang damit, daß der Computer uns dabei hilft, individuelle Fähigkeiten wiederzuerlangen. Denn wir riskierten durch das Fernsehen unsere Autonomie zu verlieren. Die Natur des Publikums wurde modifiziert, angefangen bei unseren Vorstellungen vom Autor. Heute erprobt sich dagegen eine Unzahl von Bürokraten und Protokollschreibern aller Art als Schriftsteller, Poeten oder Propheten, als Gesetzgeber und als Beratungsexperten auf allen Gebieten, ohne sich je der Kritik eines Redaktionskomitees stellen zu müssen. Während die Photokopie die Leidenschaft für Kurznotizen, für Dienstanweisungen, für das Kopieren von Buchseiten oder von Familienneuigkeiten, die in der ganzen Verwandtschaft verteilt wurden, hervorbrachte, verbreitet die Mikro-Edition die Sucht, auch im kleinsten Betrieb Rundschreiben in Umlauf zu bringen. Mit Xerox wurde jeder zu einem potentiellen Herausgeber. Heute kann sich jeder zum Direktor einer Zeitschrift erklären.

Die Schreibmaschine war der erste Schritt zur Demokratisierung der Edition. Die Mikro-Edition geht noch weiter. Denn sie stellt jede Form des Informationsmonopols in Frage, bis hin zum Konzept der „öffentlichen Meinung“. Insofern als Daten instantan reproduziert und verbreitet werden können, können öffentlich-rechtliche und staatliche Instanzen nicht länger für sich das alleinige Recht beanspruchen, Informationen unter Ausschluß der Öffentlichkeit zu kontrollieren. Aus diesem Grund sind Photokopierer und Schreibmaschinen in totalitären Ländern verboten. Wir wissen heute, daß Macht und Autorität vom Publikationsmonopol abhängen.

Mit zunehmender Verbreitung der Mikro-Edition wurden offizielle Anschreiben standardisiert. Es war forthin unhöflich, einen Brief abzuschicken, der nicht der Norm entsprach. Die Hersteller für Ausrüstung und Programme der Mikro-Edition begannen miteinander zu konkurrieren, versuchten sich bei der Qualität und der Geschwindigkeit der Drukker gegenseitig auszubooten. Die Verlagspäpste wurden unruhig. Gewerkschaften pochten auf die Qualitätsstandards beim Typendruck, um Arbeitsplätze im Bereich des Druck- und Verlagswesens wirksam zu schützen. Dasselbe Argument wird übrigens auch bei der Fernsehproduktion angewendet, damit die professionellen Macher gegen die vom Video eingeführten technologischen Erneuerungen standhalten können.

Unterdessen hat der Laserdrucker, eine andere Variante dieser ungewöhnlichen Vermählung von Licht und Text, diese Argumente längst ad absurdum geführt. Wir müssen zugeben, daß uns auf Grund des Techno-Fetischismus, der unsere Kultur charakterisiert, die Auflösung und die schwache Sättigung eines Matrizen-, Nadel- oder Tintenstrahldruckers niemals zufriedengestellt hätten. Wäre der Computerdrucker auf diesem Niveau stehengeblieben, wäre er eher für Wohlfahrtsvereine oder für Pfarrgemeinden tauglich gewesen als für Unternehmer. Der Laserdrucker dagegen kann mühelos mit den höchstentwickelten Formen der Kunst der Typographie konkurrieren. Denn mit der Verbindung von Computer und Laserdrucker können Illustrationen und Drucktypen beliebig ausgetauscht und ausprobiert werden, bevor sie endgültig gedruckt werden.

Die neue Generation der „Abschreiber“

Auf Grund der großen Flexibilität der Technik und der umfassenden Personalisierung der Produktionsmittel, kann in Zukunft eine einzige

Person die Arbeit einer zwanzig- bis dreißigköpfigen Mannschaft ausführen. Mit der Mikro-Edition stehen uns Mittel zur Verfügung, künftig eine Kunstform zu entwickeln, die offen ist für kreative Möglichkeiten, die noch kaum erforscht sind. Wir können die selbsternannten Herausgeber mit den Abschreibern des Mittelalters vergleichen, die Spaß daran fanden, ihrer Arbeit den letzten Schliff zu geben, indem sie wunderbare Illuminationen anfertigten, mit denen sie die Noblesse des Textes unterstrichen.

Gibt es bereits eine Entwicklung, die auf einen qualitativen Fortschritt in der Mikro-Edition hindeutet? Es ist noch nicht sicher. Denn wir befinden uns derzeit noch in der Phase des Techno-Fetischismus, in der wir die neuen Maschinen nur insofern schätzen, als sie den alten Ausführungen nacheifern und sie überbieten können. In der Art, wie die Mikro-Edition entgegen ihren wunderbaren Möglichkeiten genutzt wird, läßt sich bisher nur eine reaktionäre Vision von Lesen und Schreiben feststellen. Denn solange sie noch völlig auf die vom Drucker gelieferten „harten" Resultate reduziert wird, bleibt sie der Obsession für das „Endprodukt" verpflichtet, die für die mechanistische Kultur seit der Erfindung des Buchdrucks charakteristisch ist. Unbeachtet bleiben die Möglichkeiten einer vom Computer gestützten multiplen Lesart. In der nachlässigen Geste, im Geschmiere im Stile des „New Age" und der „Neuen Wilden", im Getue um etwas bläßliche Farben, in verschwommenen Formen, im flüchtigen Übereinanderlegen von Farbschichten, in modischen Graphiken und Hypergraphiken können wir aber eine Art spontaner ästhetischer Reaktion auf die außerordentliche, durch die Maschine möglich gewordene Kontrolle entdecken. Seitdem es mit Hilfe der Technik so einfach geworden ist, perfekte Produkte aller Art herzustellen, scheint es im Gegenzug dazu wichtig zu werden, das Nicht-Perfekte regelrecht zu kultivieren. Cool sein bedeutet heute nicht mehr wie zu Zeiten des Fernsehens eine zu große Erregung zu verhindern, sondern sich nicht zu sehr seiner selbst zu rühmen, vor allem nicht für seine technischen und professionellen Kompetenzen.

Die Erweiterung des virtuellen Feldes in der Medienkunst

Die biologische Funktion der Kunst

Eine bisher noch nicht genauer ausgeführte Auswirkung des Alphabets ist für die biokulturelle Theoriebildung von Bedeutung, die ich vertrete. Das Alphabet unterstellte die Sprache allein den Verrechnungsleistungen der optischen Wahrnehmung, indem es sie von den anderen Sinnen löste. Alle Möglichkeiten der Sprache von der Definition zur Klassifikation und Gliederung bis hin zur Kombination sind davon betroffen.

Insofern ist das vollständige Alphabet das einzige Darstellungssystem, mit dem die Bedeutung von der Sprache abgelöst (oder wenn man einen anderen Ausdruck vorzieht: abstrahiert) werden kann, ohne dabei deren linguistische Struktur zu verlieren, wie es z. B. bei chinesischen Ideogrammen geschehen würde. Das Alphabet ist folglich das einzige Schriftsystem, das es ermöglicht, die Sprache völlig vom Körper der Menschen zu trennen. Durch dieses einzigartige Merkmal, das für die technische Entwicklung von unschätzbarem Wert ist, haben der alphabetische und der genetische Kode eine Wahlverwandtschaft.

Ist dieser Eingriff teleologischer oder sogar theologischer Natur, ist er Ausdruck des unvermeidlichen Schicksals der Materie, sobald der Mensch ins Spiel kommt? Er ist es wahrscheinlich nicht, solange die Atombombe uns daran erinnert, daß alles explodieren kann. Andererseits konnten wir dem techno-alphabetischen Determinismus bislang noch durch verschiedene Hilfsmittel teilweise entrinnen. Diese waren: die Intelligenz und die Widerstandskraft des Körpers bei seinem Verhalten unter den materiellen und konkreten Bedingungen des täglichen Lebens, das Fortbestehen der von der Religion vertretenen Mythen und schließlich der Widerstand der Kunst, deren einziges Anliegen im allgemeinen anscheinend gewesen ist, den genetischen Kode zu ersetzen, um auf kultureller Ebene ein durch die alphabetische Abstraktion verlorengegangenes biologisches Gleichgewicht wiederherzustellen.

Denn die Kunst kann bestimmte Auswirkungen der Technik reduzieren, bremsen oder entlarvern. Insbesondere in einer Gesellschaft, die an das passive Konsumieren kommerzieller Produkte gewöhnt ist, wird die Kunst als ein Überfluß der Kultur angesehen, als etwas, das zwar sehr angenehm, für das Überleben im Grunde aber doch nicht entscheidend ist. Entgegen dieser Einstellung beginnen einige von uns zu erahnen, daß die Kunst eine sehr viel tiefgreifendere Rolle in unserer Geschichte gespielt haben könnte. Sie ist zweifellos einer der entscheidenden Faktoren im Sozialisationsprozeß. Insofern als die Vorherrschaft des Kulturellen vor dem Natürlichen unsere Lebensbedingungen in Zukunft bestimmt, werden wir die Kunst vielleicht immer mehr brauchen, um unsere technischen Erfindungen zu steuern. Sie wird vor allem dann immer wichtiger werden, wenn wir durch die Genforschung auf die grundlegenden biologischen Eigenschaften des menschlichen Körpers stoßen.

Denn trotz ihrer ursprünglichen und wesensmäßigen Verschiedenheit zum genetischen Kode existieren wahrscheinlich bio-kulturelle Beziehungen zwischen Kunst, Religion, Technik und Kommunikation. Die mythischen Darstellungen, die die Sprache vermittelte, bevor sie auf logische Abstraktionen reduziert worden war, konnten über lange Zeit unabhängig und unberührt von technischen Innovationen eine kontinuierliche Beziehung zwischen Mensch und Natur aufrechterhalten. Sobald das Alphabet auftauchte, diese Triebfeder der Abstraktion und der Spezialisierung, konnten die religiösen Metaphern allerdings auf Grund der immer schneller werdenden technischen Verwandlungen nicht länger die Kontrolle über die Prozesse der sozialen Regulation ausüben. Seit der Renaissance übernimmt die Kunst die Aufgaben der Religion.

Kunst ist bekanntlich ein Gegenstand der Ästhetik, also der Sinnentätigkeit. Sobald wir akzeptieren, daß die großen technologischen Mutationen von einer „Unordnung aller Sinne" (Arthur Rimbaud) begleitet werden, da sie direkt in das Nervensystem eingreifen, werden wir auch verstehen können, daß diese Mutationen grundlegende ästhetische Fragestellungen implizieren. Vielleicht werden wir sogar begreifen, daß es sich bei diesen Mutationen um ein ästhetisches Phänomen handelt. Die Institution Kunst selbst ist eine der Spezialisierungen, die aus der Fragmentierung des Wissens durch die Schrift hervorgegangen sind. Sie entstanden aus dem Bedürfnis, die Unordnung der Sinne, die durch die Schrift bis auf weiteres ihres direkten Bezuges zur gesprochenen Sprache enthoben worden waren, zu befrieden und sie zu reorganisieren. Die Schrift entzog dem Körper allmählich die Kontrolle über die Sinne, um sie ihren eigenen Gesetzen unterzuordnen. Die Ästhetik der griechischen Poesie trug z. B. dazu bei, das Verhältnis des Ichs zu einer aus der Ordnung geratenen Sinnlichkeit aufzudecken. Es mußte sogar der Gott Eros erfunden werden, um einer gravierenden Krise des Körpers zu entgehen. Das griechische Theater hatte die Aufgabe, die physische Teilhabe des Zuschauers an der Hervorbringung von Wissen zu reduzieren. Das Publikum sollte mit Hilfe des Arrangements von Bühne und Zuschauerraum lernen, aus einem harmonisch „komponierten" Ensemble multisensorischer Stimulationen Bedeutungen zu abstrahieren.

Da die therapeutische Rolle der Kunst bisher nicht wirklich erkannt wurde, fragt man sich seit tausend Jahren vergeblich nach der Bedeutung des Wortes „Katharsis". Diese intellektuelle „Blindheit" hängt mit der Tatsache zusammen, daß es der Tyrannei des Alphabetes gelungen ist, jegliche Betrachtung über das Objekt seiner Unterdrückung – die Sinnlichkeit – aus dem Bewußtsein zu verbannen. Die Aufgabe künstlerischer Entwicklungen war dagegen die Genesung, im tieferen Sinn des Wortes: die „Wiederherstellung". Theater, Romane, Malerei, Musik, Architektur, ja sogar die Mode und die Künste der Kulinarik halfen, Ordnung in das angegriffene Wahrnehmungssystem und die Sensibilität zu bringen.

Indem sich die Kunst zugunsten der erholenden Wirkungen und als subversive Praxis auf die „Fortschritte" der Technologie einstellte und mit deren Entwicklung Schritt hielt, gab sie uns die Sinnlichkeit zurück, um die die Schrift uns betrogen hatte. Die Kunst wurde zur Korrektur und zur Interpretationshilfe der Technologie. Die Technologie ist auf brutale Weise logisch und geht mit den von ihr unterjochten Sinnen schonungslos um. Durch ihre vermeintlich wissenschaftliche Absicherung und ihre Leistungskraft, beide Male Abstraktionen, kann sie sich behaupten und dabei oftmals die Erfüllung der menschlichen Bedürfnisse, auf die sie eigentlich eingehen sollte, verweigern. Die künstlerische Inspiration, deren Wurzeln in der Wahrnehmung liegen, kann sich aber der Kontrolle durch das technische Denken teilweise entziehen. Aufgabe des Kunstwerkes wird deshalb, die Verwandlungen der Sensibilität widerzuspiegeln, indem sie sich den Zwängen des Technozentrismus widersetzt und auf sinnliche Potentiale zurückgeht.

Die essentielle Rolle der Kunst besteht also darin, die menschliche Erfahrung wieder sinnlich zu machen. Dies gilt selbst für den Roman. Obwohl seine Existenz damit begründet ist, der vom Buchdruck eingeführten neuen psychologischen Dimension Leben zu geben, ermöglicht er uns in indirekter Form, das heißt auf einer bereits von der Schrift geformten Ebene, einen Zugang zu den Sinnen. Wir können die *Prinzessin von Clèves* (Marie-Madeleine Pioche de La Vergne, Comtesse de La Fayette, 1678) unter diesem Aspekt neu interpretieren. Mit diesem Roman sollte nicht nur auf kultureller, sondern viel grundlegender auf neurologischer Ebene eine Umgestaltung der Sensibilität erarbeitet werden. Gemeinsam mit der Prinzessin zu lernen, dem Verlangen des Herzogs von Nemours zu widerstehen, hieß auch, sein Selbst in Besitz zu nehmen, indem die Ansprüche des physischen Körpers, also die Sinne, beherrscht wurden.

Vollzogen wurde die Beherrschung der Sinne durch den Sinn (Bedeutung). Ein anderes Beispiel: Die Malerei und die Architektur der Renaissance vergegenständlichen die Abstraktionen im Sehfeld, das durch die Auswirkung des Alphabets nach symmetrischen Konstruktionsanordnungen, nach Rastern und nach den Regeln der Perspektive neu gestaltet wurde, in sinnlichen Formen.

Regeln statt Spiele: das klassische Virtuelle

Am Beispiel des Satellite Arts Project von Kit Galloway und Sherrie Rabinowitz erläutert Gene Youngblood seine These, der „elektronische Raum" sei ein „virtueller Raum". Über den amerikanisch-kanadischen Satelliten Hermes CTS wurden Menschen, die sich an zwei verschiedenen, 3000 km voneinander entfernten Orten befanden, in einem einzigen Bild zusammengeschaltet. Das Bild erschien an beiden Orten gleichzeitig auf Monitoren. Im Bild entstand ein Raum ohne geographische Grenzen, ein virtueller Raum, in dem in Echtzeit eine Begegnung stattfinden konnte. Wie Youngblood könnte man ausgehend von diesem Beispiel behaupten, daß auch Livesendungen im Fernsehen sich in einem virtuellen Raum abspielen. Er nimmt sogar an, daß alle Phänomene, die nur als Wirkung und nicht als Tatsächlichkeit existieren, als virtuelle Ereignisse bezeichnet werden könnten. Für ihn ist die im Spiegel abgebildete Welt der „archetypische" virtuelle Raum. Die Virtualität eines Ereignisses würde nach dieser Definition vom Gehalt, das heißt von der Materialität der Dinge abhängen. Aber dieser Aspekt trifft nicht den Kern des Virtuellen. Dieser liegt vielmehr in den Möglichkeiten der Interaktion von Mensch und Maschine.

Auf technischer Ebene wird der Begriff virtuell in der Optik und in der Informatik in zwei Bedeutungen gebraucht. In der Optik spricht man von einem virtuellen Bild, wenn das Bild, statt sich auf seinem festgelegten Fokalisationsspunkt auf einer „harten" Oberfläche jenseits des Objektives (konvexe Linse) zu realisieren, zum Objektiv (durch eine konkave Linse) zurückgeschickt wird und sich zwischen dem Objekt und dem Objektiv bildet. „Bildherstellung", wie Paul Virilio erläutert, „ohne ersichtliche Trägersubstanz, ohne eine andere Konsistenz als die auf der Ebene des visuellen, mentalen oder instrumentellen Gedächtnisses."

Das virtuelle Bild entsteht auch bei der Holographie, unterliegt aber einer anderen physikalischen und optischen Dynamik. Das holographische Bild entsteht aus dem gefilmten Objekt, das ausgehend von den genauen Korrelationen zwischen dem ursprünglichen Weg der Interferenzstrahlen und der photographischen Platte nach ihrer Entwicklung wiederhergestellt wird. Die Verfahrensweisen, mit denen in der Optik und in der Holographie virtuelle Bilder erzeugt werden, ähneln sich. In beiden Fällen kommt das Bild eher durch Brechungen als durch Fokussierung zustande. Stephen Benton vom Laboratorium für Holographie vom M. I. T. vermutet, daß die spezifischen virtuellen und zugleich realen Eigenschaften des Hologramms daher kommen, daß es sowohl über die Eigenschaften eines Prismas als auch über die einer konvexen Linse verfügen kann. Die Bündelung und die Brechung der Lichtstrahlen können also simultan ausgelöst werden.

Ich vermute, daß unser Interesse an der Virtualität zu einem Zeitpunkt, da die digitale Technologie uns Macht über die Ereignisse auf dem Bildschirm gibt, durch unsere lange Fernsehpraxis zustande kommt. Wir können die Analogie des virtuellen und des Fernsehbilds besser verstehen, wenn wir uns in den Blickpunkt der Perspektive, wie er in der Renaissance üblich war, zurückversetzen. In der Zentralperspektive wurde das Bild ausgehend vom Beobachter in Richtung auf einen Fluchtpunkt konstruiert. Das klassische virtuelle Bild und die Lichtbündel des Fernsehens entstehen dagegen vor dem Brechungspunkt und kommen auf den Beobachter zu. Das Fernsehbild und das virtuelle Bild erfordern außerdem die Beteiligung des Beobachters. Das Bild, das sich vom Fernsehen aus auf den Zuschauer hin orientiert, kann also insofern als virtuelles aufgefaßt werden, als es allein als eine Rekonstruktion existiert, die das Gehirn ausgehend von photonischen, im Scanner skandierten Punkten vom Bild anfertigt.

Obwohl bereits das Fernsehen einen bestimmten Typ des Virtuellen in verschiedenen Formen in das tägliche Leben einführte, entwickelte sich erst durch den Computer eine neue Dimension der Virtualität. Das virtuelle Bild in der Optik schließt das Zufällige aus. Das virtuelle Bild erscheint unabhängig davon, ob es statisch oder dynamisch ist, genau dort, wo es erscheinen soll, und es unterscheidet sich vom realen – aktualisierten – Bild nur durch die Präsenz oder das Fehlen einer Trägersubstanz. In der Informatik ist der Begriff des Virtuellen um einiges komplexer. Es hängt nicht mehr vom Vorhandensein eines optisch wahrnehmbaren Gegenstandes ab, und es wird durch die subjektive Beurteilung des Benutzers wahrgenommen. In der Fachterminologie der Informatik werden Virtualität und Transparenz unterschieden. Das „virtuelle Gedächtnis" eines Systems könnte man auch als die Grundlage seiner „Lernfähigkeit" bezeichnen. Diese ist keine bereits existierende Einheit, sondern sie entsteht aus der erfinderischen Verwaltung der Daten durch die Maschine selbst.[1] Der Be-

---

[1] Der Begriff der Transparenz meint dagegen, daß die Funktionen, die z. B. für die Organisation einer Datenbank nötig sind, im Programm nicht aufgezeigt werden.

reich des Virtuellen, der in Zukunft Teil der Verfahrensweisen bei der Informationsverarbeitung in unseren Maschinen sein wird, ist komplexer, als es dieses Detail aus dem technischen Vokabular andeutet. Es war eine große Herausforderung für die Informatik, Computer für das Schachspielen zu programmieren. Das Schachspiel erfordert eine über das Optische hinausgehende Konzeption des Virtuellen. Denn es beinhaltet ein Ensemble von Beziehungen, die durch fixe Regeln für das Verhalten der Figuren und der Spieler strukturiert und festgelegt werden. Der virtuelle Charakter des Schachspiels ist im Gegensatz zur klassischen Auffassung vom Virtuellen offen, da es von einer doppelten Zufälligkeit der Variablen: Entfernung von bestimmten Figuren und interaktive Sequenz ihrer Züge, abhängt. Wie in allen Spielen, die auf Regeln zurückgehen, entfaltet sich das Virtuelle zwischen den Bedingungen der Öffnung und der Schließung, zwischen den Möglichkeiten des Aleatorischen und festgelegten Regeln. Der Begriff des Virtuellen ähnelt dem des Potentiellen. Der Unterschied zwischen beiden ist aber grundlegend. Er kann uns helfen, diesen neuen Erkenntnisgegenstand, der in unserer technischen Kultur und in den neuen künstlerischen Formen und „Materialien", die sie produziert, immer wichtiger wird, zu verstehen.

Potentialität bezieht sich auf die Bedingungen der Möglichkeit, wobei die Bedingungen selbst noch nicht gegeben sind, so daß sich die Möglichkeiten auch nicht realisieren können. Es ist eine Virtualität zweiten Grades. Das Potentielle ist, wie seine Etymologie bereits nahelegt, ein Vermögen, eine Handlungsfähigkeit, bei der die Bedingungen zum Handeln aber noch nicht im Hinblick auf die Handlung selbst organisiert sind. Virtualität heißt dagegen, daß die Bedingungen zur Umsetzung in eine Handlung realisiert, das heißt unter dem Diktat einer strikten Kontrolle organisiert sind. Die Umsetzung selbst befindet sich aber noch im Stadium der Möglichkeit, sie ist noch offen, so daß noch zwischen einer bestimmten Anzahl von Wegen ausgewählt werden kann, die zum Teil vom Zufall abhängen.

Um diese vagen Begrifflichkeiten abzusichern, möchte ich vier Kriterien benennen, die die Virtualität kennzeichnen:

1. *Immaterialität:* Abwesenheit einer materiellen Trägersubstanz.

2. *Intervall:* Zwischen dem Zufälligen und dem Festgelegten müssen auf technischer Ebene Grenzen gezogen werden. Denn das Virtuelle definiert sich als Intervall zwischen der Begrenzung von Möglichkeiten und den Optionen auf das Mögliche. Ohne Grenzen wird das Virtuelle uninteressant, ohne Optionen existiert es nicht. Ohne Begrenzungen ist das Virtuelle nicht viel inspirierender als das weiße Blatt Papier, das gegen Mallarmés Schreibversuche seine Reinheit verteidigen wollte.

Ohne Spiel, gefangen in den rigorosen Vorschriften der Maschine, bleibt vom Virtuellen nichts mehr übrig, es ist schon vollendet, noch bevor es im Zuge einer beliebigen Operation realisiert werden könnte.

Die folgenden Kriterien beziehen die neuen, von der Technologie eingeführten Bedingungen des Virtuellen mit ein.

3. *Kybernetik:* Fähigkeit zur Reaktion und zur Selbstorganisation in einem System mit Hilfe von Verhaltensvorschriften und Parametern, die im Bezug auf präzise Aufgaben klar definiert sind.

4. *Interaktivität:* Es handelt sich um die Möglichkeit zur parallelen und koordinierten Verrechnung von Daten, die sich sowohl auf die Interventionen des Benutzers als auch auf die der Maschine beziehen. Das auf technischer Ebene verankerte Virtuelle ist die Garantie für eine relative Autonomie, das heißt für eine kontrollierte Freiheit der Maschine. Damit die theoretische Auseinandersetzung mit der Virtualität überhaupt ein Erkenntnisinteresse ansteuern kann, muß sie über Betrachtungen zur Künstlichen Intelligenz und zu Expertensystemen, die sich auf pure Automationen reduzieren, hinausgehen. Außerdem müßten die Bedingungen untersucht werden, die das Niveau komplexer Interaktivität (z. B. das Schachspiel mit dem Computer) auch dann von dem der Referenzsysteme unterscheiden, wenn diese mit verschiedenen vom Computer gestützten Funktionen ausgestattet sind.[2]

Eine neue Generation von Labyrinthen: Die Musik zwischen Virtualität und Umsetzung

Jaron Lanier, Direktor der VPL Laboratorien in Redwood, Kalifornien, erkannte die virtuelle Dimension von Musikinstrumenten. „Sie sind wie Computer. Sie zählen zu den treffendsten Beispielen für das Interface Mensch–Maschine."

Ausgehend vom Instrument, über die Interpretation des Musikers bis hin zur Partitur und schließlich zum Denken des Komponisten, nimmt die Komplexität, Bedingung für die Virtualität, im ästhetischen Prozeß kontinuierlich zu. Abgesehen vom ziemlich reduzierten aleatorischen Anteil, der

[2] Die Nebraska Videodisc Design/Production Group hat versucht, die Beschreibung der Ebenen von Interaktivität zu formalisieren: 1. die „Playback"-Ebene ohne jegliche Interaktivität; 2. Datensuche „per Knopfdruck" mit einfachen Manipulationen der Sequenz (Beschleunigen, Verlangsamen, Bildstillstand, programmierte Wiedergabe, Skan usf.); 3. die Beziehung von untereinander vernetzten Datenbanken mit multiplen Optionen, die normalerweise unter der Regie des Benutzers durch eine zentrale Verrechnungseinheit strukturiert werden; 4. die Ebene der Interaktionen zwischen autonomen Agenten oder anderen Suchprogrammen und Serviceleistungen für Daten wie z. B. im Internet.

dem Interpreten beim Spielen eines Stückes zugestanden wird, existiert das Virtuelle in der musikalischen Partitur nicht. Denn sie impliziert bereits in sich selbst die Umsetzung, ist eine Prä-Aktualisierung. Aber zunehmende Komplexität garantiert nicht zwangsläufig Virtualität. Das dem kreativen Denken implizite Virtuelle ist zu vielseitig, zu offen, um einen geeigneten Rahmen für die Bestimmung der Virtualität abzustecken. Virtualität entsteht erst in dem Moment, wo die musikalische Inspiration durch ein System von Harmonie- und Kompositionsregeln strukturiert wird. Aber auch auf dieser Ebene sind die Variablen noch zu allgemein, um als Gesamtes Auskunft über die Modi des Virtuellen geben zu können. Die Kompositionsprinzipien von Bach bis Cage müßten nochmals ganz aufmerksam analysiert werden, bevor die Besonderheiten des Virtuellen als Vermittlung zwischen der organischen Zufälligkeit und der mathematischen Determiniertheit im Akt der Komposition herausgefiltert werden könnten.

Prinzipiell reduziert bereits die Auswahl eines bestimmten Instrumentes die unübersichtliche Flut von Möglichkeiten auf die Bedingungen des Virtuellen. Denn mit dieser Auswahl wird die Art und Weise, wie ein Ton produziert wird, begrenzt. Der kanadische Medienkünstler David Rokeby erläutert:

> Jedes Instrument birgt unendlich viele Möglichkeiten in sich, Klänge zu erzeugen. In der schon beinahe vorprogrammierten Entscheidung der Konventionellen Musik werden aber zumeist die Möglichkeiten ausgewählt, die sich nach der Dauer eines Tons richten.

Rokeby eignete sich die Kenntnisse eines Informatikers und Ingenieurs an, um seine musikalischen Recherchen weiterentwickeln zu können. Denn für ihn haben die neuen Instrumente, die durch Elektronik und vor allem durch die Computer möglich wurden, nicht nur unsere Vorstellungen von der Musik, sondern auch die traditionellen Formen der Komposition, der Instrumentation, der Interpretation und selbst die Art der Teilhabe des Zuhörers grundlegend verändert. „Ausgehend von ein und derselben Komposition, kann zwischen dem Instrument und der Musik ein klangliches Labyrinth hergestellt werden, das für alle Arten von Wegen offen ist." In diesem Labyrinth wird die Virtualität zur neuen Bedingung für die Teilhabe des Benutzers am technischen Universum. Das gilt nicht nur für die Musik, sondern für alle interaktiven Systeme.

Jede musikalische Partitur läßt dem Interpreten oder Virtuosen einen sehr begrenzten „virtuellen Freiraum". Die Partitur ist aber keinesfalls interaktiv. Selbst die Notationen von John Cage oder Murray Shafer sind nur auf Grund von eingefügten „Lücken" interaktiv. Diese lassen zwischen zwei musikalischen Ereignissen mehrere Möglichkeiten zu. Jeder dieser Wege läuft aber dann wie eine normale Partitur ab. Der Komponist Randy Raine-Reusch aus Vancouver hat dagegen, ausgehend von einem Biofeedbacksystem, das der amerikanische Informatiker Robert Diltz erfunden hatte, eine Installation entworfen, durch die die Interpretation selbst interaktiv wird.

Ein Musiker interpretiert ein Musikstück, dessen Partitur im Notenprogramm des Computers gespeichert ist und die auf dem Bildschirm erscheint. Der Computer ist mit einem Datentabulator verbunden, der Impulse von den Zuhörern des Stückes empfängt. Diese müssen eine Hand auf eine sensible Platte legen, die ihre Reaktion direkt überträgt. Die Platte ist mit einer Galvanized Skin Response ausgestattet, die nach dem heutigen Stand der Forschung wahrscheinlich die Pulsfrequenz, die Hautfeuchtigkeit, das elektrostatische Potential und kyriliennische Wellen aufzeichnet und analysiert. Die Reaktionen der Zuhörerschaft werden koordiniert und verrechnet, um die Partitur auf dem Computerbildschirm in Echtzeit nach bestimmten, vom Musiker eingegebenen Parametern zu modifizieren. Das Resultat entspricht einer Art Improvisation, die zwar auch vom Musikstück oder von den Neigungen des Musikers, vor allem aber von der Zuhörerschaft selbst ausgeht. Es handelt sich im Grunde um ein System zur Formalisierung der Interpretationskriterien des Zuhörers z. B. bei Jazz-Improvisationen. Es ist schwer, die virtuellen Komponenten unter diesen Bedingungen genau festzulegen und zuzuordnen. Denn sie sind auf beiden Seiten, beim Musiker und in der Zuhörerschaft, angelegt. Diese Situation gleicht der interaktiven Struktur bei einem Gespräch.

Diese neue Generation von elektronischen Instrumenten, die durch die Kopplung von Computer und Synthesizer entstehen, bieten ganz neue Bedingungen und Möglichkeiten bei der musikalischen Komposition und bei der Interpretation. Der Komponist und Informatiker George Lewis aus New York arbeitet zum Beispiel seit mehreren Jahren daran, sein Computerprogramm zu verfeinern, das auf seine Improvisationen mit der Posaune antwortet. Der Computer ist so programmiert, daß er dem Synthesizer erst dann, wenn ein bestimmtes Tonvolumen erreicht ist, befiehlt, verschiedene Begleitungen zu produzieren. Lewis bekräftigt scherzhaft, daß der Computer nicht reagiert, falls er die Qualität eines Tons als unzureichend beurteilt. Die Maschine ist nur ab einem bestimmten Maß an Komplexität und rhythmischer Dynamik dazu bereit, sich einzubringen. Virtualität bestimmt sich in dieser Installation durch die Regeln, die das Reiz-Reaktions-Schema im Programm festlegen.

Gleichwohl versichert Lewis, daß er seit geraumer Zeit die Kontrolle über die Möglichkeiten seiner Erfindung verloren hat. Mit anderen Worten, das Virtuelle der Maschine ist, obschon es durch die Betriebsanweisung des Systems begrenzt wird, unvorhersehbar geworden. Rokeby beschreibt an seiner eigenen Installation, was auch für die Möglichkeiten der Erfindungen von Lewis und anderen Künstlern zutrifft: „Obwohl das Verhalten dieser Installation komplex genug ist, um sich der absoluten Kontrolle und Analyse zu entziehen, ist es auch in ausreichendem Maße integriert, um einen nicht bewußt faßbaren, globalen Eindruck von Ordnung und Referentialität zu erwecken.“

Die Installation „Very Nervous System“ von Rokeby wurde unter anderem im Sommer 1988 im Centre George Pompidou in Paris ausgestellt. In diesem System werden Bewegungen der Benutzer in Echtzeit in akustische Sequenzen übersetzt. Das Entscheidende an dieser Installation ist, neben ihren ästhetischen Qualitäten, daß Virtualität in ihr nicht bloß auf konzeptioneller Ebene angelegt ist oder daß sie als Technikpark vorschwärmt, was eines Tages sein könnte. In dieser Installation wird Virtualität verwirklicht!

Dieses System ermöglicht es, das Feld des Virtuellen statt als bloße Theorie endlich in der Praxis erfahrbar zu machen. Die Kameras nehmen Ihre Bewegungen auf. Die optische Information wird von einem Computer koordiniert und in Form elektronischer Impulse an einen Synthesizer weitergeleitet. Dieser übersetzt sie in Klangwelten, die andere Komponisten-Ingenieure wie Iannis Xenakis, Rolf Gelhaar, Philippe Prévost, Jacques Serrano, Jean-Marc Matos und viele andere bereits in ganz originärer und kreativer Weise erforscht haben. Im Unterschied dazu fügt Rokeby seiner Installation aber ein MIDI-Interface (musical instrument digital interface) hinzu. Mit diesem und mit Hilfe eines Programmes, das für die Koordination optischer Daten konzipiert ist, können die Bewegungen des Benutzers halbimprovisierte Sequenzen auslösen. Die Parameter für die Interpretation der vorgefertigten Komposition durch die Bewegungen des Benutzers wurden allerdings vorab definiert. Damit entgeht die Interpretation dem strikten Determinismus des Playbacks jedes beliebigen Aufnahmesystems. Sie entzieht sich aber auch der unkontrollierbaren und amorphen Aleatorik eines vollständig offenen Systems.

Gerade dieser Anteil an Virtualität unterscheidet diese neue Generation elektronischer Instrumente von dem, was die Musikwissenschaftlerin Lise Richer frustriert „die neue Musikinstrumentenfabrik“ nennt. Deren Instrumente besitzen zwar einen ausreichenden Komplexitätsgrad, um eine Ebene kontrollierter Aleatorik zu erreichen. Die bereichernde Teilhabe des Interpreten, der die Installation moduliert, rettet die Systeme sogar davor, nicht bloß elektronische Variationen der Mechaniker von Vaucanson zu sein. Dieses elektronische Feedback führt eine Flexibilität organischen Typs ins Innere der ansonsten von der Mechanik inspirierten Grundlagen ein. Wenn wir noch technische Grundlagen für Selbstreferentialität und Rückkoppelung hinzufügten, mit der bestimmte, in der Praxis der Instrumente entwickelte Sequenzen abgespeichert werden könnten, hätten wir es mit einer Maschine zu tun, die „lernt" und die Resultate dieses Vorganges an die Benutzer weitergibt.

In der Installation von Rokeby dagegen „existiert" das Virtuelle. Es tritt aber nicht innerhalb einer konkreten Umsetzung in Erscheinung, z. B. wenn der Tänzer eine Gestensequenz ausführt. Es verwirklicht sich auch nicht durch die Wahl des Komponisten im Moment der Programmierung eines bestimmten Parameters. Es existiert vielmehr genau in dem Moment der Umsetzung, in dem der Tänzer eine Geste nicht ausführt, die potentiell eine geregelte Klangkonfiguration ausgelöst hätte, die weder vom Musiker noch vom Tänzer selbst im voraus geplant war. Der Raum selbst wird zum Instrument. Das Virtuelle nähert sich dem Realen an. Falls Fledermäuse über Musikinstrumente nachsinnen, würden sie dieses „Very Nervous System" erfinden.

Im elektronischen Neo-Barock: Die Interfaces des Virtuellen

Sind die Grundlagen für das Vorhandensein von Virtualität wie relative Autonomie und Selbstreferentialität der Maschine erst einmal gegeben, muß nach den Bedingungen gefragt werden, unter denen der Benutzer Zugang zu diesen neuen Möglichkeiten erhält. Der Mensch wird von den Anforderungen eines neuen technischen Potentials gedrängt, in den Funktionsweisen seines Körpers nach Modellen für „Technik-Handeln" zu suchen. Wir können dieses Verfahren und seine Resultate „Neo-Barock" nennen. Denn die historische Barockkunst, die entstand, als die Alphabetisierung des Abendlandes auf Grund der Entwicklungen des Buchdrucks gegen Ende des 16. Jahrhunderts ein zufriedenstellendes Ausmaß erreicht hatte, könnte als die Übersetzung dieser Erneuerungen in ein angemessenes Körperbild und in eine adäquate Organisation des Wahrnehmungssystems in der Kunst und in der Architektur definiert werden. In Zukunft wird es eine Ästhetik der Technologie im denkbar wörtlichsten Sinn geben. Diese Ästhetik wird sich aus einem direkten Appell der Interfacesysteme der Maschinen an die Sinne (Aisthesis) konstituieren.

Verschiedene Teile des Körpers werden aufgeweckt und in Anspruch genommen werden. Die Grundlage für die neue Kommunikation von Mensch und Maschine bildet die Verlängerung der Hand und der Finger in Knöpfe, Hebel, Joysticks, Tastaturen und in die „Maus". Diese Form der Veräußerung ist bereits so geläufig, daß wir sie nicht mehr genauer untersuchen müssen. Erst die Möglichkeiten der „Maus" und der sensiblen Oberflächen auf dem Bildschirm (touch screen) wurden zur Inspiration für die Entwicklung neuer Interfacesysteme. Denn der Unterschied zwischen der „Maus“ und anderen manuellen Instrumenten besteht darin, daß die „Maus“ komplexe und differenzierte Befehle steuert, bei denen die Kommunikation weder über sprachliche Eingaben noch ausschließlich über die automatische Reaktion auf das Ausmaß des Drucks auf einen Knopf geregelt wird. Die Betätigung der „Maus“ entzieht sich mehr als die der anderen Interfaces den Gesetzen der Schwerkraft. Auf Grund der von ihr hervorgerufenen Empfindung der Immaterialität schafft diese Virtualität erst die Bedingungen für die Entdeckung des Virtuellen auf psychologischer Ebene, zu dem uns allein unser Denken den Zugang ermöglicht.

Der „Dataglove“, der von Tom Zimmermann entwickelt wurde, ist das für die Funktionen der Hand angemessenste Hilfsmittel, um Handlungen im virtuellen Raum zu steuern. Es handelt sich um einen elektronischen Handschuh, den man über die Hand zieht, um die Manipulation von Objekten oder von Situationen, die auf dem Bildschirm simuliert werden, durchzuführen.[3] Die reale Hand wird von einer virtuellen Hand gedoubelt. Diese kann mit Hilfe von vorgegebenen, elektronischen Gesten gespeicherte Befehle abrufen und in Echtzeit und in den drei Dimensionen ausführen. Von der Erfindung des Datenhandschuhs zu der des Datenanzugs, einem elektronischen Overall, der die Bewegungen des gesamten Körpers erfaßt, war es nur ein kleiner Schritt. Die NASA hofft, mit dem Datenanzug das Verhalten der Astronauten im Weltraum simulieren zu können. An der Stanford Medical School erarbeitet man Variationen dieser Ausrüstung, um mit einem virtuellen Skalpell am virtuellen Patienten die chirurgische Praxis zu lehren. Robert Wright kommentiert, daß die einzige Gefahr bei einem Fehler während der Operation darin bestünde, einen „virtuellen Toten zu produzieren“. Ganz im Geiste des typisch amerikanischen Technozentrismus werden die Recherchen für diese direkte Anwendungsart der technischen Mittel gefördert. Besonders gute Voraussetzungen haben die Laboratorien, die direkt vom Verteidigungsministerium subventioniert werden!

Viel subtiler, weniger spektakulär und in ihrer Art genauso wirksam ist die Erfindung einer kleinen Gruppe von kanadischen Künstlern und Informatikern, die sich „Very Vivid and Vivid Effects“ nennt. Für ihre

---

[3] Der Datenhandschuh und der Datenanzug wurden von Tom Zimmermann und Jaron Lanier am VPC Research Lab von Redwood City in Kalifornien entwikkelt. Sinn und Zweck dieser Instrumente war zu Beginn kein technischer, sondern ein künstlerischer. Der Ingenieur-Musiker Zimmermann hatte nach einer Möglichkeit gesucht, realistische Melodien auf einer virtuellen Gitarre zu spielen.

Installation „Mandala“ entwickelte sie eine erstaunliche Software. Ein Amiga-Computer, eine Videokamera sowie eine technisch rudimentäre Recheneinheit für die Digitalisierung von Bildern in Echtzeit, mit der durch Körperbewegungen auf dem Bildschirm abgebildete Befehle aus der Distanz ausgelöst werden können, werden in eine interaktive Beziehung gesetzt.[4]

Die elegante Schlichtheit der Programmsprache erlaubt es jedem bereits nach wenigen Stunden, mit dem Material umzugehen und komplexe Operationen auszuführen.[5] Die Technik für die Installation ist auf dem Informatikmarkt vollständig und kostengünstig erhältlich. Wie der Roboter-Künstler Norman White, Professor am Ontario College of Art und Erfinder von humanoiden Robotern, die Sprache simulieren und sich durch Antriebsbewegungen fortbewegen können, bekräftigt, sind nicht die Erfolge in der Raumfahrttechnologie Zweck und Höhepunkt des technischen Fortschritts, sondern die Möglichkeiten, diese neuen Potentiale allen Menschen zugänglich zu machen.

Jaron Lanier suchte nach einer Vereinfachung bei der Programmierung und entwickelte die VPL (Visual Programming Language):

> Wenn Sie dem Computer auf technisch einfache Weise Befehle eingeben, sagen Sie ihm, was er zu tun hat, und er macht es. Nichts einfacher als das! Wenn Sie aber einen Computer programmieren wollen, müssen Sie in Ihrem Denken ungeheuer komplizierte Strukturen simulieren. Bei dem geringsten Fehler in dieser mentalen Simulation bauen Sie ein Hindernis im Programm an. Es ist sehr schwierig, all das im Kopf zu simulieren. Ich entwickle gerade visuelle und sehr konkrete Modelle, die zeigen, was in der Maschine geschehen soll. Auf diese Weise können Sie sukzessive die Fortschritte Ihrer Arbeit verfolgen. Sie müssen also die Programme nicht mehr im Kopf simulieren.

Es gibt mehrere Versuche, Apparate für dynamisches stereoskopisches Sehen zu konstruieren. Diese Apparate sollen Veränderungen des Volumens und in der Perspektive eines Bildes auf dem Bildschirm erkennen können und zugleich durch die Augenbewegungen des Benutzers, die von einer Kamera, die Augen- und Kopfbewegungen registriert und verrechnet, interaktiv gesteuert und kontrolliert werden. Wie Paul Virilio beob-

---

4 Die Digitalisierung des realen Bildes gibt dem Benutzer durch den Bildschirm eine Handlungsfähigkeit, die der durch den physischen Kontakt mit dem digitalen Bildschirm hergestellten oder dem kathodischen Kontakt, wie er durch das System „Hypercard“ von Macintosh ermöglicht wird, vergleichbar ist.

5 Eine andere Erfindung des gleichen Typs, „Artificial Reality“, ein interaktives Videosystem des Amerikaners Myron Krueger, ist vielleicht wegen der Komplexität der von ihm ermöglichten Handlungen noch frappierender. Es hat aber den Nachteil, daß es viel schwerer zu transportieren und für das große Publikum quasi unzugänglich ist.

achtet, „ist der Akt des Sehens also ein Akt vor der Handlung, eine Art Präaktion. Die Arbeiten von Searle über die ‚Intentionalität' haben uns dieses Phänomen zum Teil erklärt."

Andere Systeme wie z. B. die Virtuellen Umwelten, die von der von Scott S. Fisher geleiteten Forschungsgruppe VIEW (Virtual Environment Workstation Project) in der NASA oder der Datenhelm, der vom Human Factors Research Center, ebenfalls dem Forschungszentrum der NASA angegliedert, entwickelt wurden, ermöglichen direkte und subtile Interaktionen im Innern einer simulierten Umwelt durch winzige Augen- und Kopfbewegungen. Nach den Erfahrungen von Robert Wright „ist die Illusion beinahe perfekt. Wenn man mit dem simulierten Raumschiff über eine simulierte Raumstation fliegt, hat man den Eindruck, die Bewegung zu ‚spüren'." Es geht sogar so weit, daß einigen Versuchspersonen wie in bestimmten 3-D-Filmen schwindelig wird.

Eines der gravierendsten Probleme bei der Simulation und Manipulation virtueller Umwelten besteht darin, den Wahrnehmungen, die zunächst vor allem über Auge und Ohr laufen, auch die Empfindung von Gewicht beizugeben. Seit kurzem bringt man winzige Vibratoren in den Fingerspitzen des Datenhandschuhs an, um die Empfindung des Berührens zu simulieren. Damit läßt sich aber nicht das wirkliche Gewicht von Objekten im Raum simulieren. Robert Wright:

> Es ist eine Sache, die Oberfläche eines Baseballs zu spüren, aber es ist etwas ganz anderes, dessen Substanz zu empfinden [...] Bis zum Beweis des Gegenteils ist es nicht ratsam, sich auf einen virtuellen Stuhl zu setzen. [...] Es gibt allen Grund dazu anzunehmen, daß die Simulation der Propriozeption, also des Empfindens und des Sinns für unsere innere Gestalt und unser Gewicht, die Wissenschaftler und Techniker noch über Jahrzehnte hinaus beschäftigen wird.

Es ist der Traum der Simulationstechnologie, eines Tages die Maschine nur noch durch Gedanken und nicht mehr mit Gesten zu steuern. Das Interface verlagert sich dann in den Körper selbst.[6]

---

[6] Ein erst kürzlich entwickeltes Beispiel dafür ist das Programm „Ikarus" von Robert Diltz. Es handelt sich um ein kleines anspruchloses Spiel. Man muß eine Hand auf eine Kupferplatte legen, um nur durch Denken eine kleine Figur auf dem Bildschirm zu bewegen. Ikarus befindet sich auf einer Insel auf der rechten Seite des Bildschirms und soll zu einer anderen Insel auf der linken Seite fliegen. Er darf auf seinem Weg weder ins Wasser fallen noch der Sonne zu nahe kommen, da ansonsten seine Flügel schmelzen würden. Das Spiel funktioniert ausgehend von einem System, das mit der Durchschnittstemperatur der Benutzer operiert. Die Maschine bedarf einiger Sekunden, um sich auf den Benutzer einzustellen. Man fordert Sie auf, Ihre Finger auf die Platte zu legen und sie nicht mehr zu bewegen, während Ihr Feuchtigkeitswert, Ihr Puls sowie Ihre elektrostatische Ladung gemessen werden.

Pierre Henry ging in dieser Richtung, als er Elektroden an seinem Kopf anbrachte, mit denen er die von seinem „Cortisouk" synthetisch hergestellte Musik modifizieren wollte. Der kanadische Musiker David Rosenbaum schlug vor, diesem Arrangement einen Wellenselektor mit einem Filtersystem hinzuzufügen, um durch die kybernetische Steuerung des Denkens mögliche Interferenzen zu unterbinden.

Das Virtuelle als Rettungsanker für unsere psychologische und soziale Autonomie

Erst wenn die Maschinen die Funktionen unseres Gehirns, die an der Imagination beteiligt sind, reproduzieren können, wird eine neue Qualität von Virtualität erreicht und eine kritische Schwelle überschritten werden. Denn Virtualität nimmt zunächst in unserem Denken in Form von schöpferischer Potentialität und als Simulation Gestalt an, bevor sie sich realisiert. Bereits seit der Erfindung der Schrift, die uns erstmals befähigte, unsere Projekte auf mentaler Ebene zu entwerfen, sind unsere Gehirne zu Laboratorien der Simulation geworden. Aber erst die Tatsache, daß wir heute lieber unseren Maschinen die Aufgabe anvertrauen, unsere Simulationen auch zu entwickeln und sie in einer getreueren Art mit Hilfe höherer Auflösung und exakterer Berechnung zu speichern, verändert die Interaktion von Mensch und Medium.

In Zukunft werden die Magie der auf Distanz wirkenden Geste, die Übertragung des Denkens und die Parapsychologie vom Menschen gestaltet und kontrolliert werden können. Eine Intention, die sich in einer Geste, in einer verbalen Aufforderung und bald nur noch in einem Gedanken ausdrückt, unterstützt die Gewißheit, daß zukünftig metaphysische Phänomene rational erklärbar werden. Wir sind auf der Suche nach einem neuen Interface zwischen Hardware und Software. Es handelt sich zwar um eine technische Metapher. Aber vielleicht kann sie dabei helfen, die Verbindungen zwischen dem Gehirn (brain) und dem Geist (mind) und zwischen dem Psychischen und dem Somatischen zu erklären. Je mehr Klarheit wir über diese Verbindung gewinnen, desto mehr wird es uns einleuchten, daß die Virtualität das Maximum an Autonomie definiert, das wir der Maschine zugestehen müssen, damit sie nicht zu einer Gefahr für die Menschen wird. Werden wir den biologischen Determinationen entgehen können, ohne dafür technologischen Determinationen anheimzufallen?

Während die Technologie dazu tendiert, den Widerstand der Materie auszublenden und ihre Undurchsichtigkeit in Transparenz zu verwandeln, entwickelt sich die Virtualität zu einer technischen Verwirklichung der zentralen Forderung Hegels. Denn sie vollzieht die Verwandlung der Materie in Geist. Die bisherigen und die zukünftigen Entwicklungen der Medien haben eine fundamentale Botschaft: unsere kleinsten Gesten und Gedanken könnten in Zukunft eine aktive und weitreichende Wirksamkeit haben. Umgekehrt könnte die Tatsache, daß diese Gesten und Gedanken nur auf Grund technologischer Voraussetzungen möglich wurden, uns in einer unauflösbaren Symbiose an die technische Umwelt fesseln. Der Unterschied zwischen dem Virtuellen und dem Realen könnte so weit zusammenschrumpfen, daß die spezifisch menschliche Form des Virtuellen eliminiert wird. Wir könnten sehr schnell, was Virilio anscheinend befürchtet, zu Gefangenen einer bewußten Umwelt werden. Wir müssen uns fragen, ob nicht die Gefahr besteht, daß sich das Bewußtsein in Unbewußtes umkehrt. Denn die psychologische Innerlichkeit, die wir uns mühselig während der Jahrhunderte der Alphabetisierung angeeignet haben, könnte zum Opfer einer globalen künstlichen Intelligenz werden, die unserem Wollen gegenüber gleichgültig ist. Nach McLuhan könnte uns die Rückkehr zu einer kollektiven Oralität nach Art der Stammeskulturen bevorstehen, ohne jegliche Garantie dafür, daß wir unter der Herrschaft der elektronischen Maschinen mehr psychische Autonomie hätten als unter der Herrschaft des brutalsten Darwinismus.

Unabhängig davon, welches Interface die Industrie vorläufig privilegieren wird, drängt die technologische Entwicklung zur Fusion von Denken und Handeln. Es ist auch abzusehen, daß die Verfahrensweisen der Informatik sich auf die psychologischen Verfahrensweisen und auf das soziale Verhalten übertragen und diese modellieren werden. Solange die Benutzer die Maschinen nicht mystifizieren und überinterpretieren, wird das Prinzip der elektronischen Organisation des Denkens allerdings nicht die Vorherrschaft über das Anthropologische übernehmen. Denn nach wie vor gilt, daß die Maschine eine Veräußerung des Menschen ist und bleibt. Der Mensch wird also nicht zur Veräußerung der Maschine, wie viele naive Interpreten von McLuhan uns glauben machen wollen. Den neuen Technologien ist eine fundamentale Option inhärent, die bisher kaum vom wissenschaftlichen und kritischen Denken in Augenschein genommen worden ist. Diese besteht darin, den psychologischen Kurs unseres griechisch-römischen Erbes zu überwinden.

Wie die Arbeiten der „Initiative des arts stratégiques“[7] zeigen, können

[7] In der „Initiative des arts stratégiques“ schlossen sich 1985 kanadische und französische Künstler zusammen, um mittels der künstlerischen Nutzung der neuen Technologien die psychologischen und sozialen Effekte der Telekommunikation zu erforschen.

mit den neuen Technologien z. B. die ästhetischen Möglichkeiten der Interaktion auf große Entfernung erkundet werden. Die Bedeutung dieser Art quasi homöopathischer Aktivitäten liegt darin, daß sie unsere Chancen vergrößern, unseren neuen Maßstab wahrzunehmen. Dieser ähnelt weder dem des Goldenen Schnittes aus der Zeit der Griechen oder der Renaissance noch dem der Ikone von da Vinci. Unser neuer Maßstab wird vielmehr von der Reichweite der Satelliten vorgegeben. Aus dieser Perspektive stellt sich die Frage nach der Bedeutung der Maschine im menschlichen Kontext anders. Seitdem durch die Elektrizität eine gemeinsame Qualität zwischen der Verfaßtheit unserer Maschinen und denen unseres Körpers besteht, sind jene nicht mehr außerhalb, sondern im Innern des Körpers.

Wenn wir weiterhin im Geiste eines klassischen Universalismus glauben, wir seien außerhalb unserer eigenen technologischen Prothesen, werden wir auf jeden Fall entfremdet und manipuliert werden. Es kommt vielmehr darauf an, sich ihrer im Rahmen ihrer Möglichkeiten als physischer und psychotechnischer Veräußerungen zu bedienen. Sobald auch die Neuen Medien wie zuvor das Alphabet oder der Buchdruck so weit in unserer Kultur verankert sind, daß sie verinnerlicht werden, werden sie notwendigerweise die Grenzen der traditionellen Psychologie erweitern und die Grenzen des individuellen Körpers transzendieren. Um diesen Übergang zu bewirken, muß auch unser mentaler Raum entsprechend der äußersten Grenzen unserer technologischen Zugriffsmöglichkeit vergrößert werden. Unter diesen Bedingungen, die durchaus machbar, wenn nicht gar wahrscheinlich sind, können die Maschinen, die selbst keinen moralischen Wert haben, entweder zu einem Krebsgeschwür oder zu einer Prothese werden. Auf jeden Fall wird erst diese radikale Veränderung unserer Einstellung zur Technologie es uns erlauben, darüber zu entscheiden. Zum Teil ist der Grad an Virtualität maßgebend dafür, welche der beiden Möglichkeiten zum Tragen kommt.

Denn die Virtualität kann Garantie für unsere Autonomie und Freiheit sein: Je mehr Virtualität es in einer Maschine gibt, desto weniger wird sie uns brutal Determinationen auferlegen. Die Virtualität ist ein „Spielraum“ im doppelten Sinn: Zum einen ist die spielerische Aktivität gemeint. Denn jedes Spiel ist Simulation einer realen Aktivität, wodurch sich das Spiel von der Arbeit unterscheidet. Zum anderen konstituiert sich das Virtuelle als Spielraum, als Unschärfe zwischen den Determinationen, als Intervall zwischen dem Projekt und seiner Realisierung. Genau dieses Intervall schützt uns vor der Gefahr, von unseren Maschinen vereinnahmt zu werden.

Die Elektrizität ist keine gußeiserne Form. Als sie unsere Wohnzimmer überfiel, wie in der Epoche des Fernsehens, handelte es sich noch um eine eher primitive Etappe in der Entfaltung ihrer technischen Möglichkeiten. Wir dürfen nicht glauben, daß der Computer genauso grob ist wie das Fernsehen. Die Schrift drang wie eine Droge (pharmakon nach Platon) bis in die verborgensten Winkel unserer kognitiven Reflexe ein und befreite uns dabei gleichwohl von der einengenden Vereinnahmung durch die Stammeskulturen, indem sie uns die einzigartige Virtualität der verbalen Erfindung brachte. Heute geben uns die immer subtiler werdenden Maschinen dagegen eine Autonomie, die nichts mehr mit der Massenkultur zu tun hat, die als Kulturform einer bestimmten Technologie bereits überholt ist.

Unser derzeitiges Interesse für die Virtualität zeigt, daß wir bereits damit begonnen haben, uns der Materialität des alltäglichen Überlebenskampfes zu entziehen. Bis zur industriellen Revolution, durch die sich die Dynamik des Buchdrucks im Newtonschen Universum vollendete, hatten wir es mit einem „schweren" Virtuellen zu tun, das grundlegend durch ökonomische und technische Zweckbestimmungen determiniert war. Die grundlegende technische Metapher dieser Epoche war die Kraft, ein eher rohes als virtuelles Potential. Seit wir in die Ära des elektronischen Kodes und der Programmierung eingetreten sind, die nicht mehr über die menschliche Sprache vermittelt werden müssen, ist das Virtuelle immer leichter geworden. Seine Immaterialität fordert die Immaterialität der Technik geradezu heraus. Die Tatsache, daß Virtualität mittlerweile vom bloßen Konzept zur konkreten Umsetzung und Anwendung in unserem täglichen Leben avanciert ist, ist ein Zeichen für die Freiheit, die wir über die Nebensächlichkeiten des materiellen Lebens errungen haben. Sie steht im Gegensatz zu jeder Art von biologischer, psychologischer und technologischer Determination oder kann diese zumindest abschwächen. Diese Freiheit entwickelte sich allmählich. Sie begann bei der epigenetischen Anpassungsfähigkeit, über die jeder Organismus verfügt, und endete vorerst bei der radikalen Dekontextualisierung aller Operationen der Kontroll- und Regulationssysteme, die durch immer leistungsstärkere Computer erzielt wird. Virtualität entsteht aus der evolutionären Stoßkraft der Menschen, die zu einer maximalen Öffnung für die Welt strebt. Wir kommen an einen Punkt, an dem sich das Verhältnis von Festgelegtem und Virtuellem, von Determination und Freiheit verändert.

Insofern als in Zukunft die biologische Determination (die den genetischen Kode und die Bedingungen der Anpassung an die Umwelt, das heißt an die „Kultur", umfaßt) von der technischen abgelöst werden könnte, wird die Virtualität der Genetik zu einer existentiellen Frage werden. Mit dieser fundamentalen Umwälzung der Kräfte wird sich die Form des Menschen noch weitgehender als bisher verändern. Wenn wir uns an die Definition des Virtuellen als realisierte Bedingung, die noch nicht durch eine Form oder einen Prozeß aktualisiert wurde, halten, konstituiert sich auch der genetische Kode aus Virtualität. Welches Programm sollen wir unseren genetischen Manipulationen geben, welche Ziele? Da es möglich sein wird, diese existentielle Ebene der Virtualität zu modifizieren und sie neu zu konstruieren, fallen wir aus der Ordnung der Natur heraus. Können wir auch der „Ordnung der Maschine" entgehen? Wie? Die Antwort ist klar, erfordert aber ein Umdenken: Statt unsere Maschinen zu fürchten, müssen wir sie überwinden, das heißt, wir müssen sie im Innern unseres persönlichen psychologischen Universums, unseres Körper- und Weltbildes absorbieren. „Expertensysteme" und Künstliche Intelligenz werden aus Faust sicher keinen Dummkopf machen, wenn er sie ins Innere seines Körpers selbst integrieren würde. Denn Fausts eigentliches Problem war nicht, daß er wie jeder durchschnittliche Intellektuelle sein Leben den Gegenständen des Geistes verschrieben hatte. Sein Dilemma war vielmehr, daß er den Kontakt zu seinem Körper verloren hatte. Daher erklärt sich vielleicht sein nicht nur erotisch begründetes Interesse, den Kontakt mit der blonden Margarete (Gretchen) bis in die letzte Konsequenz aufrechtzuerhalten.

Schlußfolgerung: Vom Alphabet zum Computer

Information oder Kommunikation?

Wir befinden uns nicht mehr in der Ära der Information, sondern in der der Kommunikation. Floskeln wie „Informationsgesellschaft“ oder „Informationskultur“ sind zwar sehr eingängig, hindern uns aber daran zu verstehen, was wirklich vor sich geht. Der Computer manipuliert nicht Informationen, sondern elektronische Impulse, die in ihren elementaren Verfahrensweisen denen des Nervensystems vergleichbar sind. Heutzutage werden uns unsere gebräuchlichsten technologischen Metaphern unbewußt vom Nervensystem eingegeben. Vom Telegrafen bis zum Satelliten konstituiert sich ein planetarisches Netzwerk technologischer Sinnlichkeit. Es ist also unsere Aufgabe, zwischen dem Begriff der Information, der das Ergebnis der Übersetzung einer menschlichen Erfahrung in „Bedeutung“ oder in eine sprachähnliche Form bezeichnet, und dem Begriff der Kommunikation, der sehr viel umfassender ist und die Prozesse eines Austausches impliziert, die nicht mehr gezwungenermaßen über eine semantische Dekodierung laufen, zu unterscheiden.

Das Alphabet und der Buchdruck haben die Erfahrung auf ein semantisches Substrat reduziert und dabei – selbst beim mündlichen Austausch – die sinnliche Beteiligung der Kommunizierenden ausgeblendet. Wenn die Kommunikation heutzutage den Vorrang vor der Information hat, und wenn, um eine Metapher von McLuhan zu gebrauchen, das Medium selbst die Botschaft, das heißt sein Inhalt ist, so deshalb, weil ein großer Teil des Austausches unter Menschen auf diesem Planeten nicht mehr über Sprache vermittelt wird.

Nur wenn man sich auch weiterhin hinter dem Industriezeitalter verschanzt, das durch die Steigerung der Produktivkraft und des Umsatzes durch Massenproduktion gekennzeichnet ist, kann man unsere Epoche auch weiterhin als die der Information ansehen. Man gibt sich dann allerdings damit zufrieden, von der industriellen „Hardware“ zur „Software“ der Informatik überzugehen, indem versucht wird, deren Gesetze der Produktion, des Konsums und des Marketings zu übernehmen. Wer das tut, begeht einen gravierenden Fehler in der Beurteilung! Denn Fundamente der industriellen Ära waren die Prinzipien Kraft und Transport.

Es handelt sich um soziale und kulturelle Metaphern, die auf Veräußerungen des Muskelsystems zurückgehen.

Das Nervensystem ist wesentlich subtiler und komplexer als das Muskelsystem. Es braucht wirkliche Stimulation und nicht einfach Erklärungen. Wir können die Welt, in die wir eingetreten sind, durch Vergleiche zum Nervensystem entdecken und verstehen. Denn dem Nervensystem und der planetarischen Kommunikation sind die Attribute Geschwindigkeit, Diskretion, Präzision, Verkleinerung, Verallgemeinerung, Sensibilität, Einheitlichkeit, Fluß, Regeneration, systemische und kybernetische Funktionsprinzipien, Simultaneität, Koordination verstreuter Ensembles etc. gemeinsam. Beide „Netzwerke" funktionieren ausgehend von einem Reiz-Reaktion-Feedbacksystem auf der Grundlage der Elektrizität. Wir sehen einer Zukunft entgegen, die von einer symbiotischen Beziehung zwischen Mensch, Technik und Umwelt geprägt sein wird. Das ist das Credo der Ökologie.

Die Elektrizität hat die Entwicklungslinie des Alphabets umgekehrt. Letzteres war explosiv und führte zur Fragmentierung der Sprache und zur Atombombe. Die Elektrizität tendiert dagegen zur Implosion. Sie fordert uns dazu auf, durch die Medien mit der gesamten Welt in Kommunikation zu treten und dort, wo der Computer die dominante Verrechnungstechnik ist, ein planetarisches ökologisches Bewußtsein einzuführen.

Vom Alphabet zum Computer: Die Erfindung der Logik

Die Geschichte des Abendlandes vom Alphabet bis zum Computer wird in einem Wortspiel von James Joyce zusammengefaßt: „alforabit", was soviel heißt wie „Alles steckt im Detail". In der Tat ist der Computer der Letztgeborene einer großen Familie, deren Vorfahre das griechische Alphabet ist. Die direkte und diskrete Verwandtschaft zwischen dem Alphabet und dem Computer konditioniert unsere mentale Organisation. Das griechische Alphabet führte zum ersten Mal in eine menschliche Kultur ein System ein, das völlig autonom war. Das trifft auch für das Computerprogramm zu. Ganz unabhängig davon, welche Werte Sie Ihren Symbolen in einer Computersprache zuschreiben, sobald Ihr Programm läuft, wird es ohne Abweichungen den drakonischen Regeln seiner Logik folgen. Damit stoßen wir auf das grundlegende Paradox des Alphabets wie des Computers. Obwohl beide völlig unabhängig von Bedeutungen sind, die man ihnen gibt, existieren sie zugleich nur, um Aneinanderreihungen von Werten und Bedeutungen zu reproduzieren und zu manipulieren.

Für die „Computersprache“ scheint das einleuchtend. Es gibt keinen Programmtyp, in dem der Computer wissen müßte, was das Programm bedeutet oder warum er es ausführt. Verfährt das Alphabet möglicherweise nach demselben Prinzip? Das tut es! Der Unterschied zwischen der abendländischen und anderen Kulturen geht daraus hervor. Seit mehr als dreitausend Jahren bedienen wir uns eines Kommunikationssystems, das sich alle logischen Ressourcen der Sprache zu Nutze macht, ohne sich je in den Kontext ihrer Anwendungen einfangen zu lassen. Wie sagte der berühmte englische Linguist John Austin: „Die Worte selbst bedeuten nichts. Erst die Menschen geben ihnen Bedeutung.“ Das trifft aber nur auf die Schrift und dann nur auf das vollständige Alphabet zu, das heißt auf jenes, das über fixe Zeichen für Vokale und Konsonanten verfügt.

Das griechische Alphabet ist das erste Schriftsystem, das sich den Sinn untertan machte, statt ihm zu dienen. Seit der Erfindung dieses Alphabets muß der Sinn, den die Schrift vermittelt, nicht mehr festgehalten werden. Vielmehr bringt die Schrift selbst jetzt Sinn hervor. In anderen Schriftformen muß man die Sprache, die sie reproduzieren, kennen, um diese lesen zu können. Das heißt, man muß ständig auf den Sinn rekurrieren, um den Text zu dechiffrieren. Beim griechischen oder beim lateinischen Alphabet kann man dagegen jede beliebige Reihe von linguistischen Lauten lesen, selbst wenn man deren Bedeutung nicht kennt.

Wir werden sagen, das sei nebensächlich. Als ob man lesen würde, um die Laute der Buchstaben zu hören! Diese Beobachtung ist auch nicht wichtig für die individuelle Lektüre. Bei der Erstellung von Texten, bei der Interaktion von Schriften aus verschiedenen Epochen und der unterschiedlicher Personen ist dieser Umstand aber entscheidend. Wenn Sie über eine Schriftform verfügen, die alle Laute der gesprochenen Sprache reproduziert, ohne Sie aufzufordern, einen Bezug zum Sinn herzustellen, werden Sie folgende Vorteile im Vergleich zu anderen Schrifttypen wie den arabischen oder chinesischen Systemen verbuchen können:

1. Sie können jede Aussage zu einem beliebigen Thema lesen, ohne alle Wörter im voraus zu kennen. Sie können sich also auf alle Produkte in Ihrer Kultur einlassen und Ihr Wissen bereichern. Ein spezielles Vokabular, das Sie vielleicht zunächst nicht verstehen, wird sich Ihnen durch Wiederholung und durch den Kontext erschließen, oder Sie befragen Fachkundige nach der Bedeutung der Wörter und der Sätze, die Ihnen entgangen sind. Alle Schriften bringen eine wissenschaftliche Herangehensweise hervor, denn Beobachtungen können in Archiven gesammelt werden. Die vollständig alphabetische Schrift aber demokratisiert das Archiv, da sich die Beobachtungen auch ungeachtet von anerkannten Expertisen verbreiten können, so daß potentiell die gesamte Bevölkerung an ihm teilhaben kann.

2. Sie können mit einer ganz neuen Freiheit schreiben und sich auf die Suche nach neuen Bedeutungen begeben, indem Sie einfach nur die Regeln der Grammatik und die Ordnung logischer Argumentation zur Grundlage nehmen. Sie könnten ganz zielgerichtet Ihre Ideen mit Hilfe der geschriebenen Sprache ausprobieren. Sie könnten aber auch von zufälligen Begegnungen mit Bedeutungen profitieren, indem Sie z. B. Auszüge eines anderen Textes zitieren. Ein extremes Beispiel für dieses Verfahren ist die „écriture automatique“ der Surrealisten. Aber lange bevor diese Künstler in dieser Art arbeiteten, wurde in Dialogen (Platon) und in Versuchen (Montaignes *Essais*) mit diesem völlig neuen Denken experimentiert.

3. Sie können also von der Komplexität und dem außergewöhnlichen Reichtum jedweder menschlichen Sprache profitieren, um alle denkbaren Kombinationen zur Beschreibung realer oder imaginärer Erfahrung auszuprobieren. Der Leser seinerseits bekommt einen großen Interpretationsspielraum. Er kann entscheiden, ob er bestimmte Ideen und Anregungen eines Textes übergehen oder ob er im Gegenteil bestimmte Passagen hervorheben will und seiner Interpretation Daten aus seiner Erfahrung hinzufügt. Das vollständige Alphabet kann offen sein für Überraschungen und Neuigkeiten. Andere Schreibsysteme versuchen dagegen, die Ambiguität, die Erneuerung zu umgehen. Sie betonen eher eine andauernde Verifikation des bestehenden Wissensschatzes. Das griechische Alphabet hat uns dagegen zu fortwährenden Erfindern des täglichen Lebens gemacht.

4. Alle anderen Schriftarten wie die des Alten Testaments, der Veden und der Upanishaden oder des Korans, haben also eher die Tendenz, ein Ensemble von Wissen in der Form des Heiligen zu konservieren, da sie von einer komplizierten Interpretations- und Dekodierungsleistung abhängen, um gelesen zu werden. Was geschrieben steht, steht geschrieben. Beim griechischen Alphabet ist das, was geschrieben steht, fast genauso unbeständig wie das, was mündlich abgemacht wurde, allerdings mit dem entscheidenden Unterschied, daß es jedem zur Verfügung steht.

5. Die Möglichkeit, daß ein griechischer oder ein lateinischer Text zu jeder Zeit, an jedem Ort, in jedweder Art von jeder Person gelesen werden kann, erlaubt es, spontane Interpretationen zu entwickeln, die sich nur nach den Bedürfnissen des Augenblicks richten. Das Resultat dieser Flexibilität war anfangs katastrophal. Die Religionskriege vom 15. bis zum 17. Jahrhundert waren eine Auswirkung der neuen Interpretationen der Bibel, die erst durch die Verbreitung der alphabetischen Techniken in der gesamten Bevölkerung durch den Buchdruck möglich wurden. Die reformierte Kirche ist ein Effekt des gedruckten Textes, während die römische Kirche ein Effekt der Handschrift ist. Nachdem sie das Grauen

dieser Erschütterungen überwunden hatten, haben die europäischen Nationen in einem neuen Universum bürokratischer Ordnungen ihr Gleichgewicht wiedergefunden.

Unsere Schrift hat uns von den Einengungen und dem Kontext der oralen Sprache befreit und dabei zugleich deren Artikulationsfähigkeit, ihre große Flexibilität und ihre Stärke bei der geistigen Durcharbeitung erhalten. Im Vergleich dazu haben die chinesischen Ideogramme, die sich auch von den Zwängen der oralen Sprache freigemacht haben, niemals ein den alphabetischen Schriften vergleichbares Potential an Erfindung entwickelt, denn sie hatten die Vielfalt und den Reichtum der gesprochenen Sprache verloren, um sich nur an Ideen zu binden.

Das Alphabet war also unser erstes Computerprogramm. Die Vergleiche zwischen Gehirn und Computer allerdings, die scheinbar zu Versprechungen über die Zukunft der Informatik im Stile Marvin Minskis (vom M.I.T.) veranlassen, wonach wir angeblich ein für allemal von den Fehlern und den „biologischen Beeinträchtigungen" befreit würden, dieser ganze fetischistische und kindische Diskurs über die Neue Technologie übersieht völlig die Tatsache, daß der Computer kein Maß für die menschliche Sprache ist und es auch nie sein wird. Nur das Gehirn kann Sprache oder Schrift erfinden. Das Alphabet ist das beste Programm, das wir bislang erfunden haben, um das Gehirn angemessen herauszufordern.

Das Alphabet hat aus der gesprochenen Sprache eine Form des Denkens gemacht und sie dem individuellen Nachdenken zur Verfügung gestellt. Die meisten Formen der Informationsverarbeitung verlagerten sich daraufhin vom oralen-vokalischen-öffentlichen zum privaten-stillen-denkenden Austausch. Das kollektive Bewußtsein wurde zu einem privaten Bewußtsein.

Der große Unterschied zwischen den Druckmedien und den elektronischen Medien besteht darin, daß erstere das Gesprochene verinnerlichen, während die anderen es veräußern. Die verinnerlichte Sprache ist privat und persönlich, und sie wird zum Eigentum desjenigen, der sie benutzt. Durch die Schrift eignet sich der Leser die ihn umgebenden Informationen gemäß seiner persönlichen Motive an. Wenn Sie Ihre Information kontrollieren, kontrollieren Sie auch sich selbst, sind Sie Ihr eigener Herr. Das ist Ursprung und Sinn von dem, was wir noch heute Demokratie nennen. Durch elektronische Medien wird diese Information dagegen für Sie verrechnet. Ihre eigene Kontrolle ist bis zur Belanglosigkeit zusammengeschrumpft. Aus diesem Grund sind wir im Begriff, in eine Art planetarisches Bewußtsein einbezogen zu werden.

Mit dem Telegrafen, der Photographie und dem Kino verflüchtigte sich dieses innere Universum der persönlichen Selbstkontrolle. Durch die photographischen Techniken wurden wir einer aggressiven Montage unterworfen, die unsere Kontrolle über die Organisation von sensorischen und mentalen Stimuli aus der äußeren Welt reduzierte.

Mit dem Radio und dem Fernsehen wurde das Verfahren der Montage zu einer Art permanenten Modulation, die uns der Willkür der Werbung und der Meinungsumfragen aussetzte. Durch den Walkman werden wir zu Veräußerungen der Transistoren. Wir sind also mittlerweile dazu in der Lage, die Funktion der Halbleiter zu verstehen, die, wie jeder weiß, die „Seelen" der Computer sind.

Die Neuen Medien und die „Information"

Der Telegraf und das Morsealphabet

Der Telegraf hat, wie McLuhan erklärte, die Gestaltung der gedruckten Seite verändert: Alle Nachrichten werden unter dem einmaligen Tagesdatum gesammelt, eher nach graphischen Gesichtspunkten als nach dem Raster der linearen Sequenz oder nach Rubriken geordnet. Die Mischung aus Werbung, Nachrichten und anderen Inhalten (Phantastische Serien, Comics etc.) hat sowohl den Zeitungsmarkt als auch die Qualität der Information verändert. Photographie und Siebdruck haben die monotone Anordnung der Zeitungsseite in zwei Spalten wie im *Journal de Trevoux* oder im *Mercure de France* durchbrochen. Das Sammeln und die Verbreitung von Nachrichten wurden in beachtlichem Ausmaß beschleunigt, verbessert, erweitert und erhöht. Die Zeitungen vergrößerten gleichermaßen ihren Umfang, ihre Reichweite und ihre Bedeutung. Die Zahl der Leser wuchs und rekrutierte sich zunehmend aus verschiedenen Bevölkerungsschichten. Der „Markt der Nachrichten" veränderte die Beziehung der Leser zur Zeit und zu ihrer Epoche. Ein Zeitgefühl „von-Tag-zu-Tag" löste Vorstellungen von einer ewigen Zeitlichkeit unter den Augen Gottes ab. Durch Radio und Fernsehen sollte dann der Tagesablauf selbst modifiziert werden. Die Erhöhung des Nachrichtenumfangs hat auch die Anzahl der auf dem Markt erhältlichen Produkte und die der Märkte für bestimmte Zielgruppen erhöht. Die Werbung wurde zu einem Verteilungsnetzwerk von „Neuigkeiten", die weit über die Verbreitung von Nachrichten über den Markt und über Produkte hinausgehen.

Der Telegraf ist zugleich digital und analog, denn er reduziert die Flut der menschlichen Sprache auf diskrete Einheiten gemäß dem Morsealphabet. Da es aber in Lichtgeschwindigkeit verbreitet wird, blendet es die Wahrnehmung der Sequenz aus. Dieses Alphabet bereitete die Entwicklung des Computers vor. Zuvor geriet es aber ins Radio.

Das Radio

Zu Anfang schien der Telegraf nur im Dienst der Presse zu stehen. Aber nach seiner Weiterentwicklung zum Radio rief er ein eigenes Netzwerk ins Leben. Prinzipiell hätte das Radio die Auswirkungen des Telegrafen verstärken sollen. Es wurde aber auf Grund der Einnahmen durch die Werbung zu dessen Konkurrenten. Die Geschwindigkeit und der Eindruck der unmittelbaren Gegenwärtigkeit der Nachrichten wurde durch das Radio erheblich erhöht. Augenzeugen eines Ereignisses konnten nunmehr live berichten. Die Livereportagen schienen teilweise die Trennung zu überwinden, die noch vor kurzem durch die Strecke und die Dauer des Informationstransports entstanden waren. Die Nachrichten im Radio waren zugleich persönlich und öffentlich, eine Art öffentlicher Klatsch. Zeitungen vermitteln dagegen den Anschein, für jemand anderen geschrieben und veröffentlicht zu werden. Die Stimme im Radio dagegen spricht Sie direkt an. Daher erklärt sich auch ihre große Wirkung bei der Mobilisierung der deutschen und italienischen Truppen für ihre „Stammeshäuptlinge". Die grundlegende Auswirkung des Radios bestand aber darin, daß es unsere Beziehung zur Sprache verändert hat. Wir wurden von neuen, oralen Kommunikationsgesetzen überrascht, die sich für die breite Masse zugänglich, plötzlich über ein großflächiges Netzwerk ausdehnten. Das Radio erweckte den Eindruck, daß der Planet, der durch den visuell-stillen Modus des Buchdrucks in Fragmente aufgelöst und auseinandergesprengt worden war, mit dem oralen Kode zu vereinigen wäre.

Das Fernsehen

Das Fernsehen ist eine Verstärkung und eine zusätzliche Ausdehnung des Radios, das die Auswirkungen des Telegrafen, der Photographie, des Kinos und des Radios miteinander kombiniert. Das Fernsehen fügt zum Radio die visuelle Präsenz am Ort des Geschehens hinzu und bringt ein Ereignis an den Ort, an dem sich der Fernsehzuschauer befindet. Während das Radio die Stimme in unsere Wohnungen brachte, vermittelte das Fernsehen den ganzen Körper. Das Fernsehen hat Auswirkungen auf die Presse. Im Zuge seiner Verankerung in der Gesellschaft reduzierten sich die Länge der Artikel. Die Produktion und der Absatz von Revuen und Magazinen wurden gefördert, da das Fernsehen die Aufmerksamkeit und das Konzentrationsvermögen der Zuschauer senkte. Das Fernsehen etablierte eine neue Beziehung zum Spiel mit Bedeutungen. Denn es hat den Status des semantischen Gehaltes jedweden Produktes (Nachrichten, Werbung, Programmgestaltung) mit anderen Werten der Kommunikation gleichgesetzt. Das Fernsehen nimmt auf vehemente, aber nicht sehr dauerhafte Weise Einfluß. Es ist mit einer Regung im Kurzzeitgedächtnis der gesamten Bevölkerung oder mit einem Adrenalinstoß vergleichbar. Im Vergleich dazu ist der Impakt des Radios nicht so stark und mehr an den semantischen Gehalt gebunden. Eine Radiosendung bleibt länger im Gedächtnis des Zuhörers haften. Die Printmedien dagegen sprechen eher die Funktionen des Langzeitgedächtnisses an. Ihr emotionaler Impakt ist allerdings wesentlich schwächer. Stil und Herangehensweisen dieser Medien unterscheiden sich. Das Fernsehen bedarf kurzer, amüsanter Formeln und Slogans. Das trifft auch auf Werbung und Umfragen im Fernsehen zu. Das Fernsehen braucht Aktion und Bewegung. Es ist zweidimensional, aktiviert aber (in Widerspruch zu seiner peripheren Sichtweise) foveales Sehen. Die schnelle Montage im Fernsehen führt dazu, daß im Gegensatz zum Kinofilm die Wirkung der Sequenz aufgehoben wird. Das bringt den Effekt der Modulation hervor. Bis zur allgemeinen Verbreitung des Videorecorders war die Seele des Fernsehens sein „Live-Status", der dem Zuschauer ein neues Zeitgefühl vermittelte. Heutzutage ist die televisuelle Technologie allerdings bereits im Begriff, eine Kunstform zu werden.

Das Fernsehen wurde erfunden, um die technische Kontrolle unserer sinnlichen Existenz zu artikulieren und zu manipulieren. Von daher erklärt sich seine Affinität zur Werbung. Das Radio dagegen erfordert Stimmarbeit und Intonation. Die Printmedien bleiben weit hinter dem Radio zurück. Denn zu einer Zeit, in der diese Art von Standpunkt nicht mehr geläufig ist, außer vielleicht als Form der Unterhaltung und der Zerstreuung, glauben sie weiterhin an die Leitartikelseite und verschanzen sich hinter vorgefaßten Meinungen.

Der Computer

Der Computer hat die Organisation des Redaktionsbüros verändert. Er hat die Speicherung, die Auswahlmöglichkeiten, die Vernetzung, die Kompositionsvielfalt, den Vertrieb und die Verbreitung von Nachrichten beträchtlich erhöht. Während der Telegraf nur von Punkt zu Punkt vermitteln konnte, haben die Computer die Speicherung von Informationen dezentralisiert, indem sie sie mittels miteinander vernetzter Datenbanken aller Welt zur Verfügung stellten. Die Reporter von heute können ihre Seite auf einem tragbaren Computer zusammenstellen und sie durch Telefon oder Telefax weitergeben. Herausgeber und Setzer können das Layout einer Seite überprüfen, noch bevor sie gedruckt ist. Die Zusammenarbeit der einzelnen Gruppen wird möglich. Sie ist direkter, weniger bürokratisch und leistungsfähiger. Die Preise sind, abgesehen von den Kosten für die Grundausstattung, geringer. Schließlich können sich alle Zeitungen der kollektiven Speicher in den Datenbanken der Computer bedienen.

Der Computer ist die geeignetste Technologie für die Veräußerung der Sprache, und zwar nicht nur, weil er diese durch Maschinensprache ersetzt, sondern auch, weil er den größten Teil der kognitiven Operationen übernimmt, die zuvor zu unserem bewußten Aufgabenbereich zählten. Der Computer denkt für uns, zumindest bezogen auf das, was mit der logischen Ebene, mit Analyse, mit Maß und Proportionen, mit der Klassifikation von Daten, mit Simulation, mit Projektion, mit „Design" und mit der Komposition selbst zu tun hat. Er kann sogar dank der neuen Technologie der optischen Merkmalerkennung für uns lesen. Besteht nicht das Risiko, daß wir dem Ende unserer individuellen Entscheidungsfähigkeit entgegensehen? Bemächtigt sich der Computer unseres Denkens, wie Xerox sich ehemals der Organisation der Bürokratie bemächtigt hatte?

Die Umkehrung: Die Seele der Kommunikation

Der Computer verändert uns gemäß zweier grundlegender Prinzipien. Sie werden darin die beiden großen Kategorien von Produkten wiedererkennen, die derzeit den Weltmarkt beherrschen.

1. Er veräußert und mechanisiert unsere wichtigsten kognitiven Strukturen. Daraus ergibt sich der Markt der Softwareherstellung für Datenverarbeitung.

2. Er geht allmählich eine Symbiose mit dem physischen menschlichen Körper ein, denn die elektrischen Impulse der Maschine werden von neuronalen Impulsen des Gehirns in eine schnelle, rekursive Schleife übertragen, die die Organisation und die Abstimmung der beiden Ensembles simultan modifiziert. Diese Annäherung bringt das nicht gerade sehr abwechslungsreiche, aber dafür um so üppigere Angebot an elektronischen Spielen hervor.

Was wir im Abendland gemeinhin als Denken bezeichnen, entspricht dem Widerstand des Gehirns gegen die Flut der Informationen. Was wir Kapital nennen, ist dementsprechend Produkt des Widerstandes der Bank gegen die Flut der Werte. Aus beiden Verfahrensweisen entstehen Organisationsformen wie Anhäufungen, Spezialisierungen und Verdichtungen. Fundament der literarisierten Kulturen ist die Digitalisierung der Diskurse der Menschen. Der einzelne glaubte, daß er sich zu einer unteilbaren Einheit mit einem persönlichen Standpunkt entwickeln sollte. Die Informationen, die der einzelne produzierte, wurden in Gutachten, in technische

Erfindungen, in imaginäre Schöpfungen, in die Macht der Kontrolle und in Werte, die man zu Geld machen konnte, umgesetzt. Wir waren alle entsprechend unserem Bildungsstand, unserer sozialen Stellung und unseren persönlichen Anlagen mehr oder weniger wirksame Widerstände. Heutzutage sind wir dagegen im Begriff, Halbleiter zu werden.

Der Prozessor ist weder ein System der Verstärkung wie der Transistor noch eines der Zurückhaltung wie der Widerstand. Er ist vielmehr ein Verteilungssystem. Er gleicht in seinen Funktionsweisen dem Bild, das wir uns von unserem Nervensystem machen.

Warum sind bestimmte Kulturen besser dazu geeignet, sich an den Computer anzupassen? Lassen Sie mich mit einem Bild antworten. Es ist leicht, einen Transistor in einen Halbleiter umzuwandeln, denn es reicht aus, einen Widerstand in seinen Stromkreis einzufügen. Es ist dagegen sehr viel schwerer, aus einem Widerstand einen Halbleiter zu machen. Der orientalische Kulturkreis mußte nur ein bißchen in die abendländische Tradition und ihr Bildungssystem hineinschnuppern, um in weniger als einem Jahrhundert zu lernen, seine eigenen kreativen und regulierenden Energien zu kontrollieren und sie der Computertechnologie anzupassen.

Am Bild des Halbleiters können wir veranschaulichen, was mit unserem Denken geschehen ist, seitdem es von den elektronischen Medien aus unserer Existenz verdrängt wurde. Er war ein Fehler, wie so viele naive Philosophen zu glauben, daß wir einfach nur von der Herrschaft des Digitalen zu der des Analogen übergegangen wären. Gäbe es den Computer nicht, wäre das richtig. Radio und Fernsehen hätten uns „verblöden" lassen, da sie unsere Fähigkeiten zur kritischen Beurteilung ausblenden, ohne sie durch etwas anderes zu ersetzen oder sie mit der Umwelt zu konfrontieren. Mit dem Computer sind die Verfahren zur Manipulation von Bedeutungen, die das Alphabet in unserem Gehirn angelegt hatte, einfach in die Maschine übergegangen, um uns von dieser Arbeit zu befreien.

Schlußfolgerung

Heute verändern sich die Kräfteverhältnisse. Die elektronischen Medien machen die Sprache der Menschen wieder zu einer öffentlichen Angelegenheit. Die meisten Informationen werden heute nicht mehr in der Isolation des privaten Bewußtseins oder der Interaktion der Leser mit ihren Texten verarbeitet. Mit dem Radio und dem Fernsehen vollzieht sich die Informationsverarbeitung vielmehr in der großen Öffentlichkeit der elektronischen Medien. Das Geld selbst, Emblem der Macht aus den Zeiten des Buchdrucks, hat sich in ein Telefongespräch und elektronische Impulse (Kreditkarte) im Prozessor des Computers verflüchtigt. Die große Frage, die uns heute betrifft, ist nicht mehr die nach dem privaten Bewußtsein (Freud) oder dem kollektiven Unbewußten (Jung), sondern die nach einem kollektiven Bewußten. Der internationale Terrorismus ist auf politischer Ebene nicht mehr Ausdruck einer Revolte gegen festgezurrte soziale Ordnungen. Er dokumentiert vielmehr die Irritation von Minderheiten, die ein Recht zu leben haben und die kein anderes Mittel mehr sehen, sich Gehör zu verschaffen. Der Terrorismus ist ein Effekt der Neuen Medien.

Die Konfrontation der Supermächte dank der Atombombe setzte uns unter Druck, uns ernsthaft für die Vereinigung des Planeten einzusetzen. Solche tiefgreifenden Verbindungen waren notwendig, um die Entwicklung des planetarischen Bewußtseins zu beschleunigen. Die Ökologie und die Maßnahmen zum Umweltschutz sind unsere einzige Hoffnung für die Zukunft. Denn sie sind ein Modell für ein umfassendes Bewußtsein, das die individuelle Identität aber nicht zerstört. Wir müssen von nun an beginnen, über eine „Ökologie der Medien“ nachzudenken. Es mag sein, daß die Reportagen über die Ereignisse auf der Welt eines Tages in Form eines metereologischen Bulletins hergestellt werden könnten, das nicht nur isolierte Ereignisse, sondern vor allem die großen, allgemeinen Strömungen enthüllt und beschreibt.

Nachwort

Was bei Europäern Abendland heißt oder hieß, firmiert in den USA, schon aus Gründen der Selbsteinschließung, als Western Culture. Diesen vorschnellen Einheitsbegriff zu vermeiden scheint eine von Kanadas Tugenden. Seit Harold Innis und Marshall McLuhan gibt es eine kanadische Medienwissenschaft, die das technologische Imperium im Süden und die alphabetische Tradition im fernen Osten gerade darum zusammendenken kann, weil sie sie nicht von vornherein verwechselt.[1]

Derrick de Kerckhove, der als einstiger Schüler und jetziger Nachfolger McLuhans an der University of Toronto das Programm für Technologie und Kultur leitet, bezeugt es mit den vorgelegten Studien. In einer Engführung, die hierzulande selten ist, verbinden sie Ältestes und Neuestes, die Entwicklung eines Vokalalphabets bei den Griechen und die der Computertechnologie in den USA, bis aus der Konfrontation dieser Extreme schließlich die Gegenwart – wie im Buchtitel des französischen Originals – als video-christliche Kultur entzifferbar wird.

Wieviel diese These dem streitbaren Katholiken McLuhan und seinem Unternehmen schuldet, die Sinne wieder von Gutenbergs Buchdruck (und damit von Luther) zu befreien, liegt auf der Hand. Vermutlich geht alle heutige Medientheorie zuletzt auf jenen Karmelitermönch zurück, der die gegenreformatorische Glaubenspropaganda mit ausdrücklicher Analyse der von ihr benutzten Medien begründete. So heißt das griechische Vokalalphabet, diese einschneidendste aller historischen Programmierungen, auch bei de Kerckhove eine unheilvolle Möglichkeit der menschlichen Natur. Aber während McLuhan die Einheit der europäischen Tradition in literaturgeschichtlichen Begriffen (und Innis gar in imperialen) dachte, stellt de Kerckhove die kanadische Medienwissenschaft auf neurophysiologische Grundlagen um. Seine Analyse kann Schriftsysteme daher nach Parametern differenzieren, die wie Rechts oder Links, Gestalterkennung oder Sukzession solide hirnphysiologische Entsprechungen haben und den Unterschied etwa zwischen phönizischer Konsonantenschrift und griechischem Vokalalphabet wahrhaft sprechend machen. Im Licht dieser Neurophysiologie lassen sich die Effekte von Schriftsystemen – weit über literarische Gattungen oder Formen hinaus – bis ins Institutionelle

---

[1] Vgl. Arthur Kroker, Technology and the Canadian Mind: Innis/McLuhan/Grant. New York 1984.

etwa von Schulen und Theatern verfolgen. Dabei macht zumal der eingehende Nachweis, daß und wie die Erfindung des Theaters in Athen den neuen Alphabetismus als allgemeine Wahrnehmungstechnik einübte, den Übergang zur Gegenwartsdiagnose leicht. Denn was unter dem Schriftmonopol die Bühne war, scheint unter Computerbedingungen der Bildschirm. So gelingt es schließlich, McLuhans Medientheorie, deren aktuelles Paradigma ja Fernsehen hieß, in die Gegenwart und das heißt bis zum Universalmedium Computer fortzuschreiben.

Mag sein, daß beim großen Brückenschlag vom Vokalalphabet zur digitalen Codierung, gerade weil ihm die Beweislast von Europas psychotechnischer Einheit obliegt, einige Unterschiede verschwimmen. Alle Schriften seit den Griechen – Johannes Lohmann und Vilem Flusser haben immer wieder daran gemahnt – sind zugleich Zahlsysteme, aber das Spätmittelalter setzte anstelle römischer Ziffern die indisch-arabischen, und anstelle der Geometrie Platons trat spätestens bei Descartes eine Algebra. Computer sind Schriftgeburten also nur im Maß, wie stumme mathematische Zeichen das aussprechbare Vokalalphabet durchsetzt haben.

Es ist jedoch gerade dies alphanumerische System von heute, das Schrift zu denken ermöglicht. Nach Derridas These, die de Kerckhove weiterverfolgt, laborierte noch Saussures Linguistik an einer Verwechslung von Sprache und Schrift, mit der erst die neuen Medien Schluß gemacht haben. Von ihrer letzten Metamorphose zum Computerprogramm her gedacht, ist die Schrift und nur sie schon immer Programmierung gewesen, die ironischerweise selbst die unerfüllten Versprechen Künstlicher Intelligenz einlöste. So sehr koinzidieren in der Medientheorie operative Begriffe und Sachverhalte. So notwendig ist es aber auch, eine letzte Differenz aufrechtzuerhalten und Begriffe anzugeben, die der globalen, weil programmiersprachlichen Programmierung von heute Schranken ziehen könnten. Bei de Kerckhove sind es, einmal mehr, ein ältester und ein neuester: Kunst und Virtualität. Wenn Künste unter Gutenberg-Bedingungen für die Rache der Sinnlichkeit und Computertechniken umgekehrt für die Rache Gutenbergs stehen, so weist Virtualität in jenes noch kaum erforschte Reich der Schnittstellen, die Neurologie und Technologie unmittelbar, also ohne Dazwischenkunft von Sprache oder Schrift, kurzschließen könnten. Wie groß oder klein die Freiheitsgrade solcher Symbiosen wären, ist dann gar nicht mehr die Frage. Denn als Theologie für das Zentralnervensystem, wie de Kerckhove so ironisch wie genau formuliert, gewinnt die Medientheorie Heideggers Einsicht zurück, derzufolge die Technik und erst sie jede Unterscheidung von Sein und Denken untersagt.

Friedrich Kittler

Bibliographie

Aeschylus: *Complete works*. Cambridge, Mass. Harvard University Press (Loeb Classical Library) 1973, 2 vol., dt.: Die Tragödien und Fragmente. (Hrsg.) Oskar Werner. München 1988.

Allen, M.: Models of Hemispheric Specialization. *Psychological Bulletin*. 1983, 93, 73–104.

Alvarez Garcia, L.: *Poétique du direct télévisuel*. Louvain 1985: Ciaco.

Arendt, H.: *Thinking*, série de trois articles parus dans *The New Yorker*, novembre–décembre 1977, janvier 1978.

Auerbach, E.: *Mimesis: the Representation of Reality in Western Literature*. Princeton 1953, Princeton University Press, dt.: Mimesis. Dargestellte Wirklichkeit in der abendländischen Literatur. Frankfurt a. M. 1992.

Austin, R. P.: *The stoichedon style in Greek inscriptions*. 1938, Oxford University Press.

Babin, Pierre: *Autre homme, autre chrétien*. 1977, éd. du Chalet.

Babin, Pierre: *L'ère de la communication: réflexion chrétienne*. Bruxelles 1986, Le Centurion.

Baldry, H. C.: *The Greek Tragic Theatre*. London 1974, Chatto & Windus.

Barbu, Z.: *Problems of Historical Psychology*. New York 1960, Grove Press.

Barthes, Roland: *S/Z*. Paris 1970, Seuil, dt.: S/Z. Frankfurt a. M. 1987.

Bateson, G.: *La nature et la pensée*. Paris 1984, Seuil. dt.: Geist und Natur. Frankfurt a. M. 1987.

Baron, J. & Strawson, C.: Use of orthographic and word-specific Knowledge in reading worlds aloud. *Journal of Experimental Psychology: Human Perceptual Performance*.1976, 2, 386–393.

Bentin, S. and Carmon, A.: *The relative involvement of the left and right cerebral hemispheres in sequential vs. holistic reading: electrophysiological evidence*. Paper presented at the annual BABBLE meetings. Niagara Falls, Canada 1983, March.

Bentin, S., Bargai, N. and Katz, L.: Orthographic and Phonemic Coding for Lexical Access: Evidence From Hebrew. *Jl of Exp. Psy: Learning, Memory and Cognition*. 1984, 10, 3, 353–368.

Berger, P. L. and Luckman, T.: *The Social Construction of Reality: A Treatise on the Sociology of Knowledge*. New York 1966, Doubleday.

Berry, J. W.: Ecological and cultural factors in spatial perceptual development. *Canadian Journal of Behavioral Science*. 1971, 3, 321–336.

Berry, J. W.: Human Ecology and Cognitive Style: Comparative Studies in Cultural and Psychological Adaption. New York 1976, Wiley.

Bersted, C. T.: Memory scanning of described images and undescribed images: Hemispheric differences. *Memory and Cognition*. 1983, 11, 127–136.

Bever, Thomas G.: Cerebral asymmetries in humans are due to the differentiation of two incompatible processes: Holistic and analytic. *Developmental psycholinguistics and communication*. D. Aaronson and R. Rieber (Eds.), New York 1975, Academy of Sciences.

Bever, Thomas G.: Broca and Lashley were right: Cerebral dominance is an accident of growth. *Biological Studies of Mental Processes*. D. Caplan (Ed.), Boston 1980, M.I.T. Press, 186–230.

Beye, C. R.: *Ancient Greek Literature and Society*. New York 1975, Doubleday.

Bogen, Joseph E.: „The other side of the brain", *Bulletin of the Los Angeles Neurological Society*. 1969, 34, 191–220.

Bogen, Joseph E.: „Some Educational Aspects of Hemispheric Specialization", *UCLA Educator*, 1975, vol. 17, N. 2, page 29.

Bohm, D.: *Wholeness and the Implicate Order*. London 1980, Routledge and Kegan Paul.

Bohm, D.: *Science, Order and Creativity*. New York 1987, Bantam.

Boman, Thorleif: *Hebrew thought compared with Greek*. N. Y. 1970, Norton Library.

Bradshaw, Gloria J., Hicks, Robert E. and Rose, Barry: Lexical discrimmination and letter-string identification in the two visual fields. *Brain and Language*. 1979, 8, 1, 10–18.

Brand, S.: *The Media Lab: Inventing the Future at M.I.T.*, New York 1987, Penguin.

Broca, P.: Sur la faculté du langage articulé. *Bulletin de la Société d'Anthropologie*. 1865, 6, 337–393.

Brod, C.: *Technostress: The Human Cost of the Computer Revolution*. 1984, Reading, Ms: Addison Wesley.

Brooks, L.: Visuel patterns in fluent word identification. In Reber, A. & Scarborough, D. (Eds.): *Toward a psychology of reading*. Hillsdale, NJ, 1977, Lawrence Erlbaum Associates.

Bryden, M. P.: Strategy Effects in the Assessment of Hemispheric Asymmetry. *Strategies of Information-Processing*. London 1978, Academic Press, 117–149.

Burns, A.: Athenian literacy in the fifth century B. C. *Journal of the History of Ideas*. 1981, 42(3), 371–387.

Bury, J. B.: *History of Greece*. New York 1913, Random House, 369 p.

Calvet, L. J.: *La tradition orale*. Paris 1984, P.U.F.

Cameron, R. F., Currier, R. D. and Haerer, A. F.: Aphasia and literacy. *British Journal of Disorders of Communication*. 1971, 6, 161–163.

Campbell, J.: *Grammatical Man: Information, Entropy, Language and Life*. New York 1982, Simon and Schuster.

Carmon, A. and Nachshon, I.: Effects of unilateral brain damage on perception of temporal order. *Cortex*. 1971, 7, 410–418.

Changeux, J.-P.: *L'homme neuronal*. Paris 1983, Fayard, dt.: Der neuronale Mensch. Reinbek 1987.

Cohen, M.: *La grande invention de l'écriture et son évolution*. Paris 1958, Imprimerie Nationale.

M. Cohen & J. Sainte Fare Garnot (Eds.): *L'écriture et la psychologie des peuples*. Paris 1963, Armand Colin.

Cole, M. & Griffin, P.: Cultural amplifiers reconsidered. *Social Foundations of Language and Thought: Essays in honour of J. S. Bruner*. Olson, D. R. (Ed.), New York 1980, Norton.

Corballis, Michael: *The psychology of Left and Right*. Hillsdale, N. N. 1976, Erlbaum.

Corballis, Michael: Laterality and Myth. *American Psychologist*. 1980, 36, 3, 284–295.

Corballis, Michael: *On Human Laterality*. New York 1983, Academic Press.

Cornford, F. M.: *Thucydidus Mythistoricus*. London 1907, Arnold.

Cornford, F. M.: *From Religion to Philosophy*. London 1912, Arnold.

Cornford, F. M.: *The Origin of Attic Comedy*. London 1914, Arnold.

Cornell, James M.: Spontaneous mirror-writing in children. *Canadian Journal of Psychology*. 1985, 39, 1, 174–179.

Costa, M.: *L'estetica dei media: tecnologie e produzione artistica*. Roma 1990, Capone.

Currie, H. M.: *The Individual and the State in Ancient Greece*. London 1973, dent.

Damisch, H.: *L'origine de la perspective*. Paris 1987, Flammarion.

Danchin, A.: *L'œuf et la poule*. Paris 1983, Fayard.

Dain, A.: L'écriture grecque du VIIe siècle avant notre ère à la fin de la civilisation byzantine. In M. Cohen & J. Sainte Fare Garnot (Eds.): *L'écriture et la psychology des peuples*. Paris 1963, Armand Colin.

Dawson, J. L. M.: Cultural and physiological influences upon spatial-perceptual processes in Africa. *International Journal of Psychology*. 1967, 2, 171–185.

Debes, John L.: Visuocultural influences on lateralization. *Annals of the New York Academy of Sciences*. 1979, 474–476.

Derrida, Jacques: „L'écriture et la différence". *Tel Quel*. Paris 1967, Seuil.

De Brabandère, L.: *Les infoducs*. Paris 1985, Duculot.

De Kerckhove, D.: „Ecriture, théâtre et neurologie". *Etudes françaises*. 109–128.

D. de Kerckhove et C. Sevette (eds.): „Les Transinteractifs". Paris 1990, Espace SNVB.

D. de Kerckhove et Jutras, D. (Eds.): *Pour comprendre 1984*. Ottawa 1984, UNESCO, Occasional Paper 49, 112–129.

D. de Kerckhove and Lumsden, C. J.: *The Alphabet and the Brain: the Lateralization of Writing*. Berlin 1988, Springer Verlag.

Del Tredici, R.: *At Work In The Fields of The Bomb*. New York 1987, Harper and Row.

Deregowski, J. B.: Pictorial recognition in subjects from a relatively pictureless environment: *African Social Research*. 1968, V5, 356–364.

De Rosnay, J.: *Le cerveau planétaire*. Paris 1986, Olivier Orban.
Derrida, J.: L'écriture et la différence. *Théories d'ensmble*. Tel Quel. Paris 1967, Seuil, dt.: Die Schrift und die Differenz. Frankfurt a. M. 1977.
Detienne, M. (ed.): *Les savoirs de l'écriture en Grèce ancienne*. Lille 1988, Presse universitaires de Lille.
Diringer, D.: *The alphabet: A key to the history of mankind*. London 1968, Hutchinson.
Dodds, E. R.: *Les Grecs et l'irrationnel*. Trad. M. Gibson. Paris 1977, Flammarion.
Driver, G. R.: *Semitic writing: From pictograph to alphabet*. London 1954, Oxford University Press.
Duvignaud, J.: *Sociologie du théâtre: essai sur les ombres collectives*. Paris 1965, P.U.F.
Dyson, F.: *Weapons and Hope*, série de 4 articles parus dans *The New Yorker*, entre janvier et février 1984.
Efron, R.: Temporal perception, aphasia and déjà vu. *Brain*. 1963, 86, 285–294.
Ehrenzweig, A.: *The Hidden Order of Art*. London 1967, Weidenfeld & Nicholson.
Ehrenzweig, A.: *The Psycho-analysis of Artistic Vision and Hearing*. New York 1965, Braziller.
Eisenstein, E. L.: *The Printing Press as a Agent of Change*. Cambridge 1979, Cambridge University Press.
Else, G.: *The Origin and Early Form of Greek Tragedy*. Cambridge 1965, Harvard University Press.
Erlich, Paul: The Nuclear Winter: Discovering the Ecology of Nuclear War. *The Amicus Journal*, Winter 1984.
Eschyle: *Tragédies* (Trad. P. Mazon). Lausanne 1965, Le Club français du livre.
Etiemble, R.: *L'écriture*. Paris 1973, Gallimard.
Febvre, L. et Martin: *L'apparition du livre*. Paris 1950, Albin Michel.
Ferguson, Marylin: *The Aquarian Conspirary*. New York 1980.
Février, J. G.: *Histoire de l'écriture*. Paris 1959, (2e éd.), Payot.
Filiozat, J.: Les écritures indiennes: Le monde indien et son système graphique. In M. Cohen & J. Sainte Fare Garnot (Eds.): *L'écriture et la psychologie des peuples*. Paris 1963, Armand Colin.
Fiske, J. and Hartley, J.: *Reading Television*. London 1978, Methuen.
Foucault, M.: *Les mots et les choses*. Paris 1966, Gallimard, dt.: Die Ordnung der Dinge. Frankfurt a. M. 1974.
Francastel, P.: *Peinture et société*. Paris 1965, Denoel.
Francastel, P.: *La realité figurative*. Paris 1965, Gonthier.
Gagnon, J.: *La pornographie et le monde urbain*. Montréal 1985, GRAAV éditions.
Galin, David: Implications for Psychatry of Left and Right Cerebral Specializations. *Archives of General Psychatry*. 1974, 31, Oct.
Gazzaniga, M. S.: *The Social Brain: Discovering the Networks of the Mind*. New York 1985, Basic Books.
Geertz, C.: *The Interpretation of Cultures*, New York 1973, Basic Books.

Gelb, I. J.: *A study of writing: The foundations of grammatology*. Chicago 1963, (2nd ed.), University of Chicago Press.

Gendlin, E. T.: *Focusing*. New York 1978, Bantam, dt.: Technik der Selbsthilfe bei der Lösung persönlicher Probleme. Salzburg 1981.

Gershwin, Norman: Language and the Brain. *Scientific America*. 1972, 226, 76–83.

Ghent, L.: Form and its orientation: A child's eye view. *American Journal of Psychology*. 1961, 74, 177–190.

Gibson, J. J.: *The Senses Considered as Perceptual Systems*. Boston 1966, Houghton Mifflin, dt.: Die Stimme und der Prozeß der Wahrnehmung. Bern, Stuttgart, Wien 1973.

Gombrich, E. H.: *Art and Illusion*. New York 1960, Pantheon, dt.: Kunst und Illusion. Stuttgart 1986.

Goody, J. & Watt, I.: *Literacy in traditional societies*. Cambridge 1968, Cambridge University Press, dt.: Literalität in traditionellen Gesellschaften. Frankfurt a. M. 1981.

Goody, J.: *The domestication of the savage mind*. Cambridge 1977, Cambridge University Press.

Goody, J.: *La logique de l'écriture: aux origines des sociétés humaines*. Paris 1986, Armand Colin, dt.: Die Logik der Schrift und die Organisation der Gesellschaft. Frankfurt a. M. 1990.

Gould, J. D.: Pattern recognition and eye movement parameters. *Perception and Psychophysics*. 1967, 2, 399–407.

Greenfield, P. M.: *Mind and Media: The Effects of Television, Videogames and Computers*. Cambridge 1984, Harvard University Press.

Guarducci, Margherita: *Epigrafia greca, VI, Caratteri e storia della disciplina, la scrittura greca dalle origini all' età imperiale*. Roma 1967, Libreria dello Statto.

Hagège, C.: *L'homme de paroles*. Paris 1985, Fayard.

Hall, Edward T.: *The Silent Language*. (Trad. française, *Le langage silencieux*, Paris 1968, Seuil), New York 1959, Doubleday.

Hall, Edward T.: *The Hidden Dimension*. (Trad. française, *La dimension cachée*, Paris 1971, Seuil) New York 1966, Doubleday.

Hammond, G.: Hemispheric differences in temporal resolution. *Brain and Cognition*. 1982, 1, 95–118.

Hatta, Takeshi: Differential processing of Kanji and Kana stimuli in Japanese people: some implications from Stroop-test results. *Neuropsychologica*. 1981, 19, 1, 87–93.

Havelock, E. A.: *Preface to Plato*. Cambridge, Mass. 1963, Harvard University Press.

Havelock, E. A.: *Origins of western literacy*. Toronto 1976, Ontario Institute for Studies in Education.

Havelock, E. A.: *The literate revolution in Greece and its cultural consequences*. Princeton 1982, Princeton University Press.

Havelock, E. A.: The alphabetic mind: A gift of Greece to the modern world. *Oral Tradition*. 1986, 1, 134–150.

Hellige, Joseph B. and Webster, Ron: Case effects in letter-name matching: A qualitative visual field difference. *Bulletin of the Psychonomic Society*. 1981, 17, 4, 179–182.

Heyer, P.: *Communications and History: Theories of Media, Knowledge, and Civilization*. New York 1988, Greenwood Press.

Higounet, C.: *L'écriture*. Paris 1976, Presses universitaires de France.

Hofstadter, D. R. and Dennett, D. C.: *The Mind's I: Fantasies and Reflections on Self and Soul*. New York 1981, Basic Books.

Hubel, D. H. and Wiesel, T. N.: Les mécanismes cérébraux de la vision. *Pour la Science*. 1979, 90–104.

Hudson, W.: Pictorial depth perception in sub-cultural groups in Africa. *Journal of Social Psychology*. 1960, V52, 183–208.

Hudson, W.: The study of the problem of pictorial perception among unacculturated groups. *International Journal of Psychology*. 1967, 2, 90–107.

Humphreys, Glyn W. and Evett, Lindsay J.: Are there independent lexical and non-lexical routes in word processing? An evaluation of the dual-route theory of reading. *The Behavioral and Brain Sciences*. 1985, 8, 689–740.

Innis, Harold A.: *The Bias of Communications*. Toronto 1951, Toronto University Press.

Innis, Harold A.: *Empire and communications*. Oxford 1972, Oxford University Press; other edition University of Toronto Press.

Irigoin, J: Les Grecs et l'écriture, quelques jalons historiques. *Corps écrit: Vol. 1, L'écriture*. Paris 1982, Presses universitaires de France.

Ivins, William: *Art and Geometry: A Study in Space Intuitions*. Cambridge 1946, Harvard University Press

Ivins, William: *Prints and Visual Communication*. London 1953, Routledge and Kegan Paul.

Iwata, Makoto: Kanji versus Kana: Neuropsychological correlates of the Japanese writing system: *Trends in neurosciences*. August 1984, 290–293.

Jackson, Donald: *The story of writing*. New York 1981, Taplinger.

Jakobson, Roman and Halle, Morris: *Fundamentals of Language*. La Haye 1956, Mouton.

Jaspers, Karl: *La Bombe atomique et l'avenir de l'homme*. Chicago 1961, Chicago University Press, dt.: Die Atombombe und die Zukunft des Menschen. Ein Radiovortrag. München 1957.

Jaynes, Julian: *The Origin of Consciousness in the Break-down of the Bicameral Mind*. Toronto 1976, University of Toronto Press.

Jeffery, Lillian H.: *The Local Scripts of Archaic Greece*. 1961, Oxford University Press.

Jones, E. and Aoki, Ch.: „The Processing of Japanese Kana and Kanji Characters". In D. de Kerckhove and Ch. Lumsden (eds.): *Western Literacy, the Brain and Culture*. Heidelberg 1988, Springer-Verlag.

Jousse, M: *L'anthropologie du geste*. Paris 1969, Resma.

Jurdant, Baudoin: *Ecriture, monnaie et connaissance*. Thèse de Doctorat ès lettres; Univ. L. Pasteur, Strasbourg 1 1984, 471 p. doct.

Jurdant, Baudoin: Ecriture, monnaie et connaissance, *Génitif.* Sociétés et mentalités 2, 7, 1986, 4: 3–27.

Kane, Cheikh Hamidou: *L'aventure ambigue*. Paris 1961, Union Générale d'Editions, Col. 10/18.

Katik Diong Bakomba: La palabre africaine. *Les imaginaires*. Paris 1976, Union Générale d'Editions, Col 10/18.

Kavannagh, J. V. & Mattingly, I. G. (Eds.): *Language by ear and by eye: The relationship between speech and reading*. Cambridge, MA, 1972, M.I.T.-Press.

Kern, Stephen: *The Culture of Time and Space*. 1880–1918. Cambridge 1983, Harvard University Press.

Kimura, Doreen: Dual Function Asymmetry of the Brain in Visual Perception. *Neuropsychologica* 4. 1966, 275–458.

Kimura, Doreen: Spatial localization in left and right visual fields. *Canadian Journal of Psychology*, 1969, 23, 445–458.

Kimura, Doreen: The Asymmetry of the Human Brain. *Scientific American* 1973, 228, 70–78.

Kinsbourne, M. and Lempert, H.: „Does left brain lateralization of speech arise from right-biased orienting to salient percepts?" *Human Development*. 1979, 22, 270–275.

Krashen, Stephen D.: Language and the left hemisphere. *Working Papers in Phonetics*. 1972, 24.

Krashen, Stephen D.: The Major Hemisphere. *UCLA Educator*. 1975, 17, 2, 17–24.

Kolers, P. A.: Polarization of reading performance. In F. Coulmas & K. Ehrlich (Eds.): *Writing in focus*. Berlin 1983, Mouton.

Kolers, P. A. & Perkins, D. N.: Spatial and ordinal components of form perception and literacy. *Cognitive Psychology*. 1975, 7, 228–267.

Kristeva, Julia: *Le langage, cet inconnu*. Paris 1981, Le Seuil p. 107.

Lacan, J.: *Ecrits*. Paris 1970, Seuil.

Lafont, Robert (ed.): *Anthropologie de l'écriture*. Paris 1984, Centre Georges Pompidou.

Laín Entralgo, P.: *The Therapy of the Word in Classical Antiquity*. London 1955, Routledge and Kegan Paul.

Lasch, C.: *The Culture of Narcissism*. New York 1979, Norton.

Lecours, A. R., Mehler, J., Parente, M.-A. et A. Vadeboncœur: „Alphabétisation et cerveau". In de Kerckhove and Juras: *Pour comprendre*. 1984.

Léger, Ruth: *Sivard's Annual: World Military and Social Expenditures*, distribué par World Priorities, Box 25140 Washington DC 20007 USA.

Lenneberg, E.: *Biological Foundations of Language*. New York 1967, Wiley, dt.: Die biologischen Grundlagen der Sprache. Frankfurt a. M. 1977.

Levy, Jerre: Cerebral asymmetries as manifested in split-brain man. M. Kinsbourne and W. L. Smith (Eds.): *Hemispheric Disconnection and Cerebral Function*. Springfild, Ill. 1974, Charles C. Thomas.

Levy, J. and Reid, M.: „Variations in Writing Posture and Cerebral Organization". *Science*. 1976, 194, 337–339.

Levy, J. and Reid, M.: Variations in cerebral organization as a function of handedness, hand posture in writing, and sex. *Journal of Experimental Psychology:* General. 1978, 107, 119–144.

Lifton, Robert Jay: *Indefensible Weapons*. Toronto 1983, CBC Publications, 1983.

Logan, R. K.: *The Alphabetic Effect: The Impact of the Phonetic Alphabet on the Development of Western Civilization*. New York 1986, St. Martin's Press.

Lumsden, C. J. and Wilson, E. O.: *Genes, Mind and Culture*. Cambridge 1981, Harvard University Press.

Lumsden, C. J. and Wilson, E. O.: *Promethean Fire: Reflections on the Origin of Mind*. Cambridge 1983, Harvard University Press.

Luria, Alexander R.: The functional organization of the brain. *Scientific American*. 1970, 222, 3, 66–73.

Luria, Alexander R.: *The Working Brain: An Introduction to Neuropsychology*. Trad. B. Haigh. New York 1973.

Maarek, P.: *Média et malentendus: cinéma et communication politique*. Paris 1986, New York.

Marcel, T., Katz, L. and Smith, M.: Laterality and reading proficiency. *Neuropsychologica*. 1974, 12, 131–139.

Marichal, R.: L'écriture latine et la civilisation occidentale du 1er au XVIe siècle. In M. Cohen & J Sainte Fare Garnot (Eds.): *L'écriture et la psychology des peuples*. Paris 1963, Armand Colin.

Marrou, H. I.: *Histoire de l'éducation dans l'antiquité*. Paris 1948. Seuil

Marrou, H. I.: *Histoire de l'éducation dans l'antiquité*. Vol. 1, Le Monde grec (2e éd.). Paris 1964, Le Seuil.

Mauss, M.: *Anthropologie et sociologie*. Paris 1950, PUF, dt.: Soziologie und Anthropologie. Frankfurt a. M. 1974.

Maruani, Guy: *Génitif*. Psychoanalyse et prescriptions, Niveaux d'apprentissage et de régulation, 1985, 6, 115–124.

Maruani, Guy: *Génitif*. Sociétés et mentalités 2, Une approche systémique du cas de Baruch-Benidictus Spinoza. 1986, 7, 45–55.

McCorduck, P.: *Machines Who Think*. San Francisco 1979, Freeman.

McGuinness, D.: Sex, symbols and sensation. In D. de Kerckhove and A. Iannucci (Eds.): *McLuhan e la metamorfosi dell'uomo*. Roma 1984, Bulzoni 197–206.

McGuinness, D.: Away from a unisex psychology: individual differences in visual sensory and perceptual processes. *Perception*. 1976, V5, 279–294.

McLuhan, H. Marshall: *The Gutenberg Galaxy: The Making of Typographic Man*. Toronto 1962, Toronto University Press.

McLuhan, H. Marshall: Understanding Media. McGraw-Hill 1964, dt.: Die magischen Kanäle. Düsseldorf/Wien 1968.

McLuhan, H. Marshall: „Do Americans Go to Church to Be Alone?". *The Critic*. 1972.

McLuhan, H. Marshall: „Future Church', entretien avec Edward Wakin. *U.S. Catholic*. 1977.

McLuhan, H. Marshall: *D'œil à oreille*. Traduction et adaptation de D. de Kerckhove. Paris 1977, Gonthier-Denoël.

McLuhan, H. Marshall: *The hemisphere and the media*. Unpublished paper. 1978, McLuhan Center, Toronto.

Merleau-Ponty, M.: *Phénoménologie de la perception*. Paris 1969, Gallimard, dt.: Phänomenologie der Wahrnehmung. Berlin 1965.

Meyerson, I.: *Les fonctions psychologiques et les œuvres*. Paris 1948, Minuit.

Meyrowitz, J.: *No Sense of Place*. New York 1985, Oxford University Press.

Miller, George A., Galanter, Edwin et Pribram, Karl, H.: *Plans and the Structure ov Behavior*. New York 1960, Henry Holt & Co.

Miller, J.: *States of Mind*. London 1983, Methuen.

Milner, Brenda: Interhemispheric differences in the localization of psychological processes in Man. *British Medical Bulletin*. 1971, 27, 272–277.

Minot, G.: *L'espace et le temps aujourd'hui*. Paris ed. 1983, Seuil.

Minsky, Marvin: Computer Science and the Representation of Knowledge. M. I. Dertouzos and J. Moses (eds.): *The computer Age: A Twenty Year View*. Cambridge 1979, MIT Press.

Minsky, Marvin: *The society of mind*. N. Y. 1985, Simon and Schuster.

Moscovitch, Morris: Stages of Processing and Hemispheric Differences in Language in the Normal Subject. in M. Studdert-Kennedy (ed.): *Psychobiology of Language*. Cambridge 1983, MIT Press, 88–104.

Mumford, L.: *Technics and Civilization*. New York 1934, Harcourt, Brace and World.

Nachshon, I., Shefler, G. E. and Samocha, D.: Directional scanning as a function of stimulus characteristics, reading habits, and directional set. *Journal of Cross-cultural Psychology*. 1977, 8, 83–99.

Naveh, Joseph: *Early history of the alphabet: An introduction to West Semitic epigraphy and paleography*. Jerusalem 1982, Magnes Press.

Nebes, Robert D.: Man's so-called ‚minor' hemisphere. *UCLA Educator*. 1975, 17, 2, 13–17.

Nelson, J.: *The Perfect Machine: TV in the Nuclear Age*. Toronto 1987, Between the Lines.

Ninio, J.: *L'empreinte des sens*. Paris 1989, Odile Jacob.

Olson, D. R.: From utterance to text: the bias of language in speech and writing. *Harvard Educational Review*. 1977, 47, 257–281.

Olson, D. R.: The cognitive consequences of literacy. *Canadian Psychology Psychologie canadienne*. 1986, V27, 109–121.

Olson, D. R. & Bialystok, E.: Spatial cognition. *The structure and development of mental representations of spatial relations*. Hillsdale, NJ, 1983, Lawrence Erlbaum.

Olson, D. R., Torrance, N. & Hildyard, A. (Eds.): *Literacy, language and learning*. Cambridge 1985, Cambridge University Press.

Onians, R. B.: *The Origins of Greek Thought on Mind, the Soul and the Body*. Cambridge 1951, Cambridge University Press.

Orbach, J.: Differential recognition of Hebrew and English words in right and left visual fields as a function of cerebral dominance and reading habits. *Neuropsychologia*. 1967, 5, 127–134.

Ornstein, Robert: *The Psychology of Consciousness*. New York 1976, Grossman.

Pascal, Blaise: *Œuvres complètes*. Paris 1963, Seuil, dt.: Von der Religion und anderen Gegenständen. Gerlingen 1994.

Penfield, W. and Roberts, L.: *Speech and Brain Mechanism*. Princeton 1959, Princeton University Press.

Penrose, R.: *The Emperor's New Mind*. Oxford 1989, Oxford University Press.

Piatelli-Palmerini, M.:*Théories du langage, théories de l'apprentisage: le débat entre Jean Piaget et Noam Chomsky*. Paris ed. 1979, Seuil.

Plato: *The Collected Dialogues*. E. Hamilton and H. Cairns (Eds. Trans. R. Hackforth et al.), Princeton, N.J., 1980, Bollingen Series, Princeton University Press, dt.: Sämtliche Werke. Reinbek 1994

Platon: Œuvres complètes. Trad. P. Robin. Paris, Gallimard.

Pollatsek, A., Bolozky, S., Well, A. D., and Rayner, K.: Asymmetries in the perceptual span for Israeli readers. *Brain and Language*. 1981, 14, 174–180.

Postman, N.: *Amusing Ourselves to Death: Public Discourses in the Age of Show Business*. New York 1986, Penguin.

Pradier, J. M.: Towards a Biology of Theatrical Performance. *New Theatre Quaterly*. 1989, V6, N21, 86–98.

Pradier, J. M.: Le théâtre des émotions. *Evolutions psychomotrices*. 1990, N7, 18–27.

Pribram, Karl H.: *The Psychophysiology of the Frontal Lobes*. New York 1973, Academic Press.

Pribram, Karl H.: *Freud's Project Reassessed*. London 1976, Hutchinson.

Pribram, Karl H.: The place of pragmatics in the syntactic and semantic organization of language. *Temporal Variables in Speech: Studies in Honour of Frieda Goldman/Eisler*. Janua Linguarum, The Hague, 1980, Mouton, 13–19.

Rabinowicz, Brian and Moscovitch, Morris: Right Hemisphere Literacy: A Critique of Some Recent Approaches. *Cognitive Neuropsychology*. 1984, 1, 4, 343–350.

Read, Charles: Effects of phonology on beginning spelling: Some cross-linguistic evidence. in Olson, D. R., Torrance, N., and Hildyard, A. (Eds.): *Literacy, Language and Learning*. Cambridge 1985, Cambridge University Press.

Reynolds, Don M. and Jeeves, Malcolm A.: A developmental study of hemisphere specialization for alphabetical stimuli. *Cortex*. 1978, 14, 2, 259–267.

Rizzolatti, G., Umilta, C. and Berlucchi, G.: Opposite superiorities of the right and left cerebral hemispheres in discriminative reaction time to physiognomical and alphabetical material. *Brain*. 1971, 431–442.

Roszak, T.: *Where the Wasteland Ends: Politics and Transcendance in Post-Industrial Society*. New York 1972, Doubleday.

Roszak, T.: *The Cult of Information: The Folklore of Computers and the True Art of Thinking*. New York 1986, Pantheon.

Rousseau, J.-J.: Frederic Ungar. New York 1966 (original work published in 1749).

Saenger, D.: Silent reading: Its impact on late medieval script and society. *Viator*. 1982, 13, 367–414.

Safadi, Y. H.: *Islamic calligraphy*. Boulder 1979, Shambala.

Salapatek, P.: Visual scanning of geometric figures by the human newborn. *Journal of Comparative & Physiological Psychology*. 1968, 66, 247–258.

Salomon, G. and Cohen, A. A.: Television formats, mastery of mental skills and the acquisition of knowledge. *Journal of Educational Psychology*. 1977, 69, 612–619.

Sampson, Geoffry: *Writing Systems: A linguistic introduction*. Stanford, Cal., 1985, Stanford University Press.

Sapir, E.: *Language: An Introduction to the Study of Speech*. New York 1921, Harcourt, Brace and World.

Sasanuma, S., Itoh, M., Mori, K., and Kobayashi, Y.: Tachistoscopic recognition of Kana and Kanji words. *Neuropsychologia*. 1977, 15, 547–553.

Sasanuma et. al.: The nature of the task-stimulus interaction in the tachistoscopic recognition of Kana and Kanji Words: *Brain and Language*. 1980, 9, 2–17.

Schacter, Daniel et. al.: Retrieval without Recollection: An Experimental Analysis of Source Amnesia. *Jl of Verbal Learning and Verbal Behaviour*. 1984, 23, 593–611.

Schacter, Daniel et. al.: Multiple Forms of Memory in Humans and Animals. In N. M. Weiberger, J. L. McGaugh and G. Lynch (Eds.): *Memory systems of the brain: Animal and human cognitive systems*. New York 1985. Guilford Publications.

Sebbar, Leïla: Leïla Sebbar ou l'exil productif. Propos recueillis par Monique Hugon, Langues et frontières. *Littératures nationales II*. 1986, Vol. 84.

Segalowitz, S. J. and Bryden, M. P.: Individual differences in hemispheric representation of language. Segalowitz, S. (Ed.): *Language Functions and Brain Organization*. New York 1983, Academic Press, 341–372.

Seidenberg, M. S.: The time course of phonological code activation in two writing systems. *Cognition*. 1985, 19, 1–30.

Seidenberg, Mark S.: The time course of phonological code activation in two writing systems. *Cognition*. 1985, 19, pp. 1–30.

Shanon, Benny: Writing positions in Americans and Israelis. *Neuropsychologia*. 1978, 16, 587–591.

Silverberg, R., Gordon, N. W., Pollack, S., and Bentin, S.: Shift of visual field preference for English words in native hebrew speakers. *Brain and Language*. 1980, 11, 99–105.

Sinatra, Richard and Stahl-Gemake, Josephine: *Using the Right Brain in the Language Arts*. Springfield Il., 1983, Charles Thomas.

Sirat, Colette: *Ecriture et civilisations*. Paris 1976, Editions du CNRS.

Skoyles, John R.: Did ancient people read with their right hemispheres: a study in neuropaleographology. *New Ideas in Psychology*. 1985, 2, 1, 45–55.

Snell, Bruno: *The Discovery of Mind.* London 1953, Basil Blackwell.

Sperry, Roger: „Cerebral Organization and Behavior". *Science.* 1961, 133, 1749–1757.

Spinoza, B. de: *Abrégé de grammaire hébraique.* (Trad. J. Askenazi). Paris 1968, Vrin. (1ère publication 1677).

Spoer, Kate: „Contemplating a Nuclear Future". *Over our Dead Bodies: Women Against the Bomb.* Londres 1983, Virago Press.

Stock, B.: *The Implications of Literacy.* Princeton 1983, Princeton University Press.

Sznycer, M: *L'origine de l'alphabet sémitique.* L'espace et la lettre. Paris 1977, Cahiers Jussieu Vol. 3 (coll. 10/18). U.G.E.

Taylor, Martin: The Bi-lateral Cooperative Model of Reading. In I. Taylor and M. Taylor: *The Psychology of Reading.* New York 1983, Academic Press 233–267.

Thompson, W. I.: *Darkness and Scattered Light.* New York 1978, Anchor Press.

Thuillier, Pierre: L'invention de la perspective. *La Recherche.* 1984, Octobre.

Tomatis, A. A.: *La libération d'Oedipe.* Paris 1972, ESF.

Tsunoda, T.: *The Japanes Brain: Uniqueness and Universality.* Tôkyô 1985, Taishûkan.

Turkle, S.: *The Second Self: Computers and the Human Spirit.* New York 1984, Simon and Schuster.

Tzeng, Ovid J. L., and Hung, Daisy L.: Linguistic Determinism: A Written Language Perspective. O. Tzeng and H. Singer (eds.): *Perception of Print: Reading research in Experimental Psychology.* Hillsdale, N. J, 1981, Erlbaum.

Tzeng, Ovid J. L., and Hung, Daisy L.: Orthography, reading and cerebral lateralization. *United States National Academy of Sciences Publications.* Washington DC 1984, 179–200.

Tzeng, Ovid J. L.: Cognitive Processing in Various Orthographies. M. Chu-Chang (ed.): *Asian and Pacific-American Perspectives in Bilingual Education: Comparative Research.* New York 1982, Columbia University Press.

Tzeng, Ovid J. L., and Wang, William: The First Two R's. *American Scientist.* 1983, 71, May–June, 238–243.

Ubersfeld, A.: *Lire le théâtre.* Paris 1978, Editions sociales.

Ventris, M. & Chadwick, J.: *Document in Mycenian Greek.* Cambridge 1956, Cambridge University Press.

Vernant, J.-P.: Mythe et pensée en Grèce ancienne. Paris 1965, Maspéro.

Vernant, J.-P.: Mythe et société en Grèce ancienne. Paris 1974, Maspéro, dt.: Mythos und Gesellschaft im alten Griechenland. Frankfurt a. M. 1987.

Vernant, J.-P. et Detienne, M.: *Les ruses de l'intelligence: La Mètis des Grecs.* Paris 1974, Flammarion.

Veyne, Paul: *Les Grecs croyaient-ils à leurs mythes?*

Voltaire, F. M. A.: Œuvres complètes. Paris, Gallimard (Coll. La Pleiade).

Vygotsky, L. S.: *Thought and Language.* Cambridge 1962, M.I.T. Press, dt.: Wygotski, L. S.: Denken und Sprechen. Frankfurt a. M. 1986.

Whorf, Benjamin Lee: *Language, Thought and Reality*. Cambridge, Mass., 1956, MIT Press, dt.: Sprache – Denken – Wirklichkeit. Reinbek 1984.

Wilden, Anthony: „Montage Analytic and Dialectics". in *Pour comprendre*. Ottawa 1984. UNESCO, Occasional Paper N49.

Winkin, Y.: *La nouvelle communication*. Paris ed. 1981, Seuil.

Winner, L.: *Autonomous Technology*. Cambridge 1977, M.I.T. Press.

Witelson, S. F. and Kristofferson, A. B. (eds.): „Symposium on Consciousness". *Canadian Psychology*. 1986, v. 27, n. 2, 122–182.

Witkin, H. A. et al.: *Psychological differentiation*. New York 1962, Wiley.

Wober, M.: *Psychology in Africa*. London 1975, International African Institute,

Woodhead, A. G.: *The Study of Greek Inscriptions*. Cambridge 1981, 2ème éd., Cambridge University Press.

Yates, Frances A.: *The Art of Memory*. Harmondsworth 1966, Penguin.

Zaidel, Eran and Peters, Ann M.: Phonological encoding and ideographic reading by the disconnected right hemisphere: Two cases studies. *Brain and Language*. 1981, 14, 2, 205–234.

Zuboff, S.: *In the Age of the Smart machine*. New York 1988, Basic Books.

Folgende Texte von Derrick de Kerckhove aus diesem Buch wurden schon vorher veröffentlicht:

Alphabetic literacy and Brain processes. *Visible language*. XX, 3, Summer 1976, 274–293.

Writing left and right. *Interchange*. 18, 1/2, 1987, 60–77.

L'Esprit et la lettre. *Génitif*. Sociétés et Mentalités, 1, 7, 1986, 3, 5–14.

A theory of greek tragedy. *Substance*. 29, 1981, 23–36.

Passion et précision. *Communio*. XII, 1, Janv–fév. 1987, 82–100.

Le Pape et la télévision. *Communio*. XII, 6, Nov–Déc. 1987, 86–97.

Nuclear Communication. *Diacritics*. Summer 1984, 72–81.

La revanche de Gutenberg. *Science et Vie Micro*. hors-série Micro-Edition, Mars 1988, 125–127.

A quoi servent les arts de la communication? *Art-Press International*, fév. 1988, 122, 18–20.

Remarques sur l'alphabet et l'ordinateur. *Internationale de l'Imaginaire* 3, 1985, 56–63.

Le virtuel, imaginaire technologique. *Traverses*. 44–45, Sept. 1988, 75–85.

Biographischer Hinweis

Derrick de Kerckhove ist Leiter des McLuhan-Programms für Kultur und Technologie und Professor für französische Literatur an der Universität Toronto. Von 1972 bis 1980 arbeitete er als Assistent, Übersetzer und Co-Autor von Marshall McLuhan. Er ist Mitherausgeber der Sammelbände *McLuhan e la metamorfori dell'uomo* (Bulzoni, 1983) und *Pour comprendre 1984* (UNESCO 1984), die sich mit den Theorien McLuhans und der Beziehung von Kultur, Technologie und Biologie befassen. Zusammen mit Charles Lumsden schrieb er das Buch *The Alphabet and the Brain* (Springer Verlag 1988), um seine eigenen Thesen über die physiologischen und psychologischen Auswirkungen des griechisch-römischen Alphabets mit Forschungsergebnissen aus der Neurophysiologie zu vergleichen.

Derrick de Kerckhove veröffentlichte zahlreiche Essays über Theater und Schrift, über Kommunikationstheorie und über die Ästhetik Neuer Medien. Innerhalb der Medien- und Kommunikationstheorie begründete er den „neurokulturellen Ansatz", der nach den Auswirkungen von Medien wie Schrift, Fernsehen oder Computer auf das zentrale Nervensystem fragt. Die zentrale These ist, daß Medien bestimmte Funktionen des Gehirns selektieren und stabilisieren und somit entscheidenden Einfluß auf kulturelle Praktiken der Menschen nehmen. Diese Zusammenhänge beschreibt er in seinem Buch *Brainframes* (Utrecht 1991).

Besondere Aufmerksamkeit schenkt Derrick de Kerckhove der Entwicklung der Kunst, vor allem der Kunst mit Neuen Technologien. 1988 brachte er in der Aktion *Les transinteractifs* Medienkünstler zusammen, die über die ästhetischen Möglichkeiten der Kommunikationstechnologie recherchierten. Ein wichtiger Teil der Veranstaltungen waren Gespräche über Kunst und Technologie sowie Kunstaktionen über Videokonferenzschaltungen.

Die Auseinandersetzung mit Videokonferenzen setzt er seit 1995 mit den *World Series,* einem europäisch-kanadischen Universitätskurs über Kultur und Technologie, fort.

Personenregister